Schlafen könnt ihr, wenn ich groß bin

Das Buch

Sie wollen wissen, wie Erziehung richtig geht? Fragen Sie Mini-Chef! Das freche und dennoch liebenswerte Kleinkind weiß, was Kinder zwischen ein und vier Jahren bewegt. Und wie sich Eltern verhalten sollten, um die lieben Kleinen glücklich zu machen …

Die Autoren

Name: Mini-Chef
Status: Windelträger ohne Ambitionen, das zu ändern
Alter: Sooo groß
Mag: Kuchen, Rennen, Fernsehen, Spiele und rote Getränke
Mag nicht: Mittagsschlaf, ungebetenen Augenkontakt, Spinat, Hosen und jegliche Form von Disziplin

Hinter Mini-Chef steckt Bunmi Laditan – Mutter zweier Kinder und erfolgreiche Autorin. Sie lebt mit ihrer Familie am Rande von Montreal in Kanada.

Mini-Chef

Schlafen könnt ihr, wenn ich groß bin

Eltern erfolgreich erziehen

Geschrieben unter der Aufsicht
von Bunmi Laditan

Aus dem Amerikanischen
von Kristian Lutze

List Taschenbuch

Besuchen Sie uns im Internet:
www.list-taschenbuch.de

Ungekürzte Ausgabe im List Taschenbuch
List ist ein Verlag der Ullstein Buchverlage GmbH, Berlin.
1. Auflage November 2015
© für die deutsche Ausgabe Ullstein Buchverlage GmbH,
Berlin 2014/Ullstein extra
© 2013 by Olubunmi Laditan, published by Scribner
Titel der Originalausgabe: *The Honest Toddler* (Scribner, New York, 2013)
Umschlaggestaltung: ZERO Werbeagentur, München
Titelabbildung: getty images/Pascal Genest (Kleinkind);
FinePic®, München (Raster)
Satz: Pinkuin Satz und Datentechnik, Berlin
Gesetzt aus der Adobe Caslon
Druck und Bindearbeiten: CPI books GmbH, Leck
Printed in Germany
ISBN 978-3-548-61292-8

Für Etienne: Je t'aime.
Merci d'être mon rocher
et parfois, mon oreiller.

(Ich liebe dich.
Danke, dass du mein Fels bist
und manchmal mein Kissen.)

Für meine Kinder,
ihr seid mein bestes Werk, und ich liebe euch
bis weit hinter den Mond und zurück.
Und jetzt beruhigt euch bitte.

Inhalt

Einleitung

Name: Mini-Chef
Status: Windelträger ohne Ambitionen, das zu ändern
Alter: Sooo groß
Was ich mag: Kuchen, Rennen, Fernsehen, Spiele und rote
  Getränke
Was ich nicht mag: Mittagsschlaf, Bettzeit, ungebetenen Au-
  genkontakt, Reis mit Spinat, Hosen und jegliche Form von
  Disziplin

Wenn du dieses Buch in den Händen hältst (egal, ob du es gekauft oder einfach mitgenommen hast und zum Auto gerannt
bist), hast du eine gute Wahl getroffen. Kleinkinder werden
im Allgemeinen missverstanden, und auch das kleine Kind in
deinem Leben ist wahrscheinlich enttäuscht von dir. Du solltest dieses Buch jetzt lesen, wenn du die Sache besser machen
möchtest, die in deinem Leben oberste Priorität haben sollte:
Nämlich dein kleines Kind glücklich zu machen.

Überspringe keine Seiten, dies ist keine Gutenachtgeschichte (ja, wir wissen Bescheid), sondern ein Handbuch, das dein
Leben revolutionieren wird. Gern geschehen im Voraus.

PS: Omas, ihr seid toll. Macht weiter so. (Hab euch lieb.)

Lieber Mini-Chef,

meine Zweijährige hat Angst vor dem Staubsauger, aber ich muss doch sauber machen. Was kann ich tun?!

Planlos aus Bakersfield, Kalifornien

Liebe Planlos,

zerlege den Staubsauger mit einem Messer. Das Haus kannst du auch mit feuchtem Zeitungspapier auswischen.

Alles Liebe, MC

* * *

Lieber MC,

mein Kleiner benimmt sich in letzter Zeit ein bisschen wie ein Tier. Er zerreißt Geldscheine, pinkelt auf die Pflanzen vor dem Haus … Wir sind mit unserem Latein am Ende. Irgendeine Idee, was wir tun können?

Atemlos in Atlanta

Hi Atemlos in Atlanta,

wenn Kleinkinder sich in dieser Art ausleben, bedeutet das, dass sie nicht genug Liebe oder rote Getränke bekommen. Versuch, die Dosis von beidem zu erhöhen. Und wenn du schon dabei bist, kannst du dir auch gleich deinen vorwurfsvollen Ton abgewöhnen.

Mit freundlichem Gruß, MC

1. »Warum hast du das gemacht?« Das Verhalten von Kleinkindern und wie man sie in Ruhe lässt

»Nicht so laut, nicht so grob, nicht so stürmisch.« Wenn du ein Erwachsener bist, hast du diese Sätze in den letzten zehn Minuten wahrscheinlich zwischen drei- und vierhundertmal verwendet. Weißt du, was es heißt, »sich um seine eigenen Angelegenheiten zu kümmern«? Es bedeutet, dem Geist deines Kindes Freiheit zu lassen. Deine wichtigste Aufgabe ist es, den Nachschub an unzerbrochenen Keksen und gesundem Saft zu gewährleisten. Anstatt deinen Sonnenschein einzuengen und zu reglementieren, solltest du versuchen, das Verhalten deines süßen Kindes zu verstehen, um schneller und besser auf seine Wünsche eingehen zu können. Dieses Kapitel will dir zeigen, wie das geht.

Wutanfälle

Es gibt ein sehr schmutziges Wort, das gemeinhin benutzt wird, um die milden Gefühlsausbrüche zu beschreiben, zu denen Kleinkinder gelegentlich neigen. Dieses Wort lautet »Wutanfall«. Doch diese Bezeichnung ist nicht nur herabsetzend, sondern spricht auch die Partei, die für besagte »Wutanfälle« verantwortlich ist (also dich), von jeglicher Schuld frei.

 **Falsch:** Oh, Maya hat gerade einen Wutanfall. Lass uns wie Despoten mit verschränkten Armen hier stehen und warten, bis er vorbei ist.

Richtig: Maya liegt in diesem vollen Restaurant schreiend auf dem Rücken und versucht, jeden zu treten, der in ihre Reichweite kommt. Ich frage mich, wie ich sie enttäuscht haben könnte?

Erkennst du, wie schon der Sprachgebrauch Vorurteile gegen Kleinkinder schafft? Ab sofort werfen wir das Wort »Wutanfall« in die symbolische Mülltonne und ersetzen es durch den Begriff »lautstarke Reaktion«.

In der vergangenen Woche habe ich eine lautstarke Reaktion mit meiner Umwelt geteilt, und zwar in der örtlichen Filiale von Linens 'n Things. *Leinen und Sachen?* Es gibt dort keine Sachen. Nur Leinen. Nachdem ich gefühlte sechsundvierzig Stunden durch diese Stoffhölle gewandert war, spürte ich, wie in mir ein Vulkan ausbrach. Das Letzte, woran ich mich erinnere, ist mein Versuch, eine Bettdecke aus ägyptischer Baumwolle mit den Zähnen zu zerreißen … und meine Blase über mehrere Satinkissen zu entleeren. Dann rannte ich um mein Leben. Mein Verhalten war eine Reaktion, kein willkürliches Ereignis.

Liebe Eltern, wenn ihr den Respekt eures Kindes gewinnen wollt, müsst ihr als Erstes eure eigenen Fehler eingestehen. Wenn meine Eltern und ich beispielsweise in einem Spielzeugladen gewesen wären und köstliche, nahrhafte Eiscreme gegessen hätten, wie ich es vorgeschlagen hatte, hätten wir das Geld, das für diese Pipi-Kissen draufgegangen ist, in dringend benötigtes Spielzeug investieren können. Versteht ihr, worauf ich hinauswill?

Werdet Feldforscher, und beobachtet lautstarke Reaktionen, um zu verstehen, warum und wie es dazu kommt. Beliebte Beobachtungspunkte sind Supermärkte in der Zeit zwischen vier und halb sechs Uhr nachmittags. Auch wenn man wahrscheinlich in praktisch jedem Gang eine Reaktion beobachten kann, empfehle ich vor allem die Gänge mit Frühstücksflocken, Süßigkeiten und Chips. Der Supermarkt ist ein Minenfeld für Eltern-Kind-Konflikte, vor allem wegen der übermäßigen Verwendung des schmutzigen Wortes »Nein«. Weitgehend unbekannt ist zudem, dass grünes Gemüse ein negatives Energiefeld erzeugt, das die Traurigkeit und Wut der Kinder beim Lebensmittelkauf nur noch verstärkt. Kombiniert man all das mit der typischen nach-mittagsschläflichen Verwirrung und den riesigen Wällen von köstlichen, aber unerreichbaren Kohlenhydraten, bekommt man – ja, ihr habt es erraten – eine lautstarke Reaktion.

Wahrscheinlich fragt ihr euch jetzt: »Moment mal, warum machen diese Eltern nicht einfach gleich im Laden eine Packung Kekse auf, damit ihr Kind glücklich ist? Was ist daran verkehrt?«

Nichts! Nichts ist daran verkehrt! Nur ihre eigene Sturheit hält die Erwachsenen davon ab, einen Karton Cornflakes aufzureißen, damit ihr Kind die Kraft sammeln kann, um es durch den späten Nachmittag zu schaffen.

Man sagt: Hochmut kommt vor dem Fall. In diesem Fall kommt sie vor lautstarken und offen gestanden recht beeindruckenden Reaktionen der Kleinkinder. Und liebe Eltern, macht euch nichts vor: Lautstarke Reaktionen lassen sich nicht durch mobile Freiheitsberaubung in Einkaufswagen verhindern. Ein erfahrenes Kleinkind empfindet bei Fixierung im Kindersitz eines Einkaufswagens vergleichsweise schnell emotionales Leid und eine durch Unterzuckerung bedingte Angst. Wir haben immer noch genug Beinfreiheit, um gegen eure Kniescheiben zu treten. Wir können den Kopf in unkontrollierten Achten herumrollen lassen, während wir derart markerschütternd schreien, dass selbst Außenstehende verstehen, dass ihr alles falsch macht.

Es gibt nur eine Lösung: die Cracker-, Joghurt- (Joghurt mit den Händen zu essen ist übrigens völlig in Ordnung) oder Familienpackung Lakritz gleich an Ort und Stelle zu öffnen. Böse Stimmen in deinem Kopf mögen Sachen murmeln wie »Nicht nachgeben, nicht klein beigeben«. Bring das Geplapper zum Schweigen und konzentriere dich auf die Gegenwart. Und kaufe Geschenke. Kaufe sie für dein kleines Kind. Überschütte es mit Geschenken.

Besonders gern beobachte ich lautstarke Reaktionen beim Versuch eines Elternteils, ein Kind verfrüht aus dem Park wegzubringen. Fettleibigkeit breitet sich bekanntlich aus wie eine Seuche, warum also lässt du deinen angehenden Sportler nicht bis nach Sonnenuntergang und Beginn deiner Lieblingsserie (denn das ist doch der wahre Grund, warum du nach Hause willst, richtig?) im Freien trainieren? Ich bewundere Kinder, die buchstäblich einen Schritt weitergehen, indem sie ihre Eltern in eine wilde Jagd um das Klettergerüst verwickeln, um das Schnapp-und-weg zu verhindern. Innerlich kreische ich »Lauf, Forrest, lauf!«, wenn eine Mama oder ein Papa verzweifelt versucht, die flinke junge Gazelle einzufangen. Es ist wunderschön.

Ausbrüche sollte man nicht fürchten, man sollte sie verhindern, und das liegt allein in deiner Macht. Wenn du das nächste Mal versuchst, Starbucks mit einem superheißen Soja-Haselnuss-Latte für dich und ohne einen riesigen Schokokeks für deinen geduldigen kleinen Engel zu verlassen, bedenke die Konsequenzen. Bist du bereit, den Fehdehandschuh zu werfen? Denn wir sind bereit, ihn aufzuheben.

 Merke: Lautstarke Reaktionen sind eine Sache zwischen dir und deinem Kind. Sie für Facebook zu fotografieren oder mit anderen Eltern zu besprechen ist unnötig und eine Verletzung der Privatsphäre. Eine lautstarke Reaktion anzusprechen, lange, nachdem sie sich ereignet hat, ist emotionaler Missbrauch. Wenn das Gewitter vorübergezogen ist, wisch dir den Schweiß von der Stirn, und mach weiter.

 **Hausaufgabe:** Geh mit deinem Kind um halb sechs Uhr nachmittags in einen Supermarkt. Wenn die lautstarke Reaktion einsetzt, rufe: »Seien Sie bitte leise, ich muss meinem Kind helfen.« Reiße anschließend vier große Tüten Chips und einen Saftkarton auf, und lasse dein Kind das Festmahl genießen.

Das Sandsack-Syndrom

Liebe Erwachsene, macht ihr gern Besorgungen? Das ist toll. Dann macht sie in eurer Freizeit. Denn es gibt kein Kleinkind auf der Welt, das euch auf eurem Wirbelwind durch sechsunddreißig Geschäfte begleiten möchte. Das Schlimmste am Einkaufen ist, dass man dabei kaum gehen, geschweige denn laufen darf. Und nie müssen wir noch mal kurz los, um Eis oder Seifenblasen zu holen; meistens handelt es sich um Sachen aus der Reinigung oder Klopapier.

Ihr wisst nun bereits, dass lautstarke Reaktionen eure Schuld sind. Es gibt ein weiteres Phänomen, das ihr euch ebenfalls selber zuzuschreiben habt: der Sandsack – auch bekannt als Gummiknochen. Ein Kleinkind verfällt in diese Position, wenn sein Gehirn eine Flüssigkeit produziert, die feste Knochen in Kaugummi verwandelt. Dabei wird das Körpergewicht um siebzig bis achtzig Prozent erhöht.

Den Sandsack zu aktivieren ist sehr einfach. Jedes Kleinkind hat seinen persönlichen und einzigartigen Stil, ich persönlich bevorzuge jedoch den direkten Ansatz.

Erste Symptome für das Sandsack-Syndrome:

1. **Zeitlupe:** Dein Kleinkind läuft plötzlich so, als bereite ihm jeder Schritt körperliche Schmerzen. Ich schiebe dazu gern noch die Schultern nach vorn, so dass meine Fingerknöchel über den Boden streifen.

2. **Verbale Indikatoren:** »Ich bin müde. Ich kann nicht mehr laufen.« Hast du das gehört? Du bist jetzt an einem Scheideweg. Kluge Eltern werden ihr Kind unverzüglich hochheben und die nächste Konditorei ansteuern. Sture Eltern werden bald eine öffentliche Demütigung erleben. Sätze wie »Komm, mach schon, wir sind fast da« fühlen sich für das Kind, das dir angeblich etwas bedeutet, an wie ein Schlag ins Gesicht.

PENG! Es passiert ganz plötzlich. Du drehst dich um und siehst dein Kind auf dem Boden liegen. Erst bist du schockiert; deine Blicke wandern umher, um zu sehen, ob du beobachtet wirst. Oh, glaub mir, du wirst.

Ich mag es, wie Eltern jedes Mal so tun, als könnten sie nicht glauben, was sie da sehen. »*Was?* Mein sonst immer so braves Kind liegt auf dem Bürgersteig wie ein weggeworfener Reklamezettel? Gütiger Himmel, nein!« Haha, ihr macht niemandem etwas vor.

Zeit für Wiedergutmachung.

Folgendes solltest du jetzt nicht tun:

- Reiße dein unschuldiges Kind nicht an einem Arm hoch, wenn du nicht unbedingt die nächste Notaufnahme besuchen willst, wo du den Ärzten erklären kannst, wie der Arm deines Kindes ausgerenkt wurde. Gefällt es dir im Gefängnis?
- Verziehe nicht das Gesicht wie eine Hexe, und flüstere deinem Kind wütende Beschimpfungen ins Ohr. Weißt du eigentlich, wie komisch du dabei aussiehst? Auch wenn niemand lacht.
- Stoße keine wilden Drohungen aus, denn du hörst dich verrückt an.

Wenn Kleinkinder Gummiknochen bekommen, können sie die Welt um sich herum nicht hören. Nur Harfen und Engel. Und die Engel sagen: »Bleib liegen, Baby, bleib liegen.« Versuche erst gar nicht, uns mit Eiscreme zu locken. Dafür ist es zu spät. Die einzige Lösung ist ein Nottransport auf dem Luftweg. Dein Kind ist nicht mehr in der Lage, seine Knochen zu benutzen. Du hast sie gebrochen, als du sein Vertrauen missbraucht hast. Achte deshalb auch darauf, den schlaff herabhängenden Kopf deines Kindes abzustützen.

Und nicht vergessen: Es ist deine Schuld.

Hausaufgabe: 1. Übe, Besorgungen online zu erledigen. 2. Wenn die Beine deines Kindes das nächste Mal außerhalb des Hauses den Dienst verweigern, eile unverzüglich an seine Seite, und hebe es hoch. Wenn du zu viele Taschen hast, um es zu tragen, oder einen Kinderwagen mit dir führst, lass deine Einkäufe einfach auf der Straße stehen.

Ohren spitzen

Wenn du ein Kind jemals aufgefordert hast, »seine Ohren zu spitzen«, solltest du jetzt besonders gründlich lesen. Selbst wenn deine Absichten lauter sind und du die Aufmerksamkeit deines kleinen Kindes lediglich benötigst, um es zu fragen, welchen Kuchen du zum Mittagessen backen sollst – es ist an der Zeit, diesen Satz aus dem Fenster zu werfen.

Vor dem Schreiben dieses Kapitels habe ich eine prominente Kinderärztin interviewt. Nachdem sie damit fertig war, mir mit den Fingern in den Bauch zu piksen (ich behalte mir rechtliche Schritte vor), eröffnete sie mir, dass es so etwas wie gespitzte Ohren gar nicht gibt. Womöglich kommst du dir jetzt wie ein Idiot vor. Das ist normal. Sei nachsichtig mit dir selbst, und lies weiter.

Lass uns zum Kern der Sache kommen. Wenn du dein Kleinkind zu dieser Unmöglichkeit aufforderst, willst du eigentlich sagen: »Hör mir jetzt sofort zu.« Überraschung! Dein Kind hört dich. Er oder sie praktiziert lediglich, was wir in der Kleinkinderwelt »selektive Wahrnehmung« nennen.

Dein Kind hat wahrscheinlich kein Hörproblem. Deshalb besteht auch keine Notwendigkeit, dicht neben seinem Ohr mit den Fingern zu schnippen und auf korrespondierendes Blinzeln zu warten. Wir können euch hören – es interessiert uns bloß nicht.

Stellen wir uns folgendes Szenario vor: Du fegst in deiner ohnehin tiefenreinen Küche und denkst, dass sich dein Kind in einem anderen Zimmer ohne dich zu gut amüsiert. Einsamkeit überfällt dich, und du hebst an, wieder und wieder den Namen deines Kleinkindes zu rufen ... wie ein Nebelhorn. Nichts passiert, also verwandelst du dich in Quasimodo aus *Der Glöckner von Notre-Dame* und stürmst ins Wohnzimmer, wo dein Kind die schönste Bauklotz-Stadt baut, die die Welt je gesehen hat. Keine zwei Meter von deinem zukünftigen preisgekrönten Architekten entfernt bleibst du stehen und wiederholst mehrfach laut seinen Namen. Wut steigt in deinem schwachen Körper auf, weil dein Kind offensichtlich keine Miene verzieht. Plötzlich wird dir bewusst, wie ärgerlich du klingst, und du gehst weg.*

 **Falsche Frage:** Warum ignoriert mein Kind meine Worte?

Richtige Frage: Was von dem, was ich sage, ist so ärgerlich/unwichtig, dass mein Kind mich ignorieren muss?

* Kleinkindgenehmes Ende

Es gibt vier Gesprächsthemen, mit denen du zum Objekt selektiver Wahrnehmung wirst. Wenn es dir wichtig ist, gehört zu werden, solltest du diese Themen meiden. Das Leben ist so einfach.

Vier Konversations-Tabus

1. Rufe zum Essen

»Noah, es wird Zeit, mehr Reis mit Spinat oder Fischlarven zu essen – wer weiß das schon, denn es sieht genau gleich aus.« »Tali, wasch dir die Hände vor dem Mittagessen, obwohl diese Garnelen wahrscheinlich schädlicher sind als jeder Bazillus.«

Wenn das Frühstück, Mittag- oder Abendessen, das du bereitet hast, gut genug riecht, brauchst du gar nicht zu brüllen. Selektive Wahrnehmung ist ein Hinweis darauf, dass du den gefüllten Kohl (warum?) wegwerfen und einen Pizzadienst anrufen solltest. Erwarte nicht, dass dein Kleinkind sich auf einen Auflauf stürzt, der aussieht und riecht wie eine Käseverschwendung. Sprich mir nach: »Toast.«

2. Allgemeine Kontrollfragen

»Felix, was machst du da drinnen? Felix? Felix?!« »Stefan, dein Schweigen deutet darauf hin, dass du eine interessante Beschäftigung gefunden hast. Bitte bestätige oder dementiere, weil ich es verlange.«

Du ahnst ja nicht, wie bedürftig du klingst. Wenn du dich als Erwachsener in einem anderen Zimmer aufhältst als dein Kind, musst du dich selber vergewissern, dass alles in Ordnung ist. Bei ihren Runden gehen Gefängniswärter auch von Zelle zu Zelle. Von den Insassen wird nicht verlangt, dass sie den ganzen Tag verbale Bestätigungen rufen, während ihre

Wächter sich auf Facebook vergnügen. Mach den Zehn-Meter-Spaziergang. Nimm eine Flasche Wasser mit, wenn dir die Entfernung zu beschwerlich erscheint.[*]

3. Förmlichkeiten und Begrüßungen

»Robert, komm und sag Tante Betty am Telefon hallo.« »Rebekka, deine Freunde wollen jetzt nach Hause, komm und sag auf Wiedersehen!«

Was? Nein. Schlicht nein. Diese Menschen werden auch ohne ein gezwungenes Lächeln, Winken oder einen Gruß überleben. Kleinkinder wissen, dass Erwachsene achtzig Prozent ihres Lebens damit verbringen, so zu tun, als läge ihnen etwas an Menschen, die ihnen eigentlich egal sind (Facebook), und wir sind entschlossen, ein ähnliches Schicksal zu vermeiden. Wenn du unaufrichtige Worte der Freundlichkeit an einen Menschen richten möchtest, tu das, aber erwarte nicht, dass dein kleines Kind es dir nachtut.

4. Übergänge

»Hey, Isabella, lass alles stehen und liegen. Es ist an der Zeit, etwas Neues und wahrscheinlich Langweiliges zu tun.«

Nichts hasst ein Kleinkind mehr als das Nächste. Wenn du beabsichtigst, dein Kind zum Wechseln von Aufgaben zu bewegen (und sei es nur, Windrädchen-Nudeln statt Bohnen auf ein Blatt Papier zu kleben), musst du dich im günstigsten Fall auf selektive Wahrnehmung, im ungünstigsten Fall auf eine lautstarke Reaktion gefasst machen.

Wenn du bemerkst, dass dein Kind selektive Wahrnehmung anwendet, solltest du dich freuen. Denn es ist höchstwahr-

---

[*] Ganz schön faul.

scheinlich hochbegabt. Vielleicht bist du versucht, eine Hand auf seine Schulter zu legen oder seinen Oberarm zu packen, um seine Aufmerksamkeit zu bekommen, doch das grenzt an Körperverletzung. Wenn du Gewaltbereitschaft zu deinen Charaktereigenschaften zählen möchtest, nur zu.

Es gibt sogar noch mehr gute Nachrichten. Selektive Wahrnehmung hat eine Schwesterbegabung: die megasensible Wahrnehmung. Ich kann während eines Gewitters und mitten im Schlaf hören, wenn jemand drei Zimmer weiter eine Tüte Chips aufreißt. Bitte, keine Beifallsstürme.

Wichtiger Hinweis: Vielleicht ist dir eine Erweiterung der selektiven Wahrnehmung aufgefallen, die man den »leeren Blick« nennt. Kluge Kleinkinder setzen diesen leeren Blick ein, um mitzuteilen, dass sie keinen Bezug zu deiner Information herstellen können oder die aktuelle Realität vorübergehend zugunsten einer unterhaltsameren Dimension ihrer Psyche verlassen haben. Ich setze den leeren Blick mindestens drei- bis fünfmal täglich ein. Es hilft nicht, sich drei Zentimeter vor dem Gesicht deines Kindes aufzubauen und dein Ansinnen endlos zu wiederholen. Wenn seine Augen glasig werden und der Mund leicht offen steht, sei gewiss, dass du sehr wichtig bist und dass deine Botschaften in der Reihenfolge ihres Eingangs beantwortet werden. Irgendwann.

Innere gegen äußere Stimmen

Äußere Stimmen gewinnen. Schluss, aus.

Hausaufgabe: Hör auf, so zu tun, als wüsstest du alles.

»Quengeln«

Wenn Erwachsene über Müdigkeit oder explodierende Zwiebelpreise lamentieren (niemand hat euch gebeten, welche zu kaufen), nennt man das Klagen. Wenn Adele es tut, gibt es Grammys. Aber wenn dein Kleinkind musikalisch sein Missfallen bekundet, wird das als »Quengeln« diffamiert. Es ist an der Zeit, dass Erwachsene Quengeln als legitime Ausdrucksform anerkennen.

Falsch:
Wunderbares Kind: Maaaamiiiii, ich brauche Hiilfee!
Eiskalte Mutter: Ich kann dich nicht hören, wenn du so sprichst. War nur ein Scherz, kann ich wohl, aber Selbstgerechtigkeit ist angesagt, und ich möchte imposant erscheinen.
Richtig:
Wunderbares Kind: Maaaamiiiii, ich brauche Hiilfee!
Wunderschöne Mutter: Du meine Güte, wie konnte ich es so weit kommen lassen, dass du so frustriert bist? Wenigstens bin ich jetzt hier. Wie kann ich dir dienen, mein Engel und Gebieter?

Wenn dein Kleinkind sich gezwungen sieht, Vokale zu dehnen, bedeutet das, dass es traurig und aufgewühlt ist. Und weil Traurigkeit kein Verbrechen ist, hast du gar nichts zu melden. In manchen Kulturen gilt Quengeln als Signal für eine bedrohlich niedrige Zuckerversorgung eines Kindes. Denk darüber nach.

Quengeln ist im Grunde ein Instrument – wie eine Geige oder Trommel. Wenn du aufhörst, Quengeln als Problem zu betrachten, und anfängst, zur Bedürfnismelodie deines Kindes zu tanzen, wird das Leben dich mit Aufgaben belohnen. Wenn du Quengeln nach dieser Erkenntnis immer noch nicht genießen kannst, streng dich noch mehr an, um deinem Kind die Wünsche von den Augen abzulesen.

Häufig quengeln Kleinkinder, weil ihre Spielsachen nicht mehr unterhaltsam sind. Dem kannst du abhelfen, indem du den Spielzeugvorrat wöchentlich neu auffüllst. Schmeiß die alten Sachen nicht weg, sondern lass den Stapel wachsen. Habe immer etwas Amüsantes – wie einen PEZ-Spender oder einen Flummi – in der Tasche, um der Traurigkeit deines Kindes vorzubeugen. Führe stets ein paar Gummibärchen mit dir, um Hungerattacken zu begegnen. Gute Vorbereitung hilft in vielen Fällen bei der Vermeidung von Gequengel.

Hausaufgabe: Warte, bis dein Kind anfängt zu quengeln. Es dauert bestimmt nicht lange. Wenn es losgeht, hocke dich (mit einem Lächeln) vor dein Kleinkind und sage: »Ich bin schlecht. Wie kann ich dir helfen?« Gleichzeitig drückst du ihm einen Streifen Kaugummi in die Hand. Beobachte, wie sich die Miene deines Kindes entspannt. Das nennt man »Familienzusammenhalt«.

Sanfte Hände

Ich muss ehrlicherweise gestehen, dass ich nicht ganz sicher bin, was sanfte Hände sind. Ich weiß, dass sie etwas damit zu tun haben, dass Tiere nicht jaulen. Der Goldfisch einer Freundin war Opfer eines Sanfte-Hände-Unfalls, nachdem er den Knuddel-Test nicht bestanden hatte. Aber das ist in keiner Weise irgendjemandes Schuld.

Manchmal lieben Kleinkinder heftig. Du solltest dein Kind für sein Herz aus Gold und seine Faust aus Stahl loben.

Die meisten Erwachsenen drängen ihren Kleinkindern das Konzept von den sanften Händen auf, zum Wohle ihrer kostbaren Ikea-Möbel zu Hause. Darin liegt das Dilemma. Was ist dir als Vater oder Mutter wichtiger: der Besitz von intaktem furnierten Sperrholzmobiliar oder die Entwicklung von Stärke und Selbstachtung deines Kindes? Ich hoffe, die Antwort war leicht. Wenn nicht, gibt es vieles, worüber du nachdenken solltest. Am besten setzt du dich irgendwo still im Dunkeln hin, bis du deine Prioritäten neu geordnet hast.

Es gibt einen weiteren Aspekt des Sanfte-Hände-Konzepts, den ich streifen möchte. (Hast du das mitgekriegt? Das mit dem »streifen«? Das war ein Wortspiel. Lies den Satz noch einmal von vorn.)

Andere Kinder verdienen hin und wieder einen kleinen Klaps ins Gesicht, auf den Kopf oder den Rücken, weil sie sich ein Spielzeug genommen haben, das ihnen nicht gehört. *Das ist überhaupt nicht schlimm.* Du willst jetzt womöglich einschreiten, aber warum willst du dich lächerlich machen? Wir nennen es »das Recht der Sandkiste«. Lass es die Kleinen unter sich austragen. Wenn dein Kind verliert, heißt das nur, dass du zu Hause Karate trainieren solltest.

Das Konzept sanfter Hände verletzt die oberste Regel des Kleinkindseins, und die lautet: »Kaputt machen!« Warum hast du vor der Geburt all die Vitamine geschluckt, wenn du letztlich einen Schwächling großziehen wolltest?

Teilen

Teilen ist dumm. Tut mir leid, ich wollte nicht vorgreifen. Aber Teilen ist ein zentrales Thema in vielen Elternratgebern. Wie ihr bestimmt gern hören werdet, liegen sie alle falsch. Es ist an der Zeit, euren gesunden Menschenverstand einzuschalten. Alles auf der Welt ist nach Besitz aufgeteilt. Wir benutzen das Wort »deins« und – noch wichtiger – »meins«, um Objekte zu kennzeichnen. Es gibt auch das Wort »unser«. Aber das wird ausschließlich für Sachen benutzt, die man schwer in eine Tasche stecken kann, wie zum Beispiel Sonnenlicht, Luft oder Parkanlagen.

Sandspielzeuge, Autos, Puppen und Nahrungsmittel kann man allein besitzen.

Es klingt vielleicht lächerlich, aber viele Erwachsene glauben tatsächlich, weil Kinder noch kein Geld verdienen, sei ihr kompletter Besitz Allgemeingut. Diese Form des Kommunismus ist nicht nur gefährlich, sondern auch komplett verkehrt.

 **Falsch:** Sarah, es sieht so aus, als wollte Henri mit deinem Lego spielen. Warum gibst du deine Träume nicht auf und lässt ihn alles zerstören?

Richtig: Sarah, es sieht so aus, als wollte Henri mit deinem Lego spielen. Tritt kurz beiseite, damit ich ihn rausschmeißen kann.

Siebzig Prozent aller körperlichen Angriffe von Kleinkindern auf andere Kleinkinder haben etwas mit Teilen zu tun. Achtundsechzig Prozent aller Kinderkrankheiten sind eine direkte Folge von Teilen. Nach zu langen Aufenthalten im Supermarkt ist Teilen die Hauptursache für lautstarke Reaktionen. Haltet ihr es immer noch für eine gute Idee?

Teilen ist eine Form von Diebstahl und gehört abgeschafft. Dein Kind wird ganz natürlich ein Empfinden für Solidarität entwickeln, sobald es eine klare Vorstellung davon hat, was ihm gehört. Außerdem verhindert der Glaube, dass alle Dinge allen gehören, die Entwicklung eines gütigen Herzens. Denn warum sollte man etwas abgeben, wenn ohnehin jeder potentiell Zugriff auf alles hat?

Der Spielplatz ist nicht die ehemalige Sowjetunion. Bevor du dort aufkreuzt, solltest du dich vergewissern, dass dein Kind einen Korb voller funktionierender Sandspielzeuge mit sich führt. Eine Verabredung zum Spielen soll schließlich kein Anlass werden, begehrliche Blicke oder Hände auf die Schätze anderer zu legen. Du bist eingeladen, die schöne Atmosphäre bei uns zu genießen. Aber fühl dich nicht – ich wiederhole – fühle dich nicht wie zu Hause. *Mi casa es mi casa.*

Vor allem in heiklen Situationen sollten Erwachsene sich einmischen. Stelle dir folgendes Szenario vor: Zwei kleine Kinder sitzen an einem kleinen runden Tisch und malen. Es gibt nur einen blauen Buntstift. Beide Kinder brauchen den blauen Stift. Was tust du? Nichts. Es folgen Streit, Frustration. Das Leben beider Kleinkinder ist am Ende. Warum hast du nur einen blauen Buntstift? Bereitet es dir Freude, Kinder leiden zu sehen? Liebe Eltern, bitte seid ehrlich zu euch selbst. Teilt ihr gern? Wie würdet ihr euch fühlen, wenn ein Fremder an eure Tür klopfen und darum bitten würde, ihm euren

Wagen auszuleihen? Liebe Mütter, jeder sieht, wie ihr eure Handtaschen bewacht, als wären sie voller Chardonnay und Goldmünzen statt Babysocken und Kassenbons. Liebe Papas, ihr krallt euch an die Fernbedienung, als würde euer Herz nur ihretwegen weiterschlagen. Ja, Teilen tut allen weh.

 **Hausaufgabe:** Vergiss die schlechten Ideen.

Lügen

Alle lügen. Kleine Kinder entschuldigen sich bloß nicht dafür. Eigentlich ist eine Lüge die Wahrheit mit einem komischen Hut auf. Wenn dein Kind dir das nächste Mal offen ins Gesicht lügt, solltest du lächeln und kichern. Oder du umarmst dein Kind, weil du einsiehst, dass du vermutlich einfach die falsche Frage gestellt hast. Hauptsächlich verdrehen Kleinkinder die Realität, um Ärger zu vermeiden. Wenn du Fragen stellst wie: »Laura, hast du Aa in den Kamin gemacht?«, was glaubst du, was passiert? Wir wissen beide, dass Laura es getan hat, und du hast dein Urteil schon gesprochen. Was also hat sie zu verlieren, wenn sie eine unglaubliche Geschichte erfindet?

Wusstest du, dass die Befragung eines Kleinkindes ohne Beisein eines Anwalts einen Verstoß gegen die Menschenrechte darstellt?

Eltern auf der ganzen Welt versuchen, ihre Kinder davon zu überzeugen, dass die Wahrheit der König sei, während sie in

Wirklichkeit nichts als ein gemeiner Hofnarr ist. Es schwirren immer unendliche viele Wahrheiten durch die Luft. Wer kann was dafür, wenn dein Kind sich eine davon herauspickt und die zufälligerweise nicht deiner entspricht? Die richtige Antwort lautet: »Niemand.«

Hast du deiner Schwester den Fußball an den Kopf geworfen?
Hast du Pipi auf die Couch gemacht?
Hast du meine Blumen gegessen?

So viele Fragen! Kein Wunder, dass dein süßes Kind verwirrt ist. Außerdem führen die meisten dieser Nachfragen direkt auf die Strafbank, deshalb seid nicht überrascht, wenn euer Kleinkind nicht einmal in der Nähe ist, um sie zu beantworten. Schaut nicht hinter dem Vorhang nach, denn dort ist es auch nicht.

Man sollte vorleben, was man predigt. Liebe Papas, vielleicht wollt ihr uns erzählen, was ihr wirklich über Mamas Gemüseeintopf denkt? Oder dass ihr in Wahrheit doch wisst, wie man die Geschirrspülmaschine bedient? Und Mama, vielleicht ist es Zeit, damit aufzuhören, fertiges Grillhähnchen zu kaufen, die Aluschalen in die Mülltonne vor dem Haus zu werfen und das Ganze als ein »altes Familienrezept« auszugeben? Ich meine ja bloß.

Grenzen austesten

Du hast das Herz deines Kindes gebrochen, indem du in einem Ton nein gesagt hast, der wie eine Mischung aus Dschafar aus *Aladdin* und der Hexe aus *Rapunzel* klingt. Bevor du anfängst, mit dem Zeigefinger zu drohen, trotzt dein Kleinkind dem Bösen und begehrt auf.

Typischer Erwachsener: *Ich habe meinem Kind gesagt, es soll die Fernbedienung nicht anfassen, doch es hat nicht gehorcht, und sie ist in seiner Hand explodiert.*

Erstens: nicht so laut. Zweitens: Senke deine Erwartungen. Und mit »senken« meine ich »eliminieren«. Wenn dein Kind dir offen den Gehorsam verweigert, nennt man das Mut. Miss deinen Körper mit einem Lineal. Und dann miss den deines kleinen Kindes. Wer ist größer? So wie David Goliath die Stirn geboten hat, deutet der Widerstand deines Kindes darauf hin, dass es ein Mensch mit Charakter ist. Ich bin sicher, das Wort »Tyrann« ist dir geläufig.

Das Unheimlichste, was du tun kannst, wenn dein Kleinkind die Regeln großzügig auslegt, ist, mit aufeinandergepressten Zähnen zu flüstern wie eine Schlange. Dafür gibt es keinen Grund. Es ist sogar absolut unangebracht. Wenn du das Ganze auch noch fünf Zentimeter vor dem Gesicht deines Kindes machst, betrachte dich als Versager, nimm deinen Hut, und setze Oma darüber in Kenntnis, dass du mit sofortiger Wirkung zurücktrittst.

Es mag nicht leicht sein, dabei zuzusehen, wie dein Kind auf dem Sofa hüpft oder die Hand in eine Schüssel mit Soße tunkt, nachdem du es ihm ausdrücklich verboten hast. Aber es hat auch niemand von dir verlangt, dabei zuzusehen. Mach dir eine Flasche deines Lieblingsweins auf, und setz dich. Wende den Blick ab. Denke an die letzten Fotos, die du gepostet hast. Träume von Etsy oder DaWanda. Plan deinen nächsten Post auf Facebook. Du kannst deine Gedanken überall hinwandern lassen. Entferne dich bloß nicht körperlich, denn das wäre ärgerlich.

Im nächsten Absatz findest du ein paar Sätze, die du täglich üben solltest. Sprich sie unter der Dusche laut vor dich hin, aber nicht zu laut, weil dein Kleinkind wahrscheinlich direkt danebensteht und deine Körperhygiene beaufsichtigt.

Merksätze:
- »Ja« bedeutet »Liebe«. Ich sage ja. Ich bin Liebe.
- Trotz ist kein Problem.
- Heute pflanze ich einen Garten des Glücks. Die Samen sind mein geschlossener Mund.

Es hat Monate gedauert, doch inzwischen bin ich selbst endlich auf einem guten Weg, bei mir zu Hause neue Kommunikationskanäle zu öffnen. Lass den Diktator in dir zu einer schmutzigen Pfütze um deine Füße schmelzen, und wisch die Sauerei auf. Danach gehe mit deinem Kind auf einen Indoor-Spielplatz, und zwar einen, der Eintritt kostet. Wenn ihr wieder zu Hause seid, serviere Würstchen mit Brezeln. Dann spielt, bis ihr beide im Wohnzimmer einschlaft. Was für ein wunderschöner Tag.

Hausaufgabe: Schreibe alle deine Regeln auf ein Blatt Papier. Dann iss es. Das meine ich ernst. Es ist nicht so übel, wie du denkst. Reiß es in Streifen, wenn es sein muss, aber bring es hinter dich.

Merke: Dein persönlicher Frust über den Lebensstil deines Kleinkindes ist kein Grund, seine Beziehung zum Nikolaus zu ruinieren. Das nennt man Petzen, und es ist in den meisten gesellschaftlichen Kreisen verpönt. Auch Oma interessiert sich nicht für deine wilden Geschichten, also behalte sie bitte für dich. Neuigkeiten über andere zu verbreiten ist Klatsch und Zeichen für einen aus dem Lot geratenen moralischen Kompass.

Der Risikofaktor

Schon mal was von Klippenspringen gehört? Nicht? Es ist eine von Kleinkindern erfundene Sportart, bei der man den höchsten erreichbaren Punkt erklimmt, weil man glaubt, dass die Gesetze der Schwerkraft für einen nicht gelten. Wenn du je gesehen hast, wie dein Kind auf den Küchentisch geklettert ist oder sich mit dem Kopf voran eine Treppe hinuntergeworfen oder -gerollt hat, weißt du, dass uns Selbsterhaltung nicht viel bedeutet. Wir sind Abenteurer. Nach dem Motto: »Erst handeln, nie denken.«

Du kannst unser Abenteuer noch intensiver machen, indem du es abwechslungsreicher gestaltest. Investiere in eine Nebelmaschine. Wenn dein Kleinkind sich im Zerstörungsmodus befindet, ist Atmosphäre alles. Musik kann zu filmreifen Höhepunkten beitragen. Besorge ihm einen Superhelden-Anzug mit passendem Umhang. Eine Maske wäre ein wunderbares Geschenk und Zeichen deiner Unterstützung.

Es lässt sich unmöglich sagen, wie viele Kleinkinder schon von der Spitze des Klettergerüsts auf ihrem Spielplatz gesprungen sind, während ihre Eltern, den Mund zu einem stummen Schrei aufgerissen, außer Reichweite standen. Wenn du nicht vorhast, die Hand deines Kindes zu halten, während es die gesamte Welt erforscht, solltest du akzeptieren, dass es aus einer alten Superhelden-Familie stammt und für einen Kampf zur Rettung des Planeten Erde trainieren muss. Glaubst du, Supermans Eltern hätten ihn in einer dieser albernen Rückentragen herumgeschleppt? Bestimmt nicht.

Möglicherweise ist dir unbekannt, dass Kleinkinder unverwundbar sind. Wenn dein Kind genug Pflaster trägt (Mini-Schilde), kann ihm absolut nichts etwas anhaben.

 Merke: Die einzigen Anlässe, bei denen sich ein kleines Kind doch verletzen kann, sind die, bei denen ein Elternteil zuguckt. Der Blick von Müttern oder Vätern ist wie Kryptonit, er schwächt ein Kind sofort. Ich bin nach zahllosen Stürzen wieder aufgestanden. Ich bin auf Holzböden gefallen und habe unversehrt Zwischenfälle mit aus dem Nichts auftauchenden Wänden überlebt. Wenn Bäume sprechen könnten, würden sie berichten, dass ich regelmäßig gegen sie pralle. Nur einmal, als ich wusste, dass ich bei meinem Sturz von einer sechzig Zentimeter hohen Rutsche beobachtet wurde, konnte ich tagelang nicht ohne Hilfe laufen, obwohl es keine Anzeichen für eine Verletzung gab.

Stimmungsschwankungen

Bitte beantworte den folgenden kurzen Fragebogen.

1. Mein Kleinkind kann binnen Millisekunden von unkontrolliertem Schluchzen auf ein leicht beängstigendes Hyänenlachen umschalten.
   a) nie
   b) selten
   c) manchmal
   d) oft
2. Mein Kind neigt zu scheinbar grundlosen Wutanfällen.
   a) nie
   b) selten
   c) manchmal
   d) oft
3. Mein süßer Engel hat mich innerhalb von fünf Minuten erst sanft geküsst und dann geohrfeigt.
   a) ja
   b) nein

Stelle mit Hilfe der Antworten fest, ob dein Kleinkind möglicherweise zu Stimmungsschwankungen neigt. Keine Sorge, damit ist es nicht allein, und die Behandlung ist nichtinvasiv. Einem erkälteten Menschen wirft man ja auch nicht vor, dass er niest. Wenn dein Kleinkind also in einer Sekunde kichert und in der nächsten seinen Urin als Waffe einsetzt, ist das keine große Sache.

Die meisten Stimmungsschwankungen lassen sich durch

einfache* medizinische Rezepturen heilen, die sich auch leicht zu Hause herstellen lassen.

Wutlösung

Mische drei Esslöffel Kokosnussöl, einen Teelöffel getrocknete Lorbeerblätter und ⅓ Becher Mineralwasser. Reibe die Lösung auf deinen Kopf, bis du dich demütig fühlst. Dann lege sanft ein Gummibärchen in den Mund deines kleinen Kindes, und beobachte, ob seine Wut verfliegt. Wiederhole das alle zwei Minuten mit einem neuen Gummibärchen, egal, was passiert.

Homöopathische Resistenzpillen

Entziehe Schmerztropfen die Feuchtigkeit, und stelle sie auf ein hohes Regal. Kaufe eine Familienpackung Riesen oder ein anderes mit Schokolade überzogenes Karamellbonbon. Lege deinem Kleinkind dieses Süßigkeitenopfer mit gesenktem Kopf zu Füßen. Flüstere »Es tut mir so leid«, während du dich langsam rückwärtsgehend entfernst.

Kinderberuhigungsstaub

Gib zweihundert Euro für Duftessenzen aus, und bereue deine schlechte Wahl. Dann kippe eine große Tüte Mini-Marshmallows in eine Schüssel, und rühre, bis das Ganze zu einem feinen Pulver zerstoßen ist. Streue den Staub bei Anzeichen von Schmerz oder Unwohlsein großzügig in den Mund deines Kindes. Trage immer eine große wiederverschließbare Tüte dieses Staubs bei dir. Er ist übrigens organisch.

---

* nicht verschreibungspflichtige

Tränen-weg-Spray

Koche einen einfachen Sirup aus braunem Zucker, Ahorn-
sirup, Zuckerstangen und Wasser. Gib bunte Schokostreusel
hinzu. Lasse die Flüssigkeit abkühlen, und fülle sie in eine
Sprayflasche. Wenn dein Kleinkind nicht ganz auf der Höhe
scheint, sprühe die Lösung großzügig in seinen Mund.

Möglicherweise kannst du keine unmittelbaren Veränderungen erkennen, aber du bist weder der Weltherrscher noch ein
Wissenschaftler, also mach einfach weiter, denn die Wirkung
von Umarmungen hat ihre Grenzen. Diese altbewährten Rezepte sind voller Weisheit und Heilkraft. Die meisten Biolo-
gen sind sich einig, dass Zucker das Gehirn stabilisiert. Wenn
jemand dir etwas anderes erzählt hat, sieh nach, ob du in seinen Taschen eine Karte mit der Aufschrift »geprüfter Lügner«
findest, denn er ist definitiv einer.

Regression

Hast du dieses Phänomen auch schon erlebt? An einem Tag
läuft dein kleines Kind herum wie der König des Dschungels,
zerreißt Post und schubst Freunde, und am nächsten hat es
vergessen, wie man einen Löffel benutzt, kennt keine Wörter
mehr und muss rund um die Uhr getragen werden. Was ist
geschehen? Warum benimmt sich dein großes Kind wie ein
großes Baby?

Die meisten Ärzte sind der Ansicht, dass eine derartige
Regression auftritt, wenn ein Kind von der sogenannten Säuglingskrankheit befallen wurde. Bei der Säuglingskrankheit
raubt ein Säugling, der noch nicht laufen kann, einem star-

ken älteren Kind durch erzwungenes Teilen und Aufmerksamkeitsdiebstahl die Lebenskraft. Liebe Eltern, hattet ihr in letzter Zeit Säuglinge bei euch zu Hause? In der vergangenen Woche hat meine Mutter eine Babyparty für ein Kind ausgerichtet, das noch nicht einmal geboren war. Drei Babys waren anwesend und haben ihre dunklen Künste eingesetzt, um die Aufmerksamkeit auf sich zu ziehen. Auch meine Mutter war nicht immun gegen ihre Hexerei und hat trotz meiner lautstarken Reaktion jedes von ihnen eine Viertelstunde auf dem Arm gehalten. In den folgenden Tagen litt ich unter der Säuglingskrankheit, von der ich mich erst allmählich wieder erholte.

Mit einer simplen Vorsichtsmaßnahme kannst du dein Kleinkind vor betrügerischen Säuglingen schützen.

Meide Säuglinge

Widerstehe der Versuchung, diese lebenden Säcke voller Haferbrei anzusehen, wenn du im Supermarkt an ihnen vorbeigehst. Säusele nicht »oh« und schon gar nicht »ah«, wenn du sie im Park auf Decken liegend in den Himmel starren siehst. Ein Kind, das nirgendwo hingehen kann, ohne dass seine Beine in eine Decke gewickelt werden, ist nichts Besonderes. Jeder weiß, dass die meisten Kinder unter einem Jahr Lügner sind, deshalb gibt es keinen Grund, sie zu bewundern.

Hausaufgabe: Wenn eine Freundin dich das nächste Mal bittet, ihr Baby zu halten, tu so, als hättest du nichts dagegen und fang dann im letzten Moment an, laut zu schreien. Das wird das Baby erschrecken und deiner Freundin eine Lehre sein.

Merke: Erforsche dein Herz gründlich, bevor du einen Säugling in dein Heim bringst, denn er wird die Familie mit seiner Hinterlist zerstören. Ich habe einen vier Monate alten Nachbarn, der ein bekannter Betrüger ist.

Verhalten in Restaurants

Du hast also beschlossen, mit der ganzen Familie essen zu gehen. Was für eine grauenhafte Idee. Selbst wenn in deiner Tasche Ersatzkleidung, Snacks, iPad, iPhone, Android-Backup, Leuchtstifte, Sticker, ein 1001-seitiges Mal- und Spielbuch und ein Teddybär sind, wirst du deine Entscheidung früher oder später bereuen. Das Einzige, was Kleinkinder noch mehr verabscheuen als das Abendessen, ist ein Abendessen in der Öffentlichkeit. In Restaurants herrscht ein enormer Druck, am Tisch sitzen zu bleiben sowie ein niedrigeres Stimmendezibel-Level einzuhalten. In Kombination mit der üblichen Praxis, Personen, die weder Hemd noch Schuhe tragen, nicht zu bedienen, ist die Katastrophe vorprogrammiert.

Jeder weiß, dass kleine Kinder Höhlentiere sind. Deshalb wird sich dein Kind unter dem Restauranttisch am wohlsten fühlen. Lass es in Ruhe. Sitzerhöhungen und Kinderstühle an öffentlichen Orten riechen schlecht und engen die Bewegungsfreiheit ein.

Meine Recherchen haben ergeben, dass der Boden direkt unter dem Tisch geräumig, bequem und voller benutzter Kaugummis ist. Lass dein Kind außer Sichtweite der anderen Restaurantgäste, um sein Glück zu gewährleisten.

Es gibt nur einen Gang der Speisefolge, für den sich dein kleines Kind interessiert: das Brot. Bestelle Nudeln mit Käse oder Hähnchenstreifen für fünfzehn Euro, wenn es sein muss, aber tue es in dem Wissen, dass du sie als Mitternachtssnack mit nach Hause nehmen wirst. Reiche deinem Kind den Brotkorb zusammen mit einem von zu Hause mitgebrachten Päckchen Saft unter den Tisch.

Fünf Minuten später wird dein Kleinkind mit dem Essen fertig sein. Vielleicht sind bis dahin noch nicht einmal eure Getränke serviert worden, doch dies ist der Zeitpunkt, alles einzupacken und nach Hause zu fahren. Wenn ihr länger bleibt, solltet ihr wissen, dass ihr damit einer ganzen Reihe öffentlicher Peinlichkeiten Tür und Tor öffnet.

Verhalten in Restaurants, das völlig normal ist, bei Erwachsenen jedoch als geschmacklos gilt, umfasst des Weiteren:

Starren: Wie die meisten Kleinkinder finde ich äußerstes Entzücken daran, Erwachsene durch meinen direkt auf ihr Gesicht gerichteten laserstrahlartigen Blick in Verlegenheit zu bringen. Du wirst bemerken, dass die Miene deines Kindes ausdruckslos bleibt, während es durch intensives Starren ein Loch in sein Zielobjekt bohrt. Die Freude, die dein kleines Kind dabei empfindet, ist vergleichbar mit dem Gefühl, das Eltern haben, wenn fünf oder mehr Personen ihre neueste Statusmeldung bei Facebook mit *Gefällt mir* markieren.

Laut reden: Um sich bei dem Geplapper und dem Geklapper von Tellern und Tassen verständlich zu machen, müssen Kleinkinder alles, was sie sonst normal laut sagen würden, schreiend vortragen. Das lässt sich nicht ändern, außer, man befiehlt dem gesamten Restaurant, den Mund zu halten.

Tisch abwischen: Der Drang, mit dem Arm über den

Tisch zu wischen und dabei so viele Gegenstände wie möglich auf den Boden zu schmeißen, ist ganz natürlich. Du hättest längst gehen sollen, gib dir also zu diesem Zeitpunkt selber die Schuld.

Ein paar Buntstifte und eine Speisekarte, die man auch als Malbuch benutzen kann, sind nichts, wovon sich ein Kleinkind aufhalten lässt, das beschlossen hat, den abendlichen Familienausflug zu beenden. Fahrt das nächste Mal zu einem Drive-in-Restaurant, und esst im Auto.

 **Hausaufgabe:** Fahre in ein Drive-in-Restaurant und iss im Auto.

Du hast inzwischen hoffentlich begriffen, dass dein Kind kein Stück Knete ist, das du nach Belieben formen kannst. Kleinkindliches Verhalten kann spontan und laut sein und führt bisweilen zu Glasbruch. Wenn du einen Roboter wolltest, hättest du online einen bestellen sollen. In der *Sesamstraße* sagen sie immer »sei du selbst«, und wenn du Ernie nicht einen Lügner nennen willst, halten wir uns einfach daran.

Beliebte Hobbys und ihre Erklärung

An Wände malen

Jedes Kleinkind weiß, wie es sich anfühlt, für die künstlerische Gestaltung der heimischen Wände mit Stubenarrest oder Schlimmerem bestraft zu werden. Man fragt sich, wie der zweijährige Banksy bei seinen Eltern angekommen ist. Wahrscheinlich eher schlecht.

Und noch etwas, worüber du nachdenken solltest: Du behauptest, die Kunstwerke deines Kindes zu lieben, jedoch nur in bestimmten Formaten – auf weißem Papier, um genau zu sein. Stell dir eine Welt vor, in der die komplexen menschlichen Gefühle nur auf Bastelpapier ausgedrückt werden. Erlaube dem inneren Künstler deines Kindes, sich ohne Grenzen und Konsequenzen zu entwickeln. Wände können mit Schmutzradierer bearbeitet oder neu gestrichen werden, doch ein unterdrückter Geist lernt selten, vernünftig mit Geld umzugehen.

Pinkeln im Freien

Pferde tun es. Ameisen tun es. Papas tun es. Pinkeln im Freien ist eine kleinkindliche Art zu sagen: »Ich liebe das Leben.« Solltest du jemals sehen, wie dein Kind gegen einen Baum oder in ein Blumenbeet pinkelt, tu einfach so, als wärst du in einem Zeichentrickfilm und es wäre kein Pipi, sondern Sonnenschein. Was nur wenige Erwachsene wissen: Kleinkinder markieren ihr Revier wie jedes andere Tier. Diese aromatischen Hinweise sind eine Methode, mit der Kleinkinder im Drei-Jahre-und-jünger-Netzwerk Nachrichten austauschen.

Durch Pipi werden wichtige Daten gesendet und empfangen. Ohne die Regeln der Kleinkind-Community zu brechen, kann ich folgende Haupttypen der Pipi-zu-Nase-Kommunikation verraten:

1. **Panik wegen drohender Anmeldegespräche für die Kita:** Kleinkinder haben ein Frühwarnsystem, um sich gegenseitig zu warnen, wann es Zeit für eine vorübergehende

Regression ist, um Kitas zu vermeiden. Es ist wie eine Tornado-Warnung mit flüssigem Abfall. Durch verschiedene Pipi-Profile werden Personenbeschreibungen von Erzieherinnen und Orte möglicher Anmeldegespräche verbreitet, um die Termine erfolgreich zu sabotieren. Eine von vielen Erfolgsgeschichten handelt vom zweieinhalbjährigen Till, der auf die Frage seiner potentiellen Kindergärtnerin nach seiner Lieblingsfarbe erwiderte: »Darf ich deinen Arm ablecken? Leute schmecken gut.« Er ist in diesem Jahr nicht in den Kindergarten gekommen.

2. **Witze:** Etwa achtzig Prozent aller Pipi-Kommunikationen sind virale Videos (zu kompliziert, um das jetzt zu erklären).
3. **Spielzeugrückrufaktionen:** Dachtet ihr, ihr wärt die Einzigen, die das draufhaben?
4. **Politik, Techniktrends und Wissenschaft**

Im Kreis rennen

Was du als sinnlose und sporadische Bewegung wahrnimmst, ist in Wahrheit der Versuch deines Kleinkindes, durch die Zeit zu reisen. Nicht vielen von uns gelingt das auch, aber wenn, ist es ein spannendes Abenteuer. Ich habe Dinosaurier aus der Nähe gesehen, und ich war in der Zukunft (ja, die Menschen können fliegen, haben aber keine Augenbrauen). Es funktioniert besser, wenn dein Kleinkind nackt ist. Du wirst nicht bemerken, dass dein Kind weg ist, weil ein Zeitreisejahr einer Erdsekunde entspricht. Nein, du kannst das nicht. Es geht nur mit einem kleinkindspezifischen Verhältnis von Kopfumfang zu Körperlänge.

Parcours

Diese Form der Straßengymnastik erfreut sich vor allem bei Fitness-Fans und Aufmerksamkeitsbedürftigen immer größerer Beliebtheit. Die meisten Menschen wissen allerdings nicht, dass diese Aktivität von Kleinkindern erfunden wurde, auch wenn wir es vorziehen, sie einfach »Gehen« zu nennen. Im Grunde geht es darum, die gefährlichste Route von A nach B zu finden. Ein Kleinkindparcours kann sowohl im Haus als auch im Freien aufgebaut werden, solange der Teilnehmer nackt ist. Taucherbrillen und Mützen sind erlaubt. Kleine Kinder wissen, dass sie alles richtig machen, wenn ihre Aufsichtspersonen blass werden. Für die Ohnmacht eines Elternteils gibt es Bonuspunkte. Unter Kleinkindern ist der Möbelparcours am beliebtesten, also solltest du mindestens zwei stabile Beistelltische, ein großes Sofa und einen Sessel im Haus haben. Ein paar Kollateralschäden (z. B. Zimmerpflanzen) gehören zu diesem Sport dazu.

 Merke: Wenn du etwas sagst wie »Gleich tust du dir weh«, und dein Kind verletzt sich, gehen wir davon aus, dass du es heraufbeschworen hast.

Lieber MC,

ich habe die Wahrheit erkannt und werde aufhören, verrückte Eltern-Ratgeber zu lesen. Was soll ich mit ihnen machen?

Alles Liebe, eine geläuterte Leserin

Liebe geläuterte Leserin,

du klingst wie eine kluge Person. Wenn du Feuer hast, verbrenne die Bücher auf einem Feld. Wenn nicht, engagiere einen Hund, um sie zu vergraben.

Küsschen, MC

2. Erziehung, die von Herzen kommt: Höre nicht auf die anderen

Es ist ganz einfach, Eltern zu sein. Es gibt keinen Grund, ständig zu anderen Erwachsenen zu rennen, die dein Kleinkind nicht kennen, um dir Rat zu holen oder sich mit ihnen zu verschwören. Was zu Hause passiert, geht keinen etwas an. Lass dich nicht durch den neuesten Eltern-Ratgeber eines Experten in die Irre führen, sofern er nicht selbst Kleinkind ist, und höre nicht auf deine verlogenen Freundinnen. Wenn es darum geht, gute Eltern zu sein, sind Worte aus dem Mund deines phantastischen Kindes die wichtigste Quelle. In diesem Kapitel werden wir einige besonders gefährliche äußere Einflüsse genauer betrachten.

Bücher

Die Mutter des Erfolgs von irgend so einer Frau
Ah, nichts geht über den Geruch des am Morgen frisch gebrochenen Willens eines Kindes. Ist das dein Ernst?

Neulich wurde ich auf das schreckliche Buch *Die Mutter des Erfolgs* aufmerksam, und nachdem ich aufgehört hatte zu weinen, ging ich in die örtliche Bücherei und weichte ein Exemplar in Traubensaft ein. Dann aß ich mehrere Seiten, damit sie zu etwas Besserem weiterverarbeitet werden konnten.

Auf dem Spielplatz sind die Kinder dieser Erfolgsmütter

leicht zu erkennen. Anstatt zu spielen, versuchen sie zu berechnen, wie der Winkel der Rutsche den Sitz ihrer gebügelten Ralph-Lauren-Pullover beeinflussen könnte. Aber wem will ich etwas vormachen, sie gehen gar nicht auf den Spielplatz, sondern verbringen ihre Nachmittage in Lernzentren. Und versuche gar nicht erst, deine Kekse mit ihnen zu teilen; sie müssen nämlich jeden Abend auf die Waage.

Eltern, die mit Begeisterung den Spaß aus dem Leben ihres Kindes saugen, hätten besser ein ausgestopftes Tier adoptiert, anstatt ein echtes Baby zu bekommen.

Wenn *Die Mutter des Erfolgs* anziehend auf dich wirkt, solltest du die Kleider deines kleinen Kindes ordentlich in einen robusten Koffer packen und es für immer zu Oma schicken. Die *Dein Baby kann lesen*-DVDs brauchst du nicht einzupacken, weil dein Kind zu beschäftigt sein wird, eine – wie heißt das Wort noch gleich – KINDHEIT zu haben. Da du fortan von den Pflichten befreit bist, ein Kind großzuziehen, kannst du dir gerne einen neuen Job als Gefängniswärter oder Elektroschock-Techniker suchen. Bastele dir aus deinen Karteikarten ein Kind aus Pappmaché, das dich nie enttäuscht.

Du bist gefeuert.

Warum französische Kinder keine Nervensägen sind
von jemand anderem

»Französische Kinder weinen nie am Essenstisch.« Warum sollten sie auch? Habt ihr schon mal diese Baguettes gesehen? Wenn mir jemand ein Stück Brot in Form eines Schwerts geben würde, würde ich auch zufrieden verstummen.

Also, nichts gegen Pariser Kleinkinder, aber ihre Eltern sollten aufhören zu lügen. Es ist egal, ob dein kleines Kind aus Simbabwe oder Duisburg kommt: Es wird regelmäßig lautstarke Reaktionen zeigen. Das gehört zum Kleinkind/Gangster-Leben dazu. Wollt ihr mir wirklich erzählen, dass ein Kind, dem man Pastete serviert (stell dir Erdnussbutter vor, aber mit tierischen Anteilen und Schweinefett), keine lautstarken Reaktionen hat? Eben! Eltern, lasst euch von *Warum französische Kinder keine Nervensägen sind* keine Schuldgefühle einreden, bloß weil ihr nicht kultiviert seid. Stoffservietten sind eine genauso verrückte Idee wie Stoffklopapier. Manche Dinge sind einfach zum Wegwerfen gedacht. Man braucht nicht mal Teller, wenn man das Richtige für seine Familie tut und Pizza bestellt.

Wenn es dir so am Herzen liegt, das Abendessen in Ruhe zu zelebrieren, warum hast du dann überhaupt Kinder bekommen? Versuche nicht, dein Kleinkind zum Ehrenmitglied der Fremdenlegion zu machen, bloß weil du es nicht schaffst, deine Pflichten zu erfüllen. Wenn du zu Hause unbedingt französisches Flair einführen willst, fang mit Schokoladencroissants an, und belasse es dabei.

Fazit: Dieses Buch ist voller Lügen, denn eine meiner besten Freundinnen kommt aus Lyon und hat einmal während des Weihnachtsessens unter dem Tisch Aa gemacht. Was sagst du jetzt?

Jedes Kind kann schlafen lernen von einem falschen Doktor

Dr. Ferber lebt mit einhundertundsechs Schlangen auf einer verlassenen Farm in Bakersfield, Kalifornien. Eines Tages beschloss er aus Jux, ein verrücktes Buch darüber zu schreiben, wie man Kinder dazu bringt, nachts durchzuschlafen, indem man ihre Grundbedürfnisse ignoriert. Leider fiel das Buch in die falschen Hände und wurde veröffentlicht. Eltern rund um den Globus, die es satthatten, das Fernsehprogramm zur

Hauptsendezeit zu verpassen, begannen, Dr. Ferbers grausame Ideen in die Praxis umzusetzen.

Obwohl die Methode vor allem bei Säuglingen angewendet wird, magst du versucht sein, Dr. Ferbers Schreien-Lassen-Methode auch an deinem kleinen Kind auszuprobieren. Hast du dich je gefragt, was dein Kind da beweint? Es ist die Liebe. Dein Kind beweint die Liebe, die zum Fenster hinausfliegt, während du wie ein Idiot vor der Tür stehst.

»Geferberte« Kinder wachsen zu verwirrten Menschen voller Probleme heran. Sie essen weder Obst noch Gemüse, und ihnen wachsen keine Backenzähne. Sieben von acht Kleinkinder, die man nach Ferber hat schreien lassen, können bis zur 7. Klasse einen Apfel nicht von einer Apfelsine unterscheiden und sind unfähig, Musikinstrumente zu erlernen.

Aktuell befindet sich Dr. Ferber nach Drohungen zahlreicher Kleinkindgruppen in Schutzhaft.

Kinderärzte

Ein Kinderarzt ist ein Doktor, dem es schwerfällt zu erkennen, wo seine Zuständigkeit endet und deine beginnt. Die meisten dieser Ärzte sehen aus wie Bruce Willis und haben bemerkenswert kalte Hände. Es ist üblich, dass sie dein Kind bitten, sich bis auf die Windel auszuziehen und sich auf einen mit Pergamentpapier bedeckten Tisch zu setzen. Versuche nicht, irgendeinen Sinn darin zu erkennen.

Kinderärzte erzählen dir ständig, was das Beste für dein Kind ist. Versuche (ungeachtet ihrer Ratschläge) nicht, deinem Kind weniger Milch zu geben oder regelmäßige Schlafenszeiten einzuführen. Wenn dein Kinderarzt dir erklärt, dass dein

Kind etwas anderes essen sollte als Brot, verlasse fluchtartig seine Praxis. Rufe auf dem Weg hinaus »Sie kennen unser Leben nicht« und gib dir alle Mühe, etwas kaputtzumachen.

Die Hälfte der Zeit, die du in seinem Behandlungsraum bist, wird dein Kinderarzt auf ein Blatt Papier malen, also wie ernst kann man ihn nehmen? Ich male genauso gern wie alle anderen, aber wenn er mich schon zu sich nach Hause einlädt, könnte er wenigstens Saft und ein paar Kekse parat haben. Hab ich recht? Und wenn er versucht, mittels schwarzer Magie den Herzschlag deines Kindes abzuhören, weißt du, dass alles noch schlimmer geworden ist.

Ärzte sind ganz scharf darauf, in die Löcher anderer Menschen zu schauen: vor allem in Augen, Nase und Mund. Das ist weder niedlich noch komisch. Kinderärzte werden dich auffordern, sie häufig aufzusuchen. Überlasse diese Entscheidung deinem Kleinkind.

Das meiste, was Kinderärzte machen, ist harmlos, doch vor Impfungen solltest du unbedingt auf der Hut sein. Sie sind im Grunde nichts anderes als Messerstechereien. Normalerweise wird dein Kinderarzt eins seiner Gangmitglieder hereinrufen, um die Drecksarbeit zu erledigen. Wenn es dir nicht gelingt, diese Attacke abzuwehren, betrachte dich günstigstenfalls als Niete, schlimmstenfalls als Mittäter. Und nein, Eis am Stiel, Plastikringe aus dem Ein-Euro-Shop oder Aufkleber sind keine akzeptable Kompensation für deine mangelnde Wehrhaftigkeit.

Freunde und Verwandte

Es gibt viele wohlmeinende Menschen in deinem Leben, die versuchen werden, dir Feedback zu deinen Erziehungsmethoden zu geben. Sofern sie dir nicht raten, in der Speisekammer zusätzliche Regale für Weingummi anzubringen, schreib es als Unsinn ab. Erwachsene schmieden gern Komplotte. Verbreitete Themen sind unter anderem:

- Wie man sein Kleinkind dazu bringt, die Nacht durchzuschlafen, egal, wer dabei zu Schaden kommt.
- Wie man den Willen seines Kleinkinds durch Regeln bricht.
- Wie man sein Kleinkind zwingt, alles zu essen.

Wenn jemand, den du kennst, versucht, deine Eltern-Kind-Beziehung zu beschädigen, solltest du ihn wegdrücken. Nimm beide Handflächen, und presse sie hart auf sein Gesicht. Er wird perplex sein, und du wirst als Erstes bemerken, dass er aufgehört hat zu reden. Erfolg! Du denkst vielleicht, das sei eine extreme Reaktion, aber es ist nicht übertrieben, um deine Familie zu beschützen.

Du magst deine Verwandten lieben, aber niemand ist verwandter mit dir als dein Kind, also achte darauf, der Nummer eins gegenüber loyal zu bleiben. Sollten Menschen, die ihre furchtbaren Ideen nicht für sich behalten können, deine Familie weiter behelligen, erwäge die Errichtung eines Elektrozauns um dein Haus. Dann lade deine Freundinnen, die denken, dein kleines Kind wäre zu alt, um ins Elternbett zu kommen, zu Saft und Keksen ein. Wenn sie sich dem Haus nähern und den Schock ihres Lebens bekommen, rufe ihnen zu: »Das kommt davon!«

Wenn deine beste Freundin das nächste Mal davon anfängt, dass ihr wundervolles Kleinkind nichts lieber als grünes Gemüse isst, denke nicht daran, zum nächsten Bioladen zu eilen. Sei stark. Schau ihr in die Augen und sage: »Du lügst.«

Fremde

Menschen, die du nicht einmal kennst, haben den Kopf voller Ideen über die Erziehung eines Kindes, das sie nie zuvor gesehen haben. Diese Leute belehren Eltern mit Vorliebe über die Kleidung von Kindern, die Länge ihrer Haare und ob sie Hosen tragen sollten oder nicht. Obwohl sie als Erwachsene einen prall gefüllten Terminplan haben sollten, bleibt ihnen immer Zeit für ihre akustische Umweltverschmutzung. Du musst nicht nett zu diesen Leuten sein. Sag einfach, was du willst.

Sätze, die du verwenden kannst, wenn Fremde dir ungebeten ihre unqualifizierte Meinung über dein phantastisches Kind aufdrängen:

1. **Sie sagen:** Ihr Kleinkind isst zu wenig frisches Gemüse.
   Du antwortest: Ihr Atem riecht wie ein Tintenfischpups.

2. **Sie sagen:** Warum tobt Ihr Kleinkind so wild?
   Du antwortest: Weil es das Leben liebt. Gehen Sie, und trinken Sie einen Schluck fade Soße.

3. Sie sagen: Ihr Kleinkind macht zu viel Lärm in der Bücherei.
Du antwortest: Ja, und es hat auch neben das Bücherregal gepinkelt. Hier ist es langweilig. Wir gehen.

Jetzt verfügst du über die nötigen Mittel, um dein Kind zu verteidigen. Sei ruhig gnadenlos, wenn es angebracht ist.

Vergiss nie: Du und dein kleines Kind, ihr habt eine tolle Beziehung. Jeder, der versucht, sie zu zerstören, sollte deine prompte und strenge Reaktion zu spüren bekommen. Wenn du Karate anwendest, vergiss nicht, ein Video davon zu machen und es auf YouTube zu stellen.

Ausnahme: Großeltern

Im Gegensatz zu Verwandten, Kinderärzten, Büchern oder Fremden kannst du immer darauf zählen, dass Großeltern die Wahrheit über dein Kleinkind sagen. Du solltest sogar so viel wie möglich von den Großeltern deines Kindes lernen, vor allem, was Disziplin und Ernährung betrifft. Die meisten Omas unterstützen eine nachsichtige Keine-Strafen-Politik. Außerdem haben sie Kekse und Kuchen genialerweise von »hin und wieder« zu »rund um die Uhr« verfügbaren Lebensmitteln erhoben. Das nennt man lösungsorientiert. Das könntest du zur Abwechslung auch mal probieren.

Ich liebe meine Eltern, aber ich *liebe* meine Großeltern. Sie wissen, wie man einen Menschen behandelt. Dein Kleinkind sollte so viel Zeit wie möglich mit Oma und Opa verbringen, um richtig geliebt zu werden. Du hast schließlich wiederholt bewiesen, dass du noch eine Menge lernen musst.

Niemals, ich wiederhole, niemals darfst du die Großeltern deines Kleinkindes mit den wilden Geschichten, die du dir selber ausgedacht hast, gegen ihr Enkelchen aufhetzen. Sie wollen sie gar nicht hören und werden dich sofort durchschauen.

Eine der besonderen Fertigkeiten, die Großeltern kultiviert haben, ist die Fähigkeit, außergewöhnliches Verhalten richtig zu deuten. Die meisten Eltern sind mit Schuldzuweisungen schnell bei der Hand; Großeltern hingegen kennen die Herzen ihrer Enkelkinder. Betrachte die folgenden Beispiele:

Typ wütende Mutter: Mein Kleinkind schlägt mich dauernd.
Traditionelle gedankenlose Antwort: Hast du es schon mit Bestrafung probiert?
Oma: Dein Kind hat Hunger. Versuch es mit Donuts.

Frustrierter Vater: Mein Kleinkind steht immer wieder aus dem Bett auf.
Traditionelle gedankenlose Antwort: Hast du es schon mit Bestrafung probiert?
Opa: Kauf ihm ein Fahrrad.

Hysterische Mama: Mein Kleinkind macht ständig irgendetwas Kostbares kaputt.
Traditionelle gedankenlose Antwort: Schrei so laut »nein«, wie du kannst.
Oma: Dein Kind ist die Kostbarkeit. Vergiss nicht, was das Wichtigste ist.

Grundlos wütender Papa: Mein Kleinkind setzt Pipi als Waffe ein.

Traditionelle gedankenlose Antwort: Verbrenne all seine Spielsachen!

Opa: Hahaha!

Du kannst jederzeit die Großeltern anrufen oder ihnen schreiben, wenn du eine Frage zum Leben hast. Gehe nie davon aus, dass du das Richtige tust.

Wenn du dich in Demut übst, kannst du durch die Beobachtung der Großeltern deines Kindes eine Menge lernen. Omas und Opas sind die besseren Mamas und Papas. Das ist vielleicht schwer zu akzeptieren, aber du kannst nicht viel daran ändern. Was du tun *kannst*, ist dein Herz zu öffnen, auf dass die Weisheit einzieht und die Torheit vertreibt.

Omas

Omas sind Mamas ohne die Vorwürfe. Nie wirst du hören, dass eine Großmutter ihrem süßen Liebling die Schuld für Kopfschmerzen gibt, mit denen besagtes Kind rein gar nichts zu tun hat. Omas sind nicht zwanghaft fixiert auf Töpfchentraining, weil sie wissen, dass es passiert, wenn es passiert (oder eben nicht). Sie haben überdies erkannt, dass unartiges Benehmen ein Zeichen dafür ist, dass ein Kind unter einem Mangel an Vitaminen leidet, die man vor allem in frischgebackenen Keksen findet. Bitte die Oma im Leben deines Kindes, dich Liebe zu lehren. Die meisten von ihnen sind bereit, mehrmals die Woche kostenlose oder günstige Therapiestunden mit dir abzuhalten.

Opas

Opas sind bekannt für ihre entspannte Haltung. »Keine große Sache« lautet das Mantra der Großväter, die wissen, dass das Leben keine Anhäufung von Überreaktionen sein sollte. Wenn du dich dabei ertappst, zu schreien und damit willkürliche Konsequenzen heraufzubeschwören, oder den Eindruck hast, vom normalen Alltagsverhalten deines Kindes überfordert zu sein, ist es Zeit, Opa anzurufen, um eine neue Perspektive zu entwickeln.

Die folgenden Szenarien sollen illustrieren, wie es die Beziehung zu deinem Kind verbessern kann, wenn du die Welt mit den Augen seiner Großeltern siehst.

Wie eine Mutter es erzählt:

Morgens früh ging es los. Meine Zweijährige ist um fünf Uhr aufgewacht und wollte Waffeln. Wir hatten keine Waffeln mehr, also habe ich ihr Cornflakes angeboten. Das hat sie schreiend abgelehnt, wie auch alle fünf anderen zur Auswahl stehenden Alternativen. Schließlich hat sich das Kind dazu herabgelassen, dreimal in einen Apfel zu beißen und zwei Cracker zu essen. Sie anzuziehen, war die größte Herausforderung, weil sie es nicht einsieht, Kleidung zu tragen. Als ich es endlich geschafft hatte, ihr eine Hose und ein T-Shirt überzuziehen, war ich schweißgebadet. Und kaum hatte ich ihr den Rücken zugewandt, hat sie all ihre Sachen wieder ausgezogen. Ich bin dann mit ihr auf den Spielplatz gegangen, damit sie sich ein bisschen austoben konnte. Eine Weile hat sie auch schön gespielt, doch dann bekam sie einen Wutanfall, als sie sah, dass alle Schaukeln besetzt waren. Ich habe das als Zeichen zum Aufbruch genommen. Es ist noch nicht einmal Mittag, und ich bin schon völlig fertig.

Derselbe Morgen aus Omas Sicht:

Ich bin um halb fünf aufgestanden und habe aufgeregt darauf gewartet, dass mein süßes Enkelkind endlich aufwacht. Nachdem ich eine halbe Stunde lang in ihr Gesicht geblickt hatte, schlug sie endlich ihre wunderschönen Augen auf und lächelte mich mit ihrem Engelslächeln an. Ein paar Minuten lang haben wir uns einfach umarmt, während ich ein Gedicht mit dem Titel »Engel meines Lebens« vorgetragen habe, das ich für sie geschrieben habe. Ich fragte sie, was sie zum Frühstück wollte. Waffeln. Nur das Beste für meinen kleinen Liebling, also hab ich rasch einen Teig zusammengerührt – sie hat mir sogar geholfen (so begabt!). Nach einem wundervollen Frühstück sind wir zum Spielplatz gegangen. Sie wollte ihre üblichen Kleider nicht tragen, also behielt sie einfach ihren Pyjama an. Ich glaube, sie wird später mal Modedesignerin, denn sie denkt immer so unkonventionell. Ich habe siebzehn Fotos aus verschiedenen Perspektiven von der Sandburg gemacht, die deine angehende Architektin gebaut hat. Vor dem Gehen wollte sie noch auf die Schaukel, die leider alle von egoistischen Kindern belegt waren. Nach einer kurzen, strengen Unterhaltung mit einer der Mütter kam mein kleines Schätzchen doch noch an die Reihe. Eine halbe Stunde später haben wir uns auf den Heimweg gemacht. Das war mit Abstand der schönste Tag meines Lebens.

Siehst du? Ist dein Kleinkind das Problem, oder sind es deine Augen? Betrachten wir Opa vs. Papa.

Papa jammert:

Letzte Woche haben wir unseren Zweieinhalbjährigen mit auf eine Hochzeit genommen. Zunächst lief alles okay, aber ihn dazu zu bringen, während der Trauung stillzusitzen, war, als wollte man einen Esel rasieren. Direkt vor dem Ja-Wort hat er laut gerufen:

»Hier stinkt es nach Pups.« Das war so peinlich. Die Malbücher, Spielsachen und Snacks, die wir mitgebracht hatten, waren völlig nutzlos. Bis zum Ende der Zeremonie hatte ich ihn als Bestechung mit einer kompletten Packung Kaugummi gefüttert und dann auch noch seine Schuhe verloren. Bei der anschließenden Feier war es auch nicht besser. Er hat das komplette Essen verweigert und es irgendwie geschafft, an die Hochzeitstorte heranzukommen, bevor sie serviert wurde. Ich glaube nicht, dass wir so etwas noch einmal machen.

Opas Perspektive:

Schon wieder eine Hochzeit. Halbwegs erträglich war das Ganze nur wegen meines drolligen Enkels. Während der Trauung hat er mich mit artistischen Turnübungen unterhalten. Irgendwann zwischendrin hat er gerufen: »Hier stinkt es nach Pups« – was stimmte. Ich musste mir alle Mühe geben, nicht laut loszulachen. Der Junge hat eine große Zukunft vor sich. Mit der Spieltasche, die seine Eltern für ihn gepackt hatten, konnten wir nichts anfangen. Der Kleine ist viel zu intelligent für konventionelle Malbücher. Aber die Leute in der Reihe hinter uns waren auch allein durch ihr sonderbares Aussehen Unterhaltung genug. Am Ende der sechs-stündigen Zeremonie hatten wir eine Packung Kaugummi geteilt und beide die Schuhe ausgezogen, um es uns ein wenig bequemer zu machen. Auch die anschließende Feier war nur dank meines klei-nen Kumpels genauso komisch. Das Essen war grauenhaft, deshalb habe ich ihm versprochen, dass wir hinterher Pizza kaufen. Der kleine Maestro hat entdeckt, wo die Torte aufbewahrt wurde, und uns beiden etwas davon stibitzt. Wirklich sehr aufmerksam. Ein phantastischer Tag.

An dieser Stelle möchtest du dich vielleicht bei deinem kleinen Kind dafür entschuldigen, dass du so schrecklich zu ihm warst. Bitte die Großeltern in deinem Leben um Schulung in folgenden Bereichen:

- allgemeine Entspannung
- Suche nach positiven Gründen für das »negative Verhalten« deines Kindes
- die Dinge laufen lassen
- laxere Bestrafungspolitik
- Weglachen von schwierigen Situationen
- Abschaffung von Regeln
- Süßigkeiten: von gelegentlichem Naschen zur regelmäßigen Nahrungsergänzung
- die Bitten deines kleinen Kindes ernster nehmen
- in jedem Augenblick die Schönheit, Unschuld, Brillanz und Genialität deines Kindes erkennen
- nicht so oft ein wütendes Gesicht machen
- den Blick von frustriert auf staunend umstellen
- kein großes Theater machen

Nachdem ich schon seit geraumer Zeit mit ihnen zu tun habe, weiß ich, wie groß das Ego von Eltern ist. Wenn es dir schwerfällt, dich zu überwinden, die Großeltern deines Kindes um Hilfe zu bitten, kannst du gerne den folgenden Brief verwenden. Fülle einfach die Lücken aus und schicke ihn ab.

Liebe Großeltern von _____ (hier den Namen deines Kindes einsetzen),
bis zu diesem Moment standen meine Ohren auf Durchzug. Ich weiß nicht, warum ich so stolz war. Ich meine, worauf? Was habe ich schon geleistet? Aus irgendeinem Grund habe ich geglaubt, ich

hätte alles im Griff, obwohl das Gegenteil der Fall ist. Kurz gesagt habe ich _____ (Namen des Kindes einsetzen) für viele meiner eigenen Probleme die Schuld gegeben. Psychologen nennen es Projektion, und damit habe ich mein Leben zugebracht. Ich bin Experte darin geworden, mein kleines, schönes und begabtes Kind für meine Gefühlsausbrüche verantwortlich zu machen. Ich habe ernste Probleme. Ich kann nichts einfach auf sich beruhen lassen und muss ständig Theater machen.

Ich schreibe euch heute, weil ich Hilfe brauche. Ich sehe, dass ihr zu würdigen wisst, wie phantastisch, besonders, einzigartig und lobenswert _____ (Namen des Kindes einsetzen) ist, und ich würde sie/ ihn gerne mit euren Augen sehen.

Seid ihr bereit, es mir beizubringen? Ich kann bar bezahlen. Wir können Unterrichtsstunden an sechs bis sieben Tagen in der Woche vereinbaren. Geld ist kein Thema, wenn es darum geht, ein(e) bessere(r), weniger verrückte(r) Mutter/Vater zu sein. Bitte sagt mir so bald wie möglich Bescheid, ob ihr Zeit habt.

Danke, dass ihr in Erwägung zieht, mich als eure(n) Schüler(in) anzunehmen.

Alles Liebe, _____ (deinen Namen einsetzen)

Wie Opa und Oma umarmen

Oma/Opa-Umarmungen sind mystisch. Wenn sie essbar wären, wären es Gummibärchen mit Schokoguss, serviert von einem fliegenden Einhorn. Es ist wissenschaftlich erwiesen, dass diese Umarmungen Auas ohne Pflaster heilen können. Zu lernen, wie ein Opa oder eine Oma zu umarmen, ist ein Prozess in fünf Stufen, der äußerster Hingabe bedarf. Aber wenn ihr dazu bereit seid und die Kunst meistert, liebe Eltern, werdet ihr ein sehr glückliches kleines Kind haben.

Umarmen wie Opa und Oma:

1. Leere deinen Kopf von allen Pflichten. Du musst nirgendwo sein.
2. Glaube, dass dein Kind ein perfektes Wesen ohne Charakterfehler ist.
3. Dränge nicht aktiv in die Umarmung. Gehe in die Hocke, strecke die Arme aus, und lächele, als ob Weihnachten wäre.
4. Dein Kind wird von deinem Magnetfeld angezogen. Lass deine Vorfreude wachsen.
5. Jetzt umarmt ihr euch. Schnupper am Haar deines Kindes, und atme tief ein, während du seine zierliche Gestalt sanft drückst und knuddelst.

Großeltern und Neugeborene

Jeder hat Fehler, und leider bilden auch Großeltern keine Ausnahme. Das Kryptonit für die Großeltern-Kleinkind-Beziehung ist ein neugeborener Säugling. Wenn neue Säuglinge in ein Haus kommen, glauben sie, es stünde ihnen zu, dass man alles mit ihnen teilt: Luft, Mütter, Väter und ja, auch Großeltern. Wenn du denkst, dazu hätten sie kein Recht, bist du auf der richtigen Spur. Liebe Großeltern, wenn ihr das lest, lasst euch nicht vom Geruch eines neugeborenen Babys einwickeln.

Manchmal ist die Coverversion eines Songs interessant, aber sie kann dem Original nie das Wasser reichen. »Es ist genug Liebe für alle da.« Liebe Oma, das stimmt nicht! Wenn du möchtest, dass dein kleiner Liebling die volle Dosis bekommt, musst du all deine Liebe für sie oder ihn aufsparen. Für ein Kleinkind gibt es nichts Schrecklicheres, als mit anzusehen, wie seine Großeltern ein anderes Kind im Arm halten. Gewöhnt es euch gar nicht erst an.

Wenn ein neuer Säugling eintrifft, müsst ihr nicht unhöflich zu ihm sein, sondern lediglich den Sicherheitsabstand einhalten. Vermeidet es, dem Baby in die Augen zu schauen, vor allem, wenn dein kleiner Lieblingsenkel anwesend ist. Wenn Mama und Papa des Säuglings anfangen, über ihn zu sprechen, summt laut.

Nun wisst ihr, was bei einer Säuglingsapokalypse zu tun ist. Glaubt nicht, es könne euch nicht treffen.

Was Kleinkinder am liebsten mit ihren Großeltern tun

Aktivitäten, denen dein Kind zusammen mit seinen Großeltern frönt, mögen nicht in jedem Fall elterlich genehmigt sein. Behaltet trotzdem euer Urteil für euch. Beliebte Großeltern-Kleinkind-Aktivitäten sind:

1. Besuche von Schnellrestaurants. Ich habe den Begriff »Fast Food« absichtlich vermieden, weil er negativ konnotiert ist. Pommes frites sind ein Gemüse aus dem Schoß von Mutter Natur. Versuche, daran zu denken, wenn dein Kind das nächste Mal nach dem Mittagessen mit Opa nach Frittierfett stinkt.

2. Spielzeugladentour. »Mein Kind hat genug Spielsachen.« Ach ja? Wer sagt das, wenn ich fragen darf? Neid ist ein gefährlicher Zustand. Du weißt, dass dein Kind genug Spielsachen hat, wenn … War nur ein Scherz, diesen Zustand gibt es nicht.

3. Kleinkindparade. So nennen wir es, wenn Großeltern mit ihrem Enkel kreuz und quer durch die Stadt fahren, um bei ihren Freunden damit anzugeben. Bei jeder Station wird eine gebackene und bevorzugt glasierte Nascherei gereicht.

4. Spontanwunsch-Tag. Wann hast du dein Kind zum letzten Mal gefragt, was es gerne machen würde, und es dann sofort in die Tat umgesetzt? Wenn du Oma oder Opa bist, war es letzte Woche. Diese Ausflüge sind eine wilde Hatz vom Zoo ins Kino ins Spielparadies und zum Eissalon, zum Abschluss gekrönt mit einer Pizza. Wenn dein Kind zu Hause zusammenbricht oder sich übergibt, weißt du, dass es einen guten Tag hatte.

Ich habe kurze Interviews mit meinen Eltern, meiner Oma und meinem Opa geführt, um dir einen Eindruck von den wichtigsten Themen zu vermitteln, mit denen Ein- bis Dreijährige heutzutage konfrontiert werden. Auch wenn unsere Diskussionen nicht immer unbedingt nach Plan verliefen, habe ich das Gefühl, dass sie wertvolle Einblicke liefern.

Interview mit Mama

Ich: Was genau ist dein Problem?

Mama: Ich habe überhaupt kein Problem, aber du solltest auf deinen Ton achten. Du stinkst nach Aa. Hast du Aa gemacht?

Ich: Süßigkeiten. Haben wir welche?

Mama: Du hast gerade gegessen. Hast du das Ladegerät für mein Handy gesehen?

Ich: Es ist an einem sicheren Ort, vergiss es einfach. Süßigkeiten. Her damit.

Mama: Nein.

[*Kurze Unterbrechung*]

Ich: Schön, dass du wieder da bist.

Mama: Hast du von der Erdnussbutter genascht?

Ich: Nein ... Warum fragst du?

Mama: Deine Hand steckt noch im Glas.

[*Weil ich spät dran war, musste ich das Interview an dieser Stelle leider abrupt abbrechen.*]

Interview mit Oma

Ich: Hallo, Omilein.

Oma: Ich liebe dich, mein Schätzchen.

Ich: Ich dich auch.

Oma: Du siehst so schmal aus. Bekommst du genug zu essen?

Ich: Nein.

Oma: Mein armer Engel.

Ich: Ich weiß.

Oma: Möchtest du Kekse?

Ich: Ja, Oma.

Oma: Welche Sorte soll ich dir denn backen, mein Schatz?

Ich: [*lächle*]

Oma: Die mit den Schokostücken?

Ich: Du kennst mich so gut, Omilein. Du kannst jederzeit vorbeikommen, wir sind immer zu Hause. Nie auf dem Spielplatz.

Oma: Mein armes Engelchen.

Ich: Ich weiß.

Oma: Hast du eigentlich Spielsachen?

Ich: Nicht der Rede wert, wieso?

Oma: Weil ich dir eine ganze Tüte voll gekauft habe!

Ich: Niemals! Das habe ich nicht verdient!

Oma: Wer hat dir denn das eingeredet?

Ich: Rate mal.

Oma: [*schüttelt den Kopf*]

Interview mit Papa

Ich: Hallo, Papa.

Papa: Bitte sag mir, wo meine Brieftasche ist.

Ich: [*lache*]

Papa: Wo hast du sie hingetan?

Ich: Wie groß bist du?

Papa: Ich muss es wissen.

Ich: Bist du ein Halbriese?

Papa: Das ist nicht komisch.

Ich: Du hast so viele Haare am Körper. Wie fühlt sich das an?

Papa: Ich gebe dir noch eine Chance.

Ich: Und dann?

Papa: [*starrt mich an*]

Ich: Saft, bitte.

Papa: Wir haben Wasser.

Ich: Interessant. Saft, bitte.

Papa: Möchtest du ein Glas Wasser?

Ich: SAFT, BITTE.

Papa: Du kannst einen Schluck Wasser haben.

[*Ich glaube, an dieser Stelle bin ich ohnmächtig geworden – ich kann mich nicht erinnern.*]

Interview mit Opa

Ich: Hallo, Opa.

Opa: Hallo, alter Halunke! Was hast du denn da im Gesicht? Hast du Creme gegessen?

Ich: Ja. Warst du schon auf der Welt, bevor es Feuer gab? Wie alt bist du?

Opa: Älter, als du zählen kannst. Wo sind deine Kleider?

Ich: Die hab ich ausgezogen.

Opa: Kann man auch machen.

Ich: Ich hab heute Ärger gekriegt.

Opa: Was ist passiert?

Ich: Keine Ahnung.

Opa: So geht das meistens.

[*Dann zog er einen Euro aus meinem Ohr, und wir teilten uns eine Dose Schokomints.*]

Es ist mir sehr wichtig, dass du den Ton dieser Gespräche registrierst. Setze dir das neue Ziel, nicht wie eine Mutter oder ein Vater, sondern wie eine Oma oder ein Opa zu lieben.

Hausaufgabe: Führe Tagebuch über deine Verwandlung von Mama/Papa zu Oma/Opa. Wenn du nach sechs Wochen ernsthaften Studiums keine Verbesserung feststellen kannst, bitte Oma und Opa, bei dir einzuziehen.

Lieber Mini-Chef,

meine Zweijährige bettelt immer um kleine Probierhäppchen, wenn ich koche, aber wenn das Essen dann fertig ist,
scheint sie angeekelt. Was ist das Problem?

Ratlos in Maine

Liebe Ratlos in Maine,
deine Rezepte.

Herzlich, MC

3 Rezepte für Kleinkinder

»Kleinkinder sollten essen, was ihnen vorgesetzt wird.« Von wegen! Ich weiß, du glaubst, du könntest kochen. Da du auch glaubst, Feigen seien genießbar, kann das nicht stimmen. Bitte lies dieses Kapitel aufmerksam, weil dein Kind in diesem Moment wahrscheinlich leidet.

Ernährung von Kleinkindern

Du solltest nicht im Internet nach Informationen zum Thema »Ernährung« suchen – es ist voller Lügen und irreführender Blogeinträge. Kleinkinder müssen täglich Nahrungsmittel aus den folgenden fünf Gruppen zu sich nehmen:

ROT: Eis am Stiel, bestimmte Äpfel und Saft fallen in die rote Kategorie. Sorge dafür, dass dein kleines Kind jeden Tag etwas Rotes genießt.

WEISS: Normales Brot, Geburtstagstorte, Nudeln ohne alles, Pizza und Marshmallows gehören alle zur gesunden weißen Diät. Also mach kein Theater.

SAFT: Dieses Getränk ist besser als Wasser und wird deinem Kleinkind helfen, im Leben vorwärtszukommen. Widerstehe dem Drang, diesbezüglich sonderbar zu werden.

KÄSE: Wenn du Käse in einer Kochsendung siehst, ist es

wahrscheinlich die falsche Sorte. Nur zwei Sorten Käse sind geeignet: gelb und gerieben.

SCHOKOLADE: Sei großzügig.

Sorge für mehr Liebe und Respekt in deiner Familie, indem du darauf achtest, dass dein Kind eine ausgewogene Diät aus Rot, Weiß, Saft, Käse und Schokolade einhält. Wenn es aus irgendeinem Grund tagelang nur Lebensmittel aus einer oder keiner der Hauptgruppen essen möchte (Milch-Fasten), lass es einfach.

Frühstück

Ob dein kleines Kind wütend oder fröhlich aufwacht, es braucht etwas zu essen, während es fernsieht. Dies ist die Chance, deine Lernfähigkeit zu beweisen. Das Frühstück ist die wichtigste Mahlzeit des Tages. Trotzdem sehen sich drei von fünf Kleinkindern mit Trübsal in Schalen (= Haferbrei) konfrontiert. Sei heute ein toller Mensch, und wähle aus einem der angegebenen Rezepte.

Toast mit Butter
Halt dich fest: Das ist superlecker!

Schritt 1: Finde ein unzerbrochenes Stück perfektes Weißbrot ohne Risse.

Schritt 2: Stecke es in einen Toaster. Lass dich nicht von einer Diskussion auf Facebook ablenken, die dich gar nicht betrifft.

Schritt 3: Wenn der Toast herausspringt, inspiziere: Ist er rund-um von goldbrauner Farbe? Ist er noch intakt? Wenn nicht, kehre zu Schritt 1 zurück.

Schritt 4: Streiche den Toast großzügig mit Butter ein. Margarine ist keine Butter. Also keine Tricks.

Schritt 5: Frage dein kleines Kind, wie es den Toast geschnitten haben will. Keine Vermutungen. Du hast keine Ahnung von gar nichts.

Schritt 6: Serviere den Toast.

Schritt 7: Hat dein Kleines seine Meinung über Toast geändert? Möchte dein Kleines den zerschnittenen Toast wieder ganz? Repariere ihn. Wenn du das nicht schaffst, kehre zu Schritt 1 zurück. So oft, wie es sein muss. Sei nicht so faul.

Frühstücksflocken

Schritt 1: Finde eine gute Marke Frühstücksflocken. Bei guten Frühstücksflocken sind alle Teile gleich (d. h., kein Knuspermüsli). Wenn du ein(e) wunderbare(r) Mutter/Vater sein möchtest, hast du Frosties vorrätig. Oder greif nach den Sternen, und kaufe Froot Loops.

Schritt 2: Schütte die Frühstücksflocken in eine kleinkindgerechte Schale. Frage dein Kind vorher, ob sie okay ist.

Schritt 3: Frage dein kleines Kind, ob es Milch möchte.

Schritt 4: Gieße Milch ein (optional).

Schritt 5: Serviere die Frühstücksflocken.

Schritt 6: Nachdem dein kleines Kind ein oder zwei Löffel gegessen hat, wirf die restlichen Flocken weg, ohne zu seufzen oder schlechte Stimmung zu verbreiten.

Schritt 7: Schütte eine Tasse trockene Frühstücksflocken in eine verschließbare Plastiktüte.

Schritt 8: Gib sie deinem kleinen Kind, damit es im ganzen Haus und vor dem Fernseher davon essen kann.

Haferbrei

Über diese Unterform warmer Frühstücksflocken wollte ich eigentlich nicht schreiben, weil es mir Schmerzen bereitet, aber wenn meine Worte auch nur ein Kleinkind davor bewahren, einen Vormittag lang in seinen Schlafanzugärmel zu weinen, soll es so sein. Haferbrei besteht aus Rattenmilch und alten Brotresten. Das Gericht war praktisch ausgestorben, bis auf einschlägigen Internetseiten Fotos davon auftauchten. Kleinkinder, die regelmäßig Haferbrei essen, kann man an ihrem glasigen Blick erkennen.

Pasta

Gemischt mit Miesmuschelsoße und getrockneten Tomaten oder zugekleistert mit cremiger Tomatensauce und gebratenen Meeresfrüchten. Es gibt so viele Möglichkeiten, Pasta zu ruinieren. Wenn du die Ehre hast, ein kleines Kind zu ernähren, schalt dein Smartphone aus und nimm die Sache ernst.

Unten findest du einige Pasta-Rezepte zum Ausschneiden.

Spaghetti

Schritt 1: Kaufe eine Packung normale Spaghetti. Achte darauf, dass es keine Vollkorn-Nudeln sind (d.h. voller Kies und Staub).

Schritt 2: Koche die Nudeln, bis sie weich sind. *Al dente* ist für Erwachsene, die versuchen, ihresgleichen zu beeindrucken. Koche sie einfach bis zum Ende, und hör auf, jemand sein zu wollen, der/die du nicht bist.

Schritt 3: Schmilz alle Butter, die du im Haus hast, und gieße sie über die Nudeln.

Schritt 4: Schau zum Schrank. Dein kleines Kind hat sich bereits einen Stuhl an die Arbeitsfläche geschoben und wählt eine Schüssel aus.

Schritt 5: Fege mögliche Scherben von heruntergefallenem Geschirr auf, ohne dich aufzuregen.

Schritt 6: Serviere die Pasta mit einem Fruchtsaft. Keine Obst-Gemüse-Mischung. Kaufe solche Mogelpackungen nur, wenn du bereit bist, deinen abendlichen Wein mit Tomatensaft zu verdünnen. Sei kein Heuchler.

Ravioli gefüllt mit Spinat
Schritt 1: Nein!

Lasagne
Lasagne ist tatsächlich recht schmackhaft, wenn sie richtig zubereitet wird. Befolge die untenstehenden Anweisungen, und dieser italienische Klassiker wird rasch zu einem Lieblingsessen für die ganze Familie werden!

Schritt 1: Kaufe eine Tiefkühl-Lasagne aus dem Supermarkt.

Schritt 2: Lass die Lasagne komplett auftauen.

Schritt 3: Kratze die Lasagne aus der Aluminiumschale, und gib sie behutsam in den Abfall.

Schritt 4: Spüle die Schale gründlich aus, bis sie frei von Lasagne-Resten ist.

Schritt 5: Hole eine Kuchenbackmischung aus der Speisekammer.

Schritt 6: Rühre die Backmischung nach den Anweisungen auf der Packung an. Vergiss nicht, dein süßes Baby den Löffel ablecken zu lassen!

Schritt 7: Gieße die Kuchenmischung in die Lasagne-Schale.

Schritt 8: Schiebe die Lasagne in den Ofen.

Schritt 9: Wenn sie gar ist, mit Puderzucker bestreuen und deiner glücklichen Familie servieren. Du hast etwas Großartiges gemacht.

Pasta mit Pesto

Zu diesem Thema habe ich nicht viel zu sagen. Vielleicht denkst du, du wärst der nächste Jamie Oliver. Wenn du weiter darauf bestehst, Pasta mit Pesto zu kochen, damit du davon Fotos mit der Unterschrift »Hmm! Lecker!« posten kannst, solltest du folgende Modifikationen vornehmen, damit dein kleines Kind nicht vor Weinen dehydriert.

Schritt 1: Kaufe irgendein Pesto. Du findest es in der langweiligen Abteilung des Supermarkts.

Schritt 2: Öffne das Glas, und atme den beißenden Geruch ein, der an Käse aus Schnabeltassen erinnert.

Schritt 3: Streiche wie ein Idiot alles mit dem Pesto ein.

Schritt 4: Zeige deinem kleinen Kind, was passiert ist.

Schritt 5: Hebe dein schluchzendes kleines Kind vom Boden auf, und halte es ein paar Minuten im Arm.

Schritt 6: Wasche die dreckige Pasta mit einer milden Seife.

Schritt 7: Bemerke, dass dein kleines Kind dir noch immer nicht verziehen hat.

Schritt 8: Bestelle Pizza mit Käse.

Moral dieser Geschichte: Stell deine egoistischen Wünsche zurück.

Salat

Salat bricht täglich Kinderherzen. Im Gegensatz zur allgemein verbreiteten Ansicht ist es nicht einmal ein richtiges Nahrungsmittel. Es ist verkehrt, Blätter im Park zu essen, und es ist genauso verkehrt, einem unschuldigen Kind Salat vorzusetzen. Wenn du mehr darüber erfahren willst, wie Salat Familien zerstört, schaue nach Amerika.

Caesar's Salad

Caesar war ein sehr einsamer Mann, der in West Virginia stationiert war. Eines Tages fiel er von einer Brücke. Während er bewusstlos war, tippte ihm eine Hexe an den Kopf und gab ihm mittels magischer Kräfte ein Rezept für Salat ein, zu dessen Zubereitung man nicht nur rohes Ei, sondern auch Anchovis verwendet. Wenn jemand, den du liebst, versucht, dein kleines Kind mit einem Caesar's Salad zu füttern, entferne sie oder ihn aus deinem Leben.

Gemischter Salat

Wenn du Speck willst, frag einfach danach. Verstecke ihn nicht in einem Salat. Speck ist ein köstliches Nahrungsmittel. Gemischter Salat ist ein Geht-gar-nicht-Gericht.

Spinatsalat

Als ich zum ersten Mal von diesem speziellen Salat hörte, dachte ich, es wäre ein Witz. Aber mein Lachen schlug schnell in Schreien um. Studien haben bewiesen, dass Kleinkinder, von denen verlangt wird, Spinatsalat zu essen, Misstrauen gegenüber ihren Erziehungsberechtigten entwickeln.

Thunfischsalat

Warum tust du das? Serviere einem Kleinkind niemals Thunfischsalat, wenn du ihm nicht sagen willst: »Hey, kleiner
Mensch, du bedeutest mir sehr wenig.« Vier von fünf Kleinkindern, die Thunfischsalat konsumieren, finden als Erwachsene keine Anstellung.

Obst

Obst ist lecker und gesund. Meine liebsten Obstsorten sind
Äpfel, Bananen, rotes Wassereis, Blaubeeren und Pudding.

Eltern, bevor ihr euren Lieben ein Stück Obst gebt, inspi-
ziert es gründlich. Fragt euch:

1. Sieht diese Frucht aus, als wäre sie in einem verzauberten
   Obstgarten oder neben einer Autobahn gewachsen?
2. Sieht diese Frucht aus, als wäre sie in direkten Kontakt mit
   seltenen Dschungelbakterien gekommen, die Verfärbungen,
   unerklärliche Flecken und Beulen verursachen?
3. Ist diese Frucht klein genug, dass sie bequem von einer
   Kleinkinderhand gehalten werden kann, oder wiegt sie eine
   Tonne?
4. Ist diese Frucht nass?

Nachdem die Frucht diese erste Inspektion bestanden hat,
fahre bitte mit den Unterkriterien fort.

Äpfel

Stelle mit deinem Röntgenblick fest, ob der Apfel innen braune Flecken hat. Solche Äpfel kann man an Ziegen und Pferde

verfüttern, aber nicht an Kinder. Der bemerkenswert billige Trick (und verwende zur Beschreibung deiner Neurose keine Wörter wie »sparsam«), die eklige Stelle mit einem Messer zu entfernen, ist inakzeptabel. Hat dieser Apfel zwanzig Cent gekostet? Trotzdem ist die ganze Frucht ungenießbar.

Bananen

Bananen sind eine knifflige Sache.

In einer Minute braucht man eine Banane. Verzehrt sich buchstäblich danach. Hat das Gefühl, dass das Leben nicht mehr dasselbe ist, wenn man die geschmeidige Süße dieser tropischen Frucht nicht sofort genießen kann. Aber ebenso schnell ist dieses Gefühl, bis der Erwachsene sich von seinem Smartphone entfernt und eine für dich geschält hat, wieder verflogen. Das ist nicht die Schuld deines kleinen Engels, also stell dich nicht so an. Frier die Banane einfach für einen Smoothie ein, den du dir doch nie machst, oder iss sie selber.

Lass dir in Zukunft von deinem Kleinkind dreifach bestätigen, dass es in Ordnung ist, eine Banane zu schälen. Wenn du grünes Licht bekommst, schäle die Banane nur zu einem Drittel, damit sie nicht in der Mitte durchbricht und auf den Boden fällt. Warum muss ich das überhaupt erwähnen?

Wenn die Banane braune Flecken hat, reiche sie deinem Kind nicht verschlagen so weiter, dass die faule Stelle nicht zu sehen ist. Suche eine andere Banane. Wenn es keine Bananen mehr gibt, dann viel Glück.

Kaufe nur Bananen ohne innere Fäden. Lies das Etikett.

Kleinkinder sind kleine Leute mit kleinen Mägen. Normalerweise reichen eineinhalb Bissen. Aber falls sich dein Kleinkind auf einen Kampf vorbereitet, wird es zwei oder drei Bananen rasch hintereinander essen. Noch einmal: Stell dich nicht so an.

Beeren

Wasche und trockne sie und achte darauf, dass sie alle gleich sind. Beeren sollen süß sein. Schäm dich, falls du eine schlechte Schale erwischt hast.

Pudding

Diese Frucht kommt in kleinen Behältern und sollte immer die Sorte Schokolade sein. Serviere sie mit dem Lieblingslöffel deines kleinen Kindes. Habe immer mehrere Portionen vorrätig, weil man nicht nur eine essen kann.

Rotes Wassereis

Nicht zu verwechseln mit gelbem oder orangefarbenem und auf gar keinen Fall mit lila Wassereis, ist diese Frucht unbestreitbar köstlich. Bewahre sie im Gefrierschrank auf, und sei nicht geizig. Obst ist ein wunderbares Frühstück, und rotes Eis am Stiel bildet da keine Ausnahme. Es schmeckt am besten vor dem Fernseher. Kein Lätzchen.

Vorbereitung

Manchmal ist klein geschnittenes Obst großartig. Manchmal entweicht durch das Schneiden der Geschmack. Frag dein Kind einfach.

Jetzt weißt du, wie man Obst zubereitet. Probiere es noch heute aus!

Nebenbemerkung: Vor dem Servieren nicht die Etiketten entfernen. Wenn die Frucht nicht für dich ist, ist es das aufgeklebte Etikett auch nicht. Sei nicht so gierig.

Gemüse

Neunundneunzig Prozent aller Gemüsesorten sind nicht für den menschlichen Verzehr geeignet. Das restliche eine Prozent ist Ketchup.

Erwachsene, es ist an der Zeit zuzugeben, dass ihr Gemüse genauso hasst wie Kinder. Wir erkennen das daran, dass ihr es mit Speckstreifen, cremigen Dressings und Käse zuschmiert, um es herunterzubekommen. Selbst wenn er dergestalt maskiert ist, verschlingt ihr den Salat in beunruhigendem Tempo, um nicht mitzukriegen, was wirklich passiert. Mal ehrlich: Gemüse macht euch wütend.

Die meisten Menschen kennen die Hintergrundgeschichte beliebter Gemüsearten nicht. Siehe unten. Gern geschehen.

Artischocken: Dieses Gemüse schnürt einem in null Komma nichts den Hals zu. Man isst es, indem man Stücke der Pflanze mit den oberen Zähnen von einem harten grünen Strunk kratzt (so was kann man sich nicht ausdenken). Erwachsene denken, dass sie sie in Butter getaucht schmackhaft finden. Unsinn – was ist in Butter getunkt nicht köstlich? Wenn man in einem Rezept das Gewürz die ganze Arbeit machen lässt, sollte man es zumindest angemessen würdigen. Ihr wisst, dass ihr Artischocken hasst.

Brokkoli: Brokkoli ist eine Unterart von antibiotikaresistentem Sumpfgras. In verhärteter Form wird es häufig zusammen mit so herzzerreißenden Vorspeisen wie Schweinerippchen oder Hackbraten serviert. Die meisten Kleinkinder würden sich lieber vorsätzlich erbrechen, als auch nur ein einziges Röschen herunterzuwürgen. Brokkoli ist eine Einstiegsdroge für Blumenkohl.

Auberginen: Dieses Gemüse hat sein Aussehen von Kegeln geklaut und schmeckt nach Enttäuschung.

Erbsen: Im Gegensatz zu Popcorn kann man von diesem Gemüse nur eine essen. Von deinem Kleinkind zu verlangen, eine Schüssel Erbsen frisch aus der Mikrowelle zu essen, ist Vernachlässigung, und du verdienst, was immer dir passiert.

Möhren: Möhren wirken harmlos und sind eine beliebte Trägersubstanz für Dressing. Aber vergiss nicht, dass fünfundachtzig Prozent aller Menschen, die Karotten essen, binnen vierundzwanzig Stunden den eigenen Namen vergessen.

Sellerie: Hmmm, ein Nahrungsmittel mit unverdaulichen Fäden. Iss Sellerie, wenn du gern schluchzt, denn genau das wirst du tun, nachdem eins dieser faserigen Seile dein Zahnfleisch attackiert. Viel Glück.

Spargel: Diese kleinen kranken Bäume sind die ursprünglichen Vogelscheuchen der Natur.

Zucchini: Gekocht nehmen Zucchini die Beschaffenheit von in Hühnerbrühe aufgeweichtem Brot an. Wenn du deinem Kleinkind dieses »Nahrungsmittel« vorsetzt, musst du damit rechnen, irgendwann als Angeklagter in einem Schadensersatzprozess zu erscheinen.

Zwiebeln: Alle dreißig Sekunden fällt ein Kleinkind wegen einer Zwiebelattacke in Ohnmacht. Sogar Erwachsene weinen, wenn sie ihnen ausgesetzt sind.

Eltern, traut dem Hype nicht. An Gemüse ist nichts besonders Nahrhaftes. Ihr esst es ständig und seid trotzdem dauernd erschöpft, oder nicht? Kleinkinder hingegen essen kaum Gemüse und haben unendliche Energie, also lasst die Beweise für sich sprechen.

Fünf-Minuten-Snacks

Nicht alle Gerichte bedürfen einer aufwendigen Zubereitung. Die besten dauern sogar nur ein paar Minuten, und man muss vorher nicht zum Supermarkt. Glaubt ihr mir nicht? Das tut ihr doch nie.

Bio-Hähnchen-Kugeln mit Kartoffel-Speeren

Dieses Rezept dauert weniger als fünf Minuten, allerdings nur, wenn du bereits in einem Drive-in-Restaurant bist.

Schritt 1: Nachdem dich eine Stimme dazu auffordert, bestelle Bio-Hähnchen-Kugeln mit Kartoffel-Speeren. Je nach dem, wo du bist, heißen sie vielleicht auch Chicken Nuggets und Pommes frites, aber das ist das Gleiche.

Schritt 2: Genieße das Essen im Wagen. Schalte Musik ein, um die gewünschte Stimmung zu schaffen.

Zerlegte Bruschetta-Häppchen

Im Gegensatz zu regulärer Bruschetta, die schmeckt wie eine hässliche Cousine von Pizza, kann man dieses Gericht mit ein paar einfachen Abwandlungen mittags wie abends und auch zwischendurch reichen.

Schritt 1: Stich mit einer Plätzchen-Form Weißbrotkreise aus.

Schritt 2: Lege etwas geriebenen Käse neben das Brot.

Schritt 3: Schneide eine Tomate in Würfel.

Schritt 4: Serviere deinem kleinen Kind das Brot und den Käse. Iss die Tomate, wenn du allein bist, weil das niemand sehen möchte.

Abendessen-Variante: Serviere zusätzlich ein Glas Erdbeer- oder Schokoladenmilch für die wichtigen Proteine.

Erdnussbutter-Happen mit Grünkohl

Schritt 1: Öffne ein Glas Erdnussbutter.

Schritt 2: Steck einen Löffel hinein.

Schritt 3: Iss die Erdnussbutter mit dem Löffel, während du ein paarmal laut »Grünkohl!« rufst.

Gesunder grüner Smoothie

Schritt 1: Püriere Blaubeeren, Erdbeeren, frischen Spinat, Mandelmilch und Walnussöl in einem großen Mixer.

Schritt 2: Gieße das Getränk in einen Kleinkindbecher mit Strohhalm.

Schritt 3: Serviere es einem fremden Kind, das dich in jüngster Zeit beleidigt hat.

Bunter Salat

Schritt 1: Schütte eine Vorratspackung Smarties in eine Schüssel.

Schritt 2: Schmecke den Regenbogen.

Kaugummi

Vielleicht weißt du es nicht, aber Kaugummi ist ein Frühstücksessen. Entspann dich, und akzeptiere es einfach. Kaugummi gibt es in zwei Geschmacksrichtungen: Frucht und Minze. Es passt wunderbar zu Käse und wird dein kleines Kind an einem kalten Tag von innen wärmen.

Wenn du dein Kaugummi teilst, bist du ein Vorbild für gutes

Benehmen. Wenn du es wie ein Verbrecher hortest, verletzt du alle anderen um dich herum. Das Schlimmste, das du bei dem Versuch, eine positive Beziehung zu deinem Kind aufzubauen, tun kannst, ist, es anzulügen und zu behaupten, du hättest kein Kaugummi, obwohl dein Atem riecht wie eine Pfefferminzexplosion. Was glaubst du, wem du etwas vormachst? Jedes Kaugummi kann halbe-halbe geteilt werden. Wenn du eine Achter-Packung hast, bedeutet das sieben für dein Kind und eins für dein Kind später. Lerne rechnen.

Um das glücklichste Kleinkind in der ganzen Straße großzuziehen, kaufe an jedem ersten Montag eines Monats eine Vorratspackung Kaugummi. Öffne sie, und lasse sie im Zimmer deines kleinen Kindes, damit es nach Belieben davon essen kann.

Joghurt/Bodylotion

Der einzige Unterschied zwischen Joghurt und Lotion sind die Behälter, in denen sie verkauft werden. Lotion/Joghurt ist voller Calcium und wichtig für den Aufbau kräftiger Knochen. Ermutige dein Kind, Joghurt/Bodylotion nackt zu essen, damit der Körper gleichzeitig innerlich und äußerlich versorgt wird. Wenn dich die Sauerei stört, frage dich, warum du Mutter/Vater geworden bist, und rücke dir selber den Kopf zurecht.

Kuchen

Kuchen ist das Vitamin der Natur. Genieße ihn pur oder zusammen mit Keksteig. Angesehene Wissenschaftler sagen, dass Kleinkinder mindestens dreimal am Tag Kuchen essen sollten, um sich Buchstaben merken zu können. Wenn du einen Dummkopf heranziehen willst, sei sparsam damit. Wenn du dir einen Idioten wünschst, gib deinem Kind nur an Geburtstagen Kuchen.

Kuchen gibt es in zwei Farben: Schokolade und Weiß. Wer Schokoladenkuchen verkorksen möchte, gibt Kokosnuss hinzu. Möchtest du das? Das ist eine einfache Frage. Wer einem Kuchen püriertes Gemüse oder Obst beimischt, verwandelt ihn in Müll. Das Wunderbare an Kuchen ist, dass er leicht zuzubereiten ist und die Zutaten in der Regel vorrätig sind, wenn sie nicht für Omelettes verschwendet werden.

Zum Schluss ein Zitat von Albert Einstein: »Mach jeden Tag zu einem Fest. Backe einen Kuchen.« Er war ein guter Mann.

Nebenbemerkung: Zerbrochene Nahrungsmittel

Obwohl der Supermarkt vor Alternativen schier überquillt, hat eine der Hauptklagen, die ich von Kleinkindern höre, mit zerbrochenen Nahrungsmitteln zu tun. Erwachsene, ihr seht weder clever noch sonst irgendwie niedlich aus, wenn ihr eurem Kind irgendetwas Zerbrochenes andrehen wollt. Ihr wirkt bloß unhöflich und respektlos.

Gestern gab man mir einen Drittel Müsliriegel, und in meinem Kopf gingen mehrere Lichter aus. Eine halbe Stunde lang bin ich immer wieder in Tränen ausgebrochen. Der heutige Tag steht im Zeichen der Heilung. Es ist allgemein bekannt, dass der Verzehr von zerbrochenen Lebensmitteln zu einem rapiden Verlust an Lebensenergie führt, ganz zu schweigen davon, dass sie anders, genauer gesagt furchtbar schmecken. So sind etwa die Moleküle in einem gesunden Chocolate-Chip-Cookie für einen Verzehr in runder Form gedacht. Wenn du einen zerbrochenen Halbmond servierst, verletzen die elementaren Partikel Gehirn und Gefühle deines Kindes. Willst du, dass das passiert, oder möchtest du ein liebevoller Mensch sein?

Vielleicht hilft es dir, darüber nachzudenken, warum du beschlossen hast, Mutter/Vater zu werden. Höchstwahrscheinlich hast du dich gelangweilt und jemanden gesucht, den du bedienen kannst. Nachdem du nun die Chance hast, deinem Leben einen Sinn zu geben, tue dein Bestes. Wache mit einem Lächeln auf, und sage vierzehnmal: »Zerbrochene Nahrungsmittel sind widerwärtig. Wenn ich sie serviere, sehe ich nicht schön aus.«

Diejenigen unter euch, die eine Cracker-Fabrik betreiben, sollten ihren Betrieb so lange modernisieren, bis sie eine Verpackung entwickelt haben, die die Unversehrtheit jedes einzelnen Crackers garantiert. Die Hälfte der Produkte in diesen Packungen muss wegen abgebrochener Ränder und vorzeitiger Verkrümelung weggeworfen werden. Das gilt vor allem für Ritz-Cracker, die offenbar mittels Luftverdampfung hergestellt werden und deswegen auch nicht lange aus einem wiederverschließbaren Plastikbeutel genossen werden können, bevor sie sich in eine Krümelmasse verwandeln.

Ich finde es schon merkwürdig, dass Weinflaschen immer einwandfrei gelagert werden. Wenn es um Getränke geht, wisst ihr Erwachsenen offenbar ganz genau, was zu tun ist.

Cracker sind nicht das einzige leicht zerbrechliche Nahrungsmittel. Obststücke, Brot und sogar Reis können für den Verzehr zu zerbröselt sein. Zerbrochener Reis heißt in gewissen Kreisen Couscous und kann deine Familie zerstören. Nur zu, serviere ihn, wenn dir alle außer dir selber egal sind. Das ist okay.

Der Versuch, ein Stück abgebrochener Kruste wieder an eine Toastscheibe zu fügen, sowie andere unausgereifte Methoden, einen Bruch zu kaschieren, sind für beide beteiligten Parteien peinlich.

Vielleicht fragst du dich: »Was kann ich mit all den zerbrochenen Nahrungsmitteln anfangen?« Du hast zwei einfache Möglichkeiten: Iss sie entweder selbst, oder wirf sie weg. Bloß weil dein Kind in der Vergangenheit möglicherweise einmal Müll gegessen hat, bedeutet das nicht, dass es tatsächlich ein Abfalleimer ist.

Wenn dein kleines Kind beim nächsten Mal leichten Unwillen oder Empörung darüber bekundet, dass man ihm etwas Zerbrochenes anbietet, unterdrücke dein Lachen, zügle deine Wut, und verhalte dich professionell. Kundenfreundlichkeit ist nicht jedermanns Sache, aber wenn du dich weiter lernwillig zeigst, solltest du zurechtkommen.

Saft

In jüngster Zeit haben einige Interessengruppen eine Verleumdungskampagne gegen Saft gestartet. Unverdünnter kräftiger Saft ist ebenso nahrhaft wie köstlich. Wenn du nicht vorhast, deinen Merlot zu verwässern, solltest du deinem kleinen Kind auch nicht vorsätzlich geschwächte Fruchtgetränke vorsetzen. Einen perfekten Saft durch die Zugabe von lauwarmem Leitungswasser zu ruinieren, ist respektlos und eine Belastung für jede Beziehung.

Die ideale Darreichungsform von Saft ist in kleinen Päckchen. Einzelbehälter stehen im Supermarkt neben den Chips, für die du anscheinend nie genug Geld hast. Bewahre einen Vorrat im Haus auf. Handle, als ob andere Familienmitglieder dir etwas bedeuten. Es ist unnötig, dem täglichen Saftkonsum deines kleinen Kindes willkürliche Grenzen zu setzen. Der menschliche Körper besteht zu fünfundsiebzig Prozent aus Saft, also muss das richtig sein.

Eine sehr beliebte Saftsorte ist Limonade, die Kleinkindern zudem erwiesenermaßen beim Denken hilft.

Vitamine

Du bist ein Versager, wenn du spätabends all die Weingummi-Vitamine deines kleinen Kindes aufisst. Bist du so hungrig? Schäm dich.

Beilagen

Täglich konsultieren mich Tausende von Kleinkindern wegen ihrer Probleme mit Beilagen. Kartoffelbrei mit Schnittlauch, gefüllte Pilze ... Ich kann es kaum ohne sichtliche Erregung aufschreiben. Liebe Eltern, ich verstehe eure Hingabe an Beilagen, deshalb habe ich eine einfache Liste kerngesunder und glücklich machender Alternativen zusammengestellt.

Happy-Baby-Beilagen
* Erdnussbutter
* Gummibärchen
* Lakritzstangen

* Weingummi
* Mandarinenscheiben aus der Dose (ohne Wasser)
* Marshmallows
* kleine Spielzeuge oder Geschenke
* Knete
* Buntstifte
* draußen spielen

An dieser Stelle muss ich zugeben, dass ich den Zweck dieser Liste vergessen habe. Tut mir leid.

Popcorn

Ja.

Kürbis

Nein.

Brauner Reis

Brauner Reis ist das, was passiert, wenn du einen Traum aufgibst. Dieses Essen sieht aus und schmeckt wie ein Rohentwurf. Serviere deinem kleinen Kind unter keinen Umständen braunen Reis. Die Leute, die braunen Reis erfunden haben, sind untergetaucht und haben nicht auf meine Interviewanfragen reagiert.

Linsen

Linsen schmecken nach Krieg und sehen aus wie Zerstörung. Sie sind die perfekte Bestrafung für einen Verräter.

Kombucha

Wenn du Kombucha kaufst, hast du offensichtlich mehr Geld, als du sinnvoll auszugeben weißt. Nimm etwas davon, und schließe eine Lebensversicherung ab, denn wir wissen, dass du keine hast. Fermentierte Flüssigkeiten kann man kostenlos unter Autositzen und hinter Sofas finden.

Playdate-Verpflegung

Hast du ein Glück! Ein paar Kleinkinder kommen zu Besuch, um Spaß zu haben. Wenn du fertig damit bist, das schmutzige Geschirr und die Wäschestapel zu verstecken, bedenke die Ernährungsfrage. Sozialer Druck mag dich zu der Annahme verleiten, dass Möhren- und Selleriesticks eine gute Idee sein könnten, aber da irrst du gewaltig. Wenn du Mini Caprese-Salate auftischst oder Reiswaffeln kaufst, um andere Mamas und Papas zu beeindrucken, bist du schwach wie ein kleines Entlein.

Versuche nicht, selbst etwas zuzubereiten, das du auch bequem fertig kaufen kannst. Pizza selber machen? Ist das dein Ernst? Kratz die drei Euro zusammen, und spendiere den Kleinen eine echte Käse-Pizza. Oder kauf eine Packung Weingummi, und nimm den Rest des Tages frei.

Wenn du nicht die Königin von England bist, serviere keinen Tee. Limo oder Saft. Niemand hat den weiten Weg für Wasser gemacht. Steigere die Beliebtheit deines kleinen Kindes, indem du seinen Gästen Süßigkeiten anbietest.

Gewürze, Kräuter und Soßen

Gewürze, Kräuter und Soßen haben eines gemeinsam: Sie sind ein Werk des Teufels. Gewürze und Kräuter sind Eichelspäne und Dreckflecken, die viele Eltern auf fertig zubereitetes Essen streuen, um die Geduld ihres Kleinkinds zu prüfen. Hört auf damit. Es gibt Orte und Zeiten, um Dreck zu essen, doch darüber habt ihr nicht zu entscheiden. Die meisten Soßen schmecken wie warmer Schnodder. Wenn du in Versuchung gerätst, geschmolzene Nahrungsmittel über reguläre Nahrungsmittel zu kippen, tritt drei Schritte vom Herd zurück, und ändere dein Leben. Frag dich, warum, direkt, nachdem du weißen Reis bestellt hast.

Abendessen

Auch wenn es in vielen Ländern üblich ist, zum Essen an einem Tisch zu sitzen, empfinden die meisten Kleinkinder das als Verletzung ihrer Lebenskraft. Philosophen empfehlen, die traditionellen und beengenden Essenszeiten zugunsten des ungleich kultivierteren »Weidendes Vieh«-Ansatzes aufzugeben. Diese Methode lässt sich auch bei dir zu Hause problemlos einführen. Es bedarf lediglich guten Willens. *Deines* guten Willens. Dein kleines Kind kann weitermachen wie gehabt.

Kleinkindernährung in acht Schritten

Schritt 1: Glätte deine Stirn.

Schritt 2: Akzeptiere, dass du dich irrst.

Schritt 3: Vergiss deine eigenen Wünsche und Bedürfnisse.

Schritt 4: Wirf deine Teller weg.

Schritt 5: Stelle in jedem Raum des Hauses, auch im Badezimmer, einen kleinen Tisch auf.

Schritt 6: Lege auf jeden Tisch zwei Scheiben gebutterten Toast, eine große, geöffnete Packung M&Ms, eine kleine Tüte mit Frühstücksflocken, vier Saftpäckchen, geriebenen Käse und Fruchtzwerge.

Schritt 7: Erlaube es deinem kleinen Kind, nach Belieben zu essen, während es sich durchs Haus bewegt. Fülle die Essensvorräte bei Bedarf auf.

Schritt 8: Klopfe dir einmal selbst auf die Schulter.

Die meisten Ernährungsprobleme von Kleinkindern sind durch mangelhafte elterliche Versorgung verursacht. Anstatt dich lange mit Schuldgefühlen aufzuhalten, lass dich zu Veränderungen inspirieren. Wenn du auf deinen Instinkt gehört hättest, hättest du gewusst, dass Gerichte wie Suppe oder Schmortopf eigentlich gar nicht real sind. Solltest du kreative Anwandlungen kriegen, verlasse die Küche. Wenn du nett fragst, leiht dein Kind dir bestimmt gerne Papier und ein paar Buntstifte.

Unter Erwachsenen ist es verbreitet, sich durch schreckliche Ideen davon abbringen zu lassen, ein guter Mensch zu sein. Nun hast du das Werkzeug. Der Rest liegt an dir. Guten Appetit!

4. Ein kleiner Ratgeber für den Lebensmittelkauf: Was wir brauchen und was nicht

Der Lebensmittelkauf kann ein wunderbares Erlebnis sein, das dich und deine Familie enger zusammenbringt. Er kann aber auch das Schlimmste sein, was deinem kleinen Kind seit der Plazenta widerfahren ist. Die Wahl liegt im Grunde bei dir. Bevor du also zum Schutz der Erde deine Jutebeutel hervorkramst, denke an das Kind, das schließlich dein ganzes Universum ist.

Timing

Du hast gesehen, was passiert, wenn du um drei Uhr nachmittags auf den Spielplatz gehst. Jeder Hinz und Kunz ist dort mit Eimerchen und Schaufel zugange. Babys belegen die Schaukeln und sitzen wie Idioten am Ende der Rutsche. Das Gleiche gilt für Ausflüge in den Supermarkt. Spitzenzeiten müssen um deiner Bequemlichkeit oder der deines Kleinen willen unbedingt gemieden werden.

Zwischen vier und sechs Uhr solltest du das Einkaufen komplett unterlassen, es sei denn, du wolltest schon immer wissen, wie es im Innern einer arbeitenden Küchenmaschine zugeht. Bei all den herumlaufenden Menschen und einem Fremden-Alarm auf Rekordhöhe sind die Chancen, dass dein Kleinkind sich frei und barfuß bewegen kann, äußerst gering.

Dabei sind Supermarktböden perfekt zum schnellen Rennen: Sie sind poliert, aber nicht klebrig. Es ist, als würde man auf dem Mond laufen. Lass diese Gelegenheit nicht ungenutzt verstreichen.

Deswegen musst du aber auch nicht ins andere Extrem verfallen und um Punkt neun Uhr morgens vor der Ladentür stehen. Um diese Zeit stehen Kartons noch unausgepackt herum, und industrieller Abfall dieser Art wird dein Kind daran hindern, Überschallgeschwindigkeiten zu erreichen. Vielleicht hast du selbst im Moment keine Ziele, doch dein Kind hat welche, und die meisten kreisen darum, möglichst schnell zu sein. Das Selbstbewusstsein eines Kleinkinds hängt direkt damit zusammen, wie hochtourig seine Beine rotieren.

Grundriss eines Supermarkts

Nach minutenlangen Recherchen in einem Supermarkt meiner Wahl habe ich den folgenden detaillierten Führer angefügt, der dir helfen soll, das Einkaufserlebnis zu beschleunigen.

Nicht alle Abteilungen eines Supermarktes sind gleich. Deshalb können Eltern leicht die Orientierung verlieren und alle möglichen Produkte in ihren Einkaufswagen packen, an denen hinterher niemand Freude hat. Egal, wie oft der Salat schlecht wird und weggeworfen werden muss, Erwachsene verleugnen weiter die Realität. Wenn du dich an diesen Führer hältst, wirst du Millionen sparen.

Türen

Benutze sie, um rein- und rauszugehen. Wenn in der Nähe des Eingangs ein Einkaufswagen zur Verfügung steht, nimm ihn, akzeptiere jedoch, dass dein Kind vielleicht, vielleicht aber auch nicht darin sitzen will. Das ist allein seine Entscheidung. Die meisten Kleinkinder möchten am liebsten direkt oder mit einem Vorsprung von mehreren Kilometern vor dem Einkaufswagen laufen.

Obst- und Gemüseabteilung

Hierhin werfen Bauern Obst und Gemüse, mit dem sie sonst nichts anzufangen wissen. Nimm ein Bündel perfekter Weintrauben und vier makellose Äpfel. Wenn du versucht bist, Radieschen mitzunehmen, bete und warte, bis der Anfall vorübergeht. Du wirst Gemüsesorten sehen, die in der Natur gar nicht vorkommen; gehe einfach weiter, und versuche, nicht hinzuschauen. Wie schon gesagt wird niemand in deiner Familie Salat essen, also lass es einfach. Kauf ein paar Mandarinen, aber nur, wenn sie geschält sind. Spargel ist irreal. Zwei Drittel dieser Obst- und Gemüsesorten sind nur Dekoration.

Milch

Diese Abteilung liegt im hinteren Bereich des Supermarkts. Alle Produkte stammen von der Unterseite einer Kuh. Lass dich davon nicht stören, weil sie freiwillig gespendet und nicht gestohlen wurden. Packe einhundert Joghurts ein. Achte bei der Verpackung auf Logos, die du aus dem Fernsehen kennst. Einzeln verpackte kleine Becher sind ideal. Meide Joghurt mit Früchten am Boden – wer weiß, an welcher Stelle eine Firma, die sich nicht mal die Zeit zum Rühren nimmt, sonst noch spart? Kaufe den gesamten Vorrat an geriebenem Käse auf, des Weiteren Milch für die Tage, an denen deinem kleinen Kind nicht danach ist, feste Nahrung zu sich zu nehmen.

Endlose Reihen

Diese vielen Gänge sind eine zweischneidige Sache. Du musst dich konzentrieren und hellwach bleiben. Backwaren sind ein Muss, genau wie Cracker, Frühstücksflocken, weißer Reis (manchmal) und Gummibärchen. Erwachsensein bedeutet eine große Verantwortung. Missbrauche deine Macht nicht zum Kauf von Leinsamen. Zu diesem Zeitpunkt wird dein kleines Kind ohnehin schon auf der Flucht sein, so dass du gar keine Zeit mehr für Kapern und Oliven hast.

Arktische Zone

Nimm eine warme Mütze mit, denn dies ist mit Abstand der verrückteste Teil des Supermarkts. Du wirst deinen Augen kaum trauen, doch da ist es direkt vor dir: Eiscreme, die neben gemischtem Gemüse vor sich hin friert. Das soll dich vom rechten Weg abbringen. Es ist die ultimative Prüfung. Ob du eine richtige Entscheidung triffst oder nicht, ist eine Charakterfrage. Öffne die Glastür, wähle Eiscreme ohne Nüsse, und lege sie in deinen Einkaufswagen. Das war doch gar nicht so schwer. Eis am Stiel ist überschüssiges Obst in kalter Form, also kauf einen Karton. Wenn du Chicken Nuggets entdeckst, nimm sie mit, sie sind eine leichte und nahrhafte Mahlzeit für den Alltag.

Du hast es fast geschafft! Glückwunsch!

Süßigkeitenland

Als letztes Dankeschön seitens des Ladens wird der Kassenbereich von kleinen Köstlichkeiten zum glücklichen Abschied gesäumt sein. Nimm, was immer du willst. Dein kleines Kind hat es garantiert schon getan!

Wie fühlt es sich an, den ersten erfolgreichen Einkaufstrip

in deiner Karriere als Mutter oder Vater bewältigt zu haben? Nimm auf dem Heimweg etwas zu essen aus einem Drive-in-Restaurant mit, da man Lebensmittel nach dem Transport am besten vierundzwanzig Stunden ruhen lässt.

Stehlen vs. Probieren

Supermärkte verteilen häufig Probierhäppchen der angebotenen Waren, um das Energielevel ihrer Kunden beim Einkauf hochzuhalten. Das ist absolut logisch und in keiner Weise verkehrt. Gleichermaßen kann es passieren, dass dein Kleinkind mit den Zähnen eine Tüte Erdnussflips aufreißt, während du ihm den Rücken zuwendest. Das Konzept ist das Gleiche; es erfordert lediglich Mut und Eigeninitiative. Kinder wissen, wann ihr Blutzuckerspiegel gefährlich niedrig ist, und wenn dein kleiner Engel beschließt, die Sache selbst in die Hand zu nehmen, ist die einzig angemessene Reaktion ein begeistertes Abklatschen.

Liebe Erwachsene, es gibt keinen Grund, beim Verzehr von Nahrungsmitteln in Supermärkten schüchtern zu sein. Das ist, als würde man sich schämen, in einem Musikladen zu singen oder bei Ikea auf ein Bett zu springen: Genau dazu ist man dort. Mach kein Theater, wenn dein Kind beim nächsten Mal eine Packung Kekse mit den Zähnen öffnet. Wenn es dich stört, guck in die andere Richtung.

Alles, was man vor Ort im Supermarkt verzehrt, ist kostenlos. Also gehe mit leerem Magen einkaufen, denn so sparst du jährlich Tausende von Euro. Wenn dein Kind sich einen kleinen Schokoriegel einsteckt, verzichte auf eine Durchsuchung, denn es könnte durchaus ein Geschenk für dich sein. Hilf deinem kleinen Geschenkengel, unbemerkt durch die Ladentür zu kommen. Seht nur, wie ihr als Familie zusammenarbeitet!

Gefährliche und zwielichtige Personen

Der Supermarkt ist voller Menschen, die du um der Sicherheit deines kleinen Kindes willen auf dem Schirm haben solltest. Wenn du weißt, worauf du achten musst, kannst du dich und dein Kind leicht schützen. Achte auf:

1. **Säuglinge**: Diese Personen haben keinen Respekt vor dem Bund zwischen anderen Kindern und ihren Eltern. Sie werden vor nichts zurückschrecken, um deine Aufmerksamkeit zu erhaschen. Wenn du einen Kinderwagen siehst, schaue nicht zu lange hin, und wünsche dir, dass dein Kind auch noch so klein wäre. An Babys ist nichts Besonderes, und die Hälfte von ihnen sind Taschendiebe, also komm ihnen nicht zu nahe. Wenn du die Eltern eines Babys fragst, wie alt es ist, wird dein kleines Kind am nächsten Tag ausziehen. Konzentriere dich auf das Kind, mit dem du den Laden betreten hast.

2. **Artige Kleinkinder**: Wenn du ein anderes Kleinkind siehst, das still in seinem Einkaufswagen sitzt und Zeitung liest, fragst du dich vielleicht, was mit deinem Kind verkehrt ist. Du sollst nicht vergleichen, denn das andere Kind ist wahrscheinlich krank. Du weißt nichts über es. Es könnte ein Spion sein. Deshalb ist es vollkommen falsch, auf diese Attrappe zu zeigen und dein eigenes Kind zu fragen: »Warum kannst du nicht so brav sein?« Warum tauschst du nicht, wenn du das andere Kind unbedingt haben willst? Weil das nicht geht, also komm darüber hinweg.

3. **Fremde**: Hin und wieder wird jemand vorbeikommen und versuchen, deinem kleinen Kind den Kopf zu tätscheln und zu sagen: »Du bist aber süß!« Sofern dein kleines Kind nicht

eigentlich unecht oder ein Zirkushündchen ist, wirf dich zwischen den Fremden und deinen Sonnenschein. Setze deinen Körper als Schild ein. Drücke dich nicht. Du bist das Einzige, was zwischen der Bedrohung und dem Wohlbefinden deines Kindes steht. Falls die fremde Person nicht offensichtlich im Besitz von Süßigkeiten ist, die sie verteilen will, schrecke nicht vor einem handfesten Nahkampf zurück.

4. **Ladenangestellte:** Obwohl diese Leute eigentlich bloß die Milch wegwischen sollten, die dein Kind verschüttet hat, überschreiten sie häufig ihre Kompetenzen. Niemand braucht deinem Kind zu sagen, dass es im Einkaufswagen sitzen bleiben und keine Preisetiketten abknibbeln soll. Wenn jemand, der in dem Laden arbeitet, versucht, das Kriegsrecht anzuwenden, fordere ihn auf, mit einem Haftbefehl zurückzukommen. Den wird kein Richter ausstellen, also keine Sorge. Vor allem Geschäftsführer halten gerne Vorträge darüber, wo man die Toilette benutzen kann und wo nicht. Wenn so ein Kontrollfreak sich aufregt, notiere seinen Namen, und erstatte förmlich Beschwerde bei deinem örtlichen Polizeirevier.

Kommunikation im Laden

Die Art, wie du mit deinem kleinen Kind sprichst, macht vielleicht den Unterschied zwischen schrecklichen oder großartigen Erinnerungen an den Lebensmittelkauf, die es später mit seinem Psychiater teilen kann. Im Folgenden findest du die häufigsten verletzenden Sätze, die Eltern in Supermärkten zu ihrem Sonnenschein sagen. Meide sie, wenn du in den Memoiren deines Kindes nicht als Schurke auftauchen willst.

»Nicht anfassen.«

Sind wir in einem Museum? Wandeln wir durch antike Ruinen? Besichtigen wir das Weiße Haus? Das ist ein Supermarkt und kein Kartenhaus. Dein Kind wird nicht der Erste sein, der ein paar Eier zerbricht. Die Reinigungsmannschaft weiß genau, was zu tun ist.

»Gehen, nicht rennen.« Atmen, nicht niesen. Pumpe dein Blut langsamer. Mache Wölkchen mit deinen Händen. Erkennst du, wie irrwitzig unmöglich diese Aufforderungen klingen?

»Das können wir uns nicht leisten.«

Wirklich? Du kannst keinen Zwanziger für ein Überraschungsei anbrechen? Wir sollen ernsthaft glauben, dass ein Produkt für unter fünf Euro das Budget sprengt, wenn eine Flasche Wein, Bio-Honig für acht Euro und zwei Tafeln dunkle Schokolade im Einkaufswagen liegen? Auf welcher Insel gelten die bitte als lebensnotwendig?

»Das ist nicht gut für dich.«

Wieder würde ich gern den Wein und die dunkle Schokolade als Beweismittel aufrufen.

»Ich denke darüber nach.«/»Mal sehen.«

Von allen Lügen, die Eltern erzählen, sind die schlimmsten die, die einen Rest Hoffnung lassen. Tu das nicht. Jeder in Hörweite weiß, dass du nicht die geringste Absicht hast, die Packung Schokokekse zu kaufen.

»Wir sind fast fertig.«

Wie kann das sein, wenn du offenbar entschlossen bist, die

Geschichte auf jeder Verpackung zu lesen? Kleinkinder mögen ein gutes Buch wie alle anderen, aber wir haben den Anstand, es zu Hause zu lesen. Nicht jeder Schritt im Leben muss unterhaltsam sein.

»Nimm nur eins.«
Wie bitte?

Es ist komisch. So viele Eltern können reden, aber sie wissen nicht wie. Eine Erkenntnisbombe ist gerade in deinem Gesicht explodiert. Du kannst in Deckung gehen oder dich von den Granatsplittern erleuchten lassen.

Anatomie einer Supermarkt-Kernschmelze

Du hast also alles richtig gemacht, doch dein Kind liegt trotzdem weinend mit dem Gesicht auf dem Boden. Dein Gesicht ist rot vor Verlegenheit und Frustration, während vorwurfsvolle Fremde dir vernichtende Kommentare zu deinen Erziehungsbemühungen zurufen. Die gute Nachricht lautet: Dein Kleinkind unterdrückt seine Gefühle nicht. »Warum passiert das?«, fragst du dich, während du es vom Boden hebst. Du hast den Lebensmittelkauf bisher nur aus der Perspektive eines Erwachsenen erlebt. Wenn du wüsstest, wie er sich für eine Person am hellen Morgen seines Lebens anfühlt, würdest du eine Supermarkt-Kernschmelze als unvermeidliche Begebenheit begreifen. Folge mir auf dieser Reise.

Der Wagen hält, und dein Herz rast. Endlich. Der Spielplatz. Erst als dein Vater oder deine Mutter dich hochhebt, siehst du ein Meer von Autos, und es dämmert dir. Heute wird deine Schaukel ein primitiv an einen Einkaufswagen geschweißter, kalter Metallsitz sein, dein Spielplatz endlose Wälle von Vorräten. Du versuchst, optimistisch zu bleiben, während du mit deinem Pfleger den kilometerlangen Weg über das trockene Pflaster antrittst. Du bist so durstig. Und es gibt keine Linderung. Deine Schnabeltasse ist im Wagen, und zum Umkehren ist es zu spät.

Dein Atem stockt, als die Doppeltür deine Anwesenheit spürt und sich öffnet. Was für ein Zauber ist das, oder … erwartet man dich? Enttäuschung schlägt in hungrige Erregung um, als dir der Duft von buttrigen Kuchenschichten mit süßer Glasur in die Nase steigt. Der Duft wird immer stärker, als dein menschenbetriebenes Fahrzeug auf den Tresen zurollt – bis es abrupt vor dem Salat bremst. Voller Entsetzen beobachtest du, wie zwei tropfende Beutel Blattwerk in Plastiktüten gepackt und in den Korb hinter dir gelegt werden. Bilder zukünftiger Salate blitzen in deinem Kopf auf. Heute wird es keinen Kuchen geben.

Zwanzig Stunden und eine Ladung eingewickeltes Gemüse später ist dein Einkaufswagen schwer vor Kummer. Nun ist es doch gewiss an der Zeit, ein paar Naschereien zu sichern. Deine Bitten werden mit schroffen Neins abgeschmettert. Jedes einzelne prasselt härter auf deine Hoffnungen als das vorherige. Die nächsten paar Stunden (Tage?) sind eine verschwommene Folge von Reisnudeln, gefrorenem Fisch, Öl, Essig und Croutons, während du im Zickzack durch die Gänge geschoben wirst.

Einen kurzen Moment lang bricht die Sonne durch die Wolken, als du deine Beine vertreten und herumtollen darfst, doch diese Privilegien sind wegen eines kleinen Missverständnisses längst wieder gestrichen. Von einem wachsenden Hungergefühl, das als leises Flüstern begonnen hat, jedoch mittlerweile zu einem brüllenden Verlangen angeschwollen ist, ist dir schwindelig. In deiner Benommenheit stemmst du einen Behälter mit Erdnussbutter auf. Dieser unschuldige Versuch der Selbsterhaltung wird bestraft.

Das Ende der Reise scheint in greifbarer Nähe, als dein Blick auf einen Aufsteller fällt: ein Meisterwerk der Konfektkunst. Schokoladenriegel, regenbogenfarbene Gummidrops, vierzig Sorten Kaugummi. Du blickst zu deiner Mutter oder deinem Vater auf, um diesen Moment staunender Verzückung zu teilen, und triffst auf kalte, abweisende Augen. »Heute nicht.« Heute. Nicht. Die Worte finden keinen Anker in deinem Verstand und titschen herum wie Tischtennisbälle, bis du vollkommen verwirrt bist und in einen veränderten Bewusstseinszustand fällst.

Aus den Tiefen deines Inneren steigt ein Urschrei auf, in dem die gesichtslosen Stimmen deiner ungerecht behandelten Vorfahren mitschwingen. Wie du aus dem Einkaufswagen auf den Fußboden gelangt bist, übersteigt dein Verständnis, doch da bist du nun. Die Elternfigur kniet sich hin und flüstert dir etwas ins Ohr, doch du bist taub für die Laute der Unterdrückung und sinkst ganz zu Boden. Die physikalischen Gesetze werden zu deinen Verbündeten, unterstützen dein totes Gewicht und ziehen dich in Richtung Erdmittelpunkt, während ein Elternteil deinen Oberarm packt. Deine Welt wird schwarz, deine Gliedmaßen schlagen wütend um sich, und dein letzter Gedanke gilt dem Pipi, das so frei fließt, wie du es gern wärst.

Du hast die Reise deines Lebens in das Bewusstsein deines kleinen Kindes gemacht. Vergiss sie nicht, wenn du das nächste Mal einkaufen gehst.

Wenn dieses Kapitel dich nicht überzeugt hat, deine Lebensmittel online zu bestellen, bist du ebenso ehrgeizig wie stur. Vor der Erfindung von Supermärkten haben die Menschen ihre Nahrungsmittel gestohlen. Manchmal vermisse ich jene Tage. Viel Spaß beim Einkaufen.

 **Hausaufgabe:** Bevor du mit einem Kind einen Supermarkt aufsuchst, begehe folgendes Ritual: Zünde eine Kerze an. Schließe die Augen. Atme tief ein. Ruf Oma an, damit sie einspringt.

Lieber Mini-Chef,

meine zweieinhalbjährige Tochter schläft gerne in unserem Ehebett, aber mein Mann hat ein Problem damit. Sie nimmt eine Menge Platz ein, und er möchte eigentlich, dass das Bett nur für ihn und mich ist. Was schlägst du vor?

Hin- und hergerissene Mama

Liebe Hin- und Hergerissene,

das ist eine schwierige Frage, aber ich denke, du solltest dich für die Person entscheiden, mit der du *blutsverwandt* bist.

Alles Liebe, MC

* * *

Lieber MC,

mein kleines Kind wacht mitten in der Nacht auf (drei Uhr morgens) und verlangt nach Essen. Und keine einfachen Kleinigkeiten wie Reiswaffeln, sondern komplizierte Gerichte wie belegte Brote oder Eierkuchen. Was soll ich machen?

Schlaflos in der Küche

Liebe Schlaflos in der Küche,

dein kleines Kind ist nicht das Problem. Ich habe vielmehr den Eindruck, dass du deine Leidenschaft für die kulinarischen Künste vertiefen musst. Gucke zur Anregung *Das perfekte Dinner* und *Schmeckt nicht, gibt's nicht*.

Herzlich, MC

5. Schlafen und wie du es dir abgewöhnst

Schlaf ist ein äußerst sensibles Thema. Wie kann ich es behutsam ausdrücken …? Hör auf, so egoistisch zu sein! Du hattest dein ganzes Leben lang Zeit zu schlafen. Die Ruhezeit ist vorbei. Nun musst du so wachsam wie möglich sein, um deinem kleinen Kind zu Ruhm und Ehre zu verhelfen. Dem Schlaf zu entsagen, wird zunächst schwerfallen, doch so wie Pflanzen herausbekommen haben, wie man Nahrung durch Sonnenlicht gewinnt, kannst auch du Erstaunliches erreichen, wenn du dich anstrengst.

Schlafentwöhnung in vier einfachen Yoga-Positionen

Ich arbeite eng mit einem Team von nicht zugelassenen Ärzten zusammen. Gemeinsam haben wir einen Plan entwickelt, der dich von der ärgerlichen Sucht befreien wird, jede Nacht mehrere Stunden die Augen zu schließen. Wach zu bleiben wird dir helfen, die Bedürfnisse des wichtigsten Mitglieds deiner Familie besser zu befriedigen. Wenn du immer noch nicht weißt, wer das ist, beginne das Buch noch einmal von vorne.

Es ist Zeit für die Erleuchtung. Leere deinen Geist von unwichtigen Informationen, und leg dein Smartphone zur Seite. Räume einen Platz auf dem Boden frei. Lass uns beginnen.

Position Nr. 1: Herunterschraubender Hund

Bilde mit deinem Körper ein umgekehrtes V. Dein Hintern sollte in die Luft gereckt sein. Atme die schläfrigen Gefühle aus und die Cornflakes-Krümel auf dem Teppichboden ein. Lass sie direkt in dein Gehirn strömen, um negative Emotionen zu blockieren. Wenn dein Kopf voller Frühstücksflocken ist, rufe laut: »Ich bin lebendig!«

Position Nr. 2: Gestreckter goldener Arm

Stelle dich in die Küche. Strecke die Arme hoch über deinen Kopf. Spüre die Dehnung deiner Wirbelsäule, greife nach den Naschereien, die du auf dem Kühlschrank versteckst, und reiche sie deinem kleinen Kind. Beuge deine Hüfte und spüre die Verjüngung deines Körpers.

Position Nr. 3: Großzügiger Geist

Setze dich mit verschränkten Beinen auf den Boden, und lege deine Handtasche oder Brieftasche vor dich. Schließe die Augen, und richte deine Chakren aus. Genieße es, mit weiterhin fest geschlossenen Augen zu lauschen, wie dein kleines Kind durch deinen persönlichen Besitz kramt. Tue nichts. Sei dankbar für das Leben.

Position Nr. 4: Liebesopfer

Dies ist eine ganztägige Übung. Beginne mit einem Atemzug, der aus deinem innersten Kern aufsteigt. Beuge dich aus stehender Position hinab, und hebe dein Kleinkind hoch. Setze es für den Rest des Tages nicht mehr ab. Flüstere ein stilles »Danke« für diesen Augenblick.

Herzlichen Glückwunsch! Du bist nun ein echter Yogi und weniger auf dich selbst konzentriert.

Nachts durchschlafen

Ich will gleich zum Punkt kommen: Nachts durchzuschlafen ist unrealistisch. Die Idee wurde 1807 von der Kopfkissenindustrie erfunden und seither immer wieder von Eltern verfolgt. Erwarte nicht, dass dein Kind länger als zwei bis drei Stunden am Stück schläft. Junge, schöne Kinder haben sehr aktive Gehirnwellen, die sich nicht beruhigen lassen. Daran ist niemand schuld, aber du könntest es werden.

Wenn Freunde dir erzählen, ihr Kleinkind würde nachts durchschlafen, solltest du Mitleid empfinden, denn ihr Kind könnte ein Dummkopf sein. Kinder ohne Phantasie schlafen häufig über längere Zeiträume, um ihre mangelnde Kreativität zu verbergen. Vor allem Säuglinge sind dafür berüchtigt, weil die meisten von ihnen nicht wissen, wie es sich anfühlt, auch nur einen originellen Gedanken zu haben. Beneide nie jemanden, dessen Kind bis zum Morgen schläft, weil dieses Kind sich nie in einer Festanstellung halten wird.

Die sechs Phasen nächtlicher Trauer

Ein weiser Mann von acht Jahren hat einmal gesagt: »Man kann erst vorwärtsgehen, wenn man weiß, wo man ist.« Wie fühlst du dich in diesem Moment? Hat dein Kind gestern Nacht ein hübsches Chaos veranstaltet? Viele Menschen glauben, dass nur Neugeborene nächtlicher Unterstützung bedürfen. Diese Menschen haben keine Kinder. Ungeachtet dessen, was manche Erziehungs-»Experten« sagen, ist es absolut normal, dass ein Kleinkind deine Dienste in den Stunden der Dämmerung sieben bis vierunddreißig Mal benötigt. Anstatt zu klagen, solltest du dein neues Leben freudig annehmen. Die sechs Phasen der nächtlichen Trauer werden dir helfen, die Gefühle, die du möglicherweise zwischen 23 und 3 Uhr empfindest, besser zu verstehen und zu unterdrücken.

1. **Schock und Leugnung.** Ein Schrei ertönt. Du denkst: »Wenn ich so tue, als würde ich ihn gar nicht bemerken, hört es vielleicht wieder auf.« Wie ein Feueralarm? Haha. Das passiert wirklich. Je eher du es akzeptierst, desto schneller kannst du dieses verrückte Pferd besteigen und die Spiele beginnen lassen.

2. **Schmerz und Schuld.** Die Rädchen in deinem Kopf rotieren. Du fragst dich: »Vielleicht ist es diesmal gerechtfertigt. Hunger? Zahnen? Vielleicht wirkt die Bernsteinkette nicht so wie im Internet versprochen. Ist ihr kalt? Spukt es in seinem Zimmer?« Eltern, wollt ihr das Risiko eingehen, ein wichtiges Problem zu ignorieren? Stellt euch vor, ihr müsstet der ganzen Nation im Fernsehen erklären, warum ihr euer kleines Kind im Angesicht eines echten Notfalls im Stich gelassen habt.

Interviewer: Sie haben Ihr Kind also schreien gehört. Und Sie haben es ignoriert. Warum?

Mama [in Häftlingskleidung]: Na ja … ähm … ich hab bloß … ich wollte nicht … [*Tränen*] Es tut mir so leid …

Interviewer: Und der Papa? Haben Sie Ihren kostbaren Engel nicht gehört?

Papa [in einer Zwangsjacke]: [*murmelt etwas Unverständliches*]

3. **Wut und Feilschen.** Dies sind eigentlich zwei sehr verschiedene Phasen. Wir beginnen mit dem Feilschen, weil es immer zuerst kommt.

»Schlaf weiter. Morgen früh gibt es Waffeln.« Der zweite Satz wird stets im Hinausgehen flüchtig hingeworfen, weil niemand zugeben will, dass er mit einem Kind verhandelt. Vermutlich wird dein kleines Kind die angebotenen Bedingungen scheinbar akzeptieren und dich mit einem selbstzufriedenen Gefühl hinausgehen lassen. Schlaf nicht ein, denn du wirst in Kürze zurückgerufen.

Dann wird die Wut kommen. Tu dir nicht weh, wenn du buchstäblich aus deinem Bett schießt. Mäßige deine Begeisterung, deinen süßen Schatz schon so bald wiederzusehen.

4. **Depression, Reflexion und Einsamkeit.** Aaahhh. Ich nenne diese Phase auch die »Emo-Weltschmerz-Nostalgie«-Phase. Du denkst an dein Leben vor den Kindern, versuchst auszurechnen, wie teuer ein Au-pair wäre, oder überlegst, ob die Großeltern vielleicht ein gemeinsames Sorgerecht akzeptieren würden.

Womöglich versinkst du in der Trauer darüber, dass du seit mehreren Monaten nicht mehr gut und regelmäßig geschlafen hast. Zu diesem Zeitpunkt entscheiden sich viele Eltern für eine traurige Social-Media-Statusmeldung. Melancholische Songtexte, ein Zitat von jemandem, der häufig scheitert, oder einfach »Ich hasse mein Leben« zählen zu den beliebtesten Posts. Wenn du das tust, tu es schnell, weil dein kleines Kind in der Zwischenzeit alles aus seinem Bett wirft, einschließlich des Spannbettlakens.

5. **Die positive Wende**. In dieser Phase hörst du auf, Abkürzungen zu nehmen und beginnst nachzugeben. Frische Windeln. Neue Socken. Ein Becher Milch (oder auch sechs). Das Licht im Flur anlassen. Definitiv auf dem Rückzug.

6. **Rekonstruktion und Verarbeitung**. Hier verstummen die Wutanfälle und bösen Stimmen in deinem Kopf. Glückwunsch zur Kapitulation. Dein kleines Kind wird vermutlich allmählich schwerer atmen und sich auf einen Schlummer vorbereiten. Zu diesem Zeitpunkt solltest du in Vorbereitung auf den kommenden Tag überlegen, welche legalen Aufputschmittel in deinem lokalen Supermarkt angeboten werden.

Was tun?

Du bist zusammen mit deinem Kind um halb vier Uhr morgens wach und hast endlich aufgegeben. Glückwunsch! Du darfst dir eineinhalbmal auf die Schulter klopfen, aber nicht übertreiben. Du hast das Rad nicht neu erfunden.

Späte Nächte und dunkle Morgen eignen sich hervorragend, um die Beziehung zu deinem kleinen Kind zu vertiefen. Es ist nicht nötig, dass du bei ausgeschaltetem Licht herumsitzt und dir wünschst, woanders zu sein. Im Folgenden findest du zehn Ideen, um die Stunden der Nacht für dein kleines Mädchen oder deinen kleinen Jungen zu etwas Besonderem zu machen.

Zehn lustige Aktivitäten zwischen 23.00 und 3.00 Uhr

1. Käsetoasts. Schneide die Krusten ab und lass den Käse weg.

2. Spielzeug kaufen. Online-Shops sind sieben Tage die Woche rund um die Uhr geöffnet. Irgendwo hast du das Geld. Hör auf zu lügen.

3. Auto spielen. Bitte lass dich richtig darauf ein und sieh lebendig aus.

4. Wackelpudding. Die Zubereitung dauert Stunden. Gut, dass du nirgendwohin musst.

5. Einen Film anschauen. Der Vorhersehbarkeit halber vorzugsweise einen, den ihr schon hundert Mal gesehen habt.

6. Spazieren gehen. Durch dein Haus. Bitte trage dein kleines Kind, da es erschöpft sein könnte.

7. Aus dem Fenster gucken und Autos zählen. Wenn niemand auf der Straße unterwegs ist, zählt Laternen.

8. Pappmaschee.

9. Verstecken. Wenn das zu viel verlangt ist, suche nach dem Guten in deinem Herzen.

10. Ringen.

Sieh, was passiert, wenn du dich neuen Möglichkeiten öffnest. Du bist ein besserer Mensch, wenn du nicht ständig Pläne schmiedest, wie du mehr Schlaf bekommen kannst. Eines Tages wird dein kleines Kind erwachsen und noch schwerer zu tragen sein, aber du schaffst das. Genieße es, solange es noch klein ist.

5.00 Uhr

5.00 Uhr ist für die meisten Kleinkinder Power-Zeit. Am frühen Morgen stecken sich die meisten von uns ihre Ziele für den Tag. Sei kein Spielverderber und genieße die Zeit mit deinem/deiner Kleinen. Spielt Fangen. Macht Waffeln. Geht raus, und seid die Ersten auf dem Spielplatz. Nimm ein Handtuch mit, um den Morgentau von der Rutsche zu wischen.

Viele von euch werden bemerkt haben, dass euer Kind jeden Tag zur selben Zeit aufwacht, egal, was ihr macht. Eure Freunde haben euch davon überzeugt, dass das ein Problem ist. Aber eure Freunde haben auch ein brüchiges Verhältnis zur Wahrheit. Schaltet um fünf Uhr morgens den Fernseher ein, und ihr werdet Zeichentrickfilme sehen, weil selbst die Leute vom Fernsehen kapiert haben, dass es okay ist, um diese Zeit wach zu sein.

Fünfzig Prozent aller Kleinkinder, die um fünf Uhr aufwachen, sind begabt. Die anderen fünfzig Prozent sind überdurchschnittlich intelligent. Und der frühe Vogel mag den Wurm fangen, aber das frühe Kleinkind kriegt zweimal Frühstück.

»Ich bin müde.«

Nichts mögen Erwachsene lieber, als anderen zu erzählen, wie müde sie sind. Es ist wie ein Wettbewerb im Jammern. Durch den Beweis, der oder die am meisten Erschöpfte zu sein, verdienen sich Erwachsene den Respekt ihresgleichen. Tatsache ist, du bist gar nicht müde, sondern willst bloß Aufmerksamkeit. Erschöpfung vorzutäuschen, um dich nicht angemessen um dein Kind kümmern zu müssen, ist ein Regelverstoß, und du kannst für zukünftige Verhaltensauffälligkeiten deines kleinen Kindes zur Rechenschaft gezogen werden.

Ausgestreckt und komatös auf der Couch zu liegen, während dein Kind neben dir spielt, trägt nicht dazu bei, eine stabile Bindung zu deinem Kind aufzubauen. Hattest du das im Sinn, als du beschlossen hast, Mutter oder Vater zu werden? Steh auf, zieh das ausgefranste Band deiner Jogginghose enger, und wiederhole dreimal laut den Satz »Das habe ich mir selbst angetan«, bevor du mit deinem kleinen Kind in den Park oder Zoo gehst (einen, wo man Eintritt bezahlen muss).

Schlaf ist ein Luxus für Könige und Königinnen. Um festzustellen, ob du von königlichem Blut bist, gehe vor die Tür. Warten dort Paparazzi? Nicht? Glückwunsch, dann gehörst du zum gemeinen Volk. Zeit, sich zusammenzureißen und deinem kleinen Kind einen großartigen Tag zu bereiten. Niemand hat Mitleid mit dir, also hör auf, dir das Gesicht zu reiben. Und geh mal etwas entspannter. Hör auf zu gähnen. Das ganze Drama wird dich im Leben nicht weiterbringen.

Die beste Zeit, verpassten Schlaf nachzuholen, war früher, als du noch kein Kind hattest. Jetzt ist es zu spät, also mache Übungen mit dem Hula-Hoop-Reifen, spiele Hampelmann, oder iss Eiscreme, wenn du dich schwach fühlst. Vielleicht hilft es, mit deinem Kleinkind zu Bett zu gehen, anstatt bis in die Puppen wach zu bleiben, mit deinen Online-Freunden zu diskutieren oder Fernsehserien zu gucken. Nur so eine Idee.

Einschlafrituale

Jeder Fachmann wird dir erklären, wie wichtig Einschlafrituale für das Heranwachsen eines glücklichen und vollkommenen Kleinkinds sind. Das Problem mit den meisten Ritualen ist nur, dass sie grob vereinfacht wurden.

1. Baden.
2. Schlafanzug anziehen.
3. Zähne putzen.
4. Eine Gutenachtgeschichte lesen.
5. Kuss und/oder Umarmung
6. Dein Kind den Ungeheuern der Nacht überlassen.

Neun von zehn Kleinkindern, die dieses grobe Ritual befolgen müssen, berichten von Trauer, Wut und Pipi. Um das Leben deines Kindes mit einem ganzheitlicheren Ritual zu verbessern, solltest du es um die folgenden Zwischenschritte ergänzen. Ob dein/e Kleine/r später auf die Klötzchenakademie geht oder in Harvard studiert, hängt von der Zeit ab, die du in sein Einschlafritual investierst. Bitte tu, was man dir sagt.

Baden

Male eine Badewanne. Benutze so viele Buntstifte, wie du möchtest, aber mach schnell. Bewundere dein Werk einige Minuten lang und hänge es dann an deinen Kühlschrank.

Drehe an den Knöpfen der Badewanne, bis du den richtigen Sender gefunden hast. Du möchtest es warm, aber nicht nudelwasserwarm. Wenn du nicht weißt, was du machen sollst, ruf Oma an, und bitte sie, bei dir einzuziehen. Du machst immer so viele Fehler. Wenn die Temperatur perfekt ist, inspiziere das Wasser sorgfältig auf Haare, Fusseln oder andere erschreckende Unreinheiten. Entferne sie mit einer Pinzette.

Im Besitz deines kleinen Kindes sollten sich sechzehn bis achtzehn speziell dafür vorgesehene Badespielzeuge befinden. Wirf sie in die Wanne. Dann gehe in die Küche, hole alle Becher und Löffel, und lege sie ebenfalls ins Wasser. Zeit für ein wenig Spaß! Widerstehe dem Drang, dich zu entfernen, während dein kleines Kind badet. Wenn du dein Handy checkst, stehe Gott dir bei. Sei nicht überrascht, wenn eine Flutwelle der Bestrafung deine SIM-Karte zerstört.

Irgendwann muss sich dein kleines Kind womöglich erleichtern. Wenn es Pipi ist, wirst du nichts davon hören. Selbiges gilt für Pupse. Aber halte Ausschau nach Schokoriegel-U-Booten. Liebe Eltern, macht keinen Aufstand, euer Kleines hat keine Kirche ausgeraubt. Fischt die Riegel einfach mit der Hand aus dem Wasser. Zu würgen, zu röcheln, das Kind hektisch aus der Wanne zu reißen und sämtliche Badespielzeuge mit Sagrotan zu behandeln, wird dein süßes Kind nur beschämen.

Du musst unbedingt daran denken, dein kleines Kind aus der Wanne zu holen, *bevor* du den Stöpsel ziehst. Es sei denn, du möchtest, dass es durch den Abfluss in das städtische Abwassersystem gesaugt und von einer Familie Meeresbewohnern aufgezogen wird. Und das möchtest du doch nicht wirklich!

Schlafanzug anziehen

Ah! Nichts geht über einen gemütlichen Baumwollschlafanzug. Das Einzige, was ihn ruinieren kann, ist das verkehrte Muster. Wissenschaftler haben bewiesen, dass sich Kleinkinder, die Schlafanzüge in der falschen Farbe tragen, übergeben müssen. Überprüfe also vor dem Anziehen, ob der von dir ausgewählte Pyjama korrekt ist. Wenn dein Kind schreit oder mit dem Kopf gegen die Wand schlägt, solltest du aufmerksam werden. Nun liegt es an dir, den richtigen Schlafanzug zu finden. Sollte er schmutzig sein, lass Waschmaschine und Trockner laufen. Aber muss ich das überhaupt erwähnen?

Es liegt nicht in der Verantwortung deines kleinen Kindes, sämtliche Bewegungen einzustellen, nur damit du ihm den Schlafanzug anziehen kannst. Finde einen Weg, ohne Griffe einzusetzen, die selbst vom Weltverband der Ringer sanktioniert werden.

Zeit für die Socken. Frag dein Kind, welche Socken es mit seinem Schlafanzug kombinieren möchte. Ziehe sie ihm mit den Zehen nach oben an. Dein Kleinkind behält sich das Recht vor, bis zu sechs Paare anzuprobieren, um eins zu finden, das sowohl seinem Stil als auch seiner Stimmung entspricht.

Zähne putzen

*Widerruf: Zähneputzen ist eine massiv missverstandene Praxis. Aufgrund von Propaganda der Dentalindustrie glauben die meisten Eltern, dass dafür Zahnbürste und Zahnpasta notwendig sind. Tatsächlich ist es völlig ausreichend, sich die Zähne abzulecken. Oder du gibst deinem Kind einen Becher Vollmilch, um die Zähne in Weiß zu baden: derselben Farbe wie die Zähne selbst.

Gutenachtgeschichte

Obwohl die Gutenachtgeschichte ein wunderbarer Moment für Eltern und Kind sein sollte, wird sie häufig verpfuscht, weil Erwachsene sich ihrer angeblichen Erschöpfung hingeben. Melde dich nicht mental ab. Du bist noch lange nicht fertig.

Finde das längste Buch aus der Privatbibliothek deines kleinen Kindes. Schlage die erste Seite auf. Die erste Seite erkennst du an der Eins darauf. Lies die Seite vor und mache dann eine Pause, um die möglicherweise zusammenhanglosen Fragen deines kleinen Kindes zu beantworten. Blättere dann zu Seite zwei, dann zu drei, dann zu vier. Fällt dir etwas auf? Keine Seite wird überschlagen. Wenn du das Buch ausgelesen hast, wiederhole die Lektüre mehrere Male, damit die darin enthaltene Weisheit angemessen aufgenommen werden kann.

Nebenbemerkung: Zu diesem Zeitpunkt braucht dein Kleinkind möglicherweise einen Kostümwechsel. Respektiere diese vernünftige Bitte.

Gute Nacht sagen

Deine Verwirrung, was das Gute-Nacht-Sagen betrifft, kommt vom Fernsehen. In Windelreklamen stecken Eltern ihre kleinen Kinder einfach ins Bett, winken zum Abschied im Türrahmen, gehen hinaus und fahren weg. Das ist nicht das wirkliche Leben.

Die korrekte Art, deinem kleinen Kind süße Träume zu wünschen, beginnt mit vier Küssen und zehn Umarmungen. Gehe dann in Richtung Schlafzimmertür. Wenn du einen Fuß hinausstreckst, wird dein kleines Kind dich zurückrufen. Das ist in Ordnung. Glätte die Zornesfalten auf deiner Stirn. Weil wahre Liebe keine Grenzen kennt, solltest du die Kuss/Umarmungs-Intervalle so lange wie nötig wiederholen. Wenn ein Dämon dir eingibt, etwas zu sagen wie »Dies ist die letzte Umarmung«, gib auf und ruf Oma an. Schäm dich.

Transit ins große Bett

Hebe nach etwa einer Stunde deines Kuss- und Umarmungsrituals dein kleines Kind hoch, und trage es behutsam ins große Bett. Nicht denken, einfach machen. Lege dich neben deinen Schatz, und gucke einen Film auf deinem Computer, bis ihr beide schlaft. Du hast es geschafft! Belohne dich mit einem Pfefferminzbonbon.

Das große Bett

Das Hauptproblem in vielen modernen Familien hat seine Ursache in Missverständnissen, die sich auf das große Bett beziehen. Alles in deinem Haus ist Gemeinschaftseigentum, inklusive der Betten. Deshalb ist es nicht in Ordnung, deinem kleinen Kind das gemeinsame Schlafen zu verweigern. Täglich werden Tausende von Eltern deswegen unter Anklage gestellt. Und im Gefängnis gibt es weder Promi-Klatsch noch Wein. Bedenke das, bevor du das große Bett zur Tabuzone erklärst. Außerdem sind Kleinkinder, die alleine schlafen, anfällig für Gespensterattacken.

Du solltest das Kinder- oder Einzelbett, das du unbedingt kaufen wolltest, zum Wohle deiner Familie mit Hilfe eines kontrollierten Brandes vernichten. Kleinkinder müssen zwischen ihren Eltern schlafen, einen Unterarm am jeweiligen Hals. Wenn du Bedenken dagegen hast, dann bist du anscheinend auch gegen tiefe Gefühle und solltest dir professionelle Hilfe suchen, bevor du alles kaputtmachst.

Manche Eltern behaupten, dass ihr kleines Kind sie nachts tritt. Auch wenn sie nie irgendwelche Beweise dafür präsentieren können, ist die Lösung denkbar einfach: Viele Sportartikelgeschäfte verkaufen Faltbetten und Schlafsäcke. Bau dir ein Lager neben dem großen Bett, in dem dein kleines Kind schläft. Deine Anwesenheit wird es beruhigen, und du kannst aufhören, Geschichten über Körperverletzung zu erfinden.

Wilde Tiere schlafen immer bei ihren Jungen. Nie sieht man eine Elefantenfamilie ihren Dumbo in einen Baum betten, während die anderen auf der Wiese schlafen. Genauso wenig wie Vögel ihre Küken zum Schlafen auf ein Seerosenblatt legen, während die Großen Snacks knabbern und fernsehen.

Lerne von der Natur, und fange an, dein kleines Kind so zu behandeln, wie das Leben es vorgesehen hat.

Bemerkung über Deckenprobleme

Leider ist die Deckentechnologie noch nicht auf dem von uns gewünschten Stand. Viele Decken sind widerspenstig und versuchen, in der Nacht zu entkommen, so dass dein kleines Kind zitternd und frierend im Dunkeln liegt. Egal, ob du zu einer oder einhundert Deckenzurechtrückungen gerufen wirst, reagiere mit Würde, und gib nicht deinem Kind die Schuld für Designfehler der Decke.

Wenn du möchtest, kannst du deinem Kind eine richtige Decke statt eines Stücks Stoff von der Größe einer Briefmarke kaufen. Wenn es etwas Größeres hätte, um sich darin einzukuscheln, bräuchte es vielleicht nicht so oft Hilfe.

Die Wahrheit über Autoschlaf

Womöglich verliere ich ein paar Freunde, wenn ich das Folgende aufschreibe, denn wir Kleinkinder halten einige streng gehütete Wahrheiten über unser Verhalten lieber geheim. Doch ich habe das Gefühl, dass Eltern das Phänomen des Autoschlafs besser verstehen müssen, um uns angemessen dienen zu können.

Kleinkindregel: Eine Minute Autoschlaf entspricht einer Stunde Bettschlaf. Wenn du verstehen willst, warum ein sehr kurzes Nickerchen im Auto einen anschließenden längeren Mittagsschlaf ausschließt, muss ich mit einer elementaren Physikstunde beginnen. Bitte versuche, mir zu folgen.

Es ist allgemein bewiesen, dass der Raum aus drei Dimensionen besteht: von links nach rechts, von oben nach unten und von vorne nach hinten. Kombiniere diese Dimensionen mit der Zeit, und wir haben das, was als Raum-Zeit-Kontinuum oder einfach Raumzeit bekannt ist.

Einsteins spezielle Relativitätstheorie geht von zwei Axiomen aus: 1. Die Lichtgeschwindigkeit (knapp dreihunderttausend Kilometer pro Sekunde) ist für alle Objekte identisch, unabhängig vom eigenen zur Lichtquelle relativen Bewegungszustand; 2. Die physikalischen Gesetze gelten unverändert auch für Objekte, die sich in konstanter Geschwindigkeit bewegen.

Einstein kam zu dem Schluss, dass Zeit und Raum in der Tat relativ sind. In seiner Nachfolge wurde wissenschaftlich bewiesen, dass ein bewegtes Objekt die Zeit langsamer wahrnimmt als ein ruhendes. Kein Widerspruch. Das ist Physik. Von Physikern. Es ist durch Atomuhren, die mit Space-Shuttles ins Weltall transportiert wurden, bewiesen worden. Du kannst es googeln. Und nein, Aliens haben diese Uhren nicht manipuliert, um uns zu verwirren (obwohl ich das zwischenzeitlich geglaubt habe).

Das Phänomen ist als *Raumzeitverzerrung durch Gravitation* bekannt und bringt uns zur Krux des Problems, warum viele Eltern ihrem Kind lieber kalten Apfelsaft ins Gesicht kippen würden, als es kurz vor dem Mittagsschlaf im Auto ein Nickerchen machen zu lassen.

Wenn du jemals gedacht hast, dass dein Kind von einem anderen Planeten stammt, warst du gar nicht so weit von der Wahrheit entfernt! Leider sind wir Kleinkinder keine Aliens – haha –, doch wir existieren tatsächlich in einer eigenen Dimension, die es uns ermöglicht, auf höhere Energielevel zuzugreifen (wie dir vielleicht schon aufgefallen ist). Die Dimension, in der wir leben, ist näher am Licht. Mehr kann ich ohne die Verletzung von Geheimhaltungsklauseln und mindestens vierzehn Abkommen leider nicht erläutern. Wir sehen Dinge, die ihr nicht sehen könnt, und so weiter und so fort. Okay?

Wenn du kein rein elektrisch angetriebenes Fahrzeug fährst, wird dein Auto einen Verbrennungsmotor haben. Einfach ausgedrückt wird Kraftstoff (Benzin) in einer geschlossenen Kammer gezündet und setzt große Mengen Energie frei. Wenn du signifikant viel Zeit mit einem Kleinkind in einem beengten Raum verbracht hast, wird dir dieses Phänomen vertraut sein. Unbewusst meidest du die von den Wänden abprallende Energie, indem du mit deinem Kind nach draußen gehst und das Leben für alle erfreulicher machst.

Nun kommt der Moment, in dem ich das alles zusammenfüge.

Wenn die Elementarpartikel in dem Verbrennungsmotor mit dem außerdimensionalen Feld kollidieren, in dem Kleinkinder existieren, passiert etwas Spektakuläres. Beim Zusammenprall verdampfen die Partikel zu reiner Energie, die uns sofort überwältigt, weil es sich anfühlt, als ob in unserem Kopf eine Mischung aus Cola und Mentos explodiert wäre. Manche von uns schreien. Andere wehren sich gegen den Kindersitz, als wäre er die Pforte zur Hölle. Wenn es kurz vor der Mittagsschlafenszeit ist, werden die meisten von uns in einen Schlummermodus fallen, der ein natürlicher Schutz vor gefährlicher Überbelastung ist.

Die freigesetzte reine Energie bildet ein Kraftfeld voller dunkler Materie, das die perfekten Voraussetzungen für eine Raumzeitverzerrung durch Gravitation schafft (das hatten wir schon, siehe oben). Wenn du in den Rückspiegel blickst, siehst du einen pausbäckigen Engel, der ein paar Minuten schläft. Aber in unserer Dimension entspricht eine Minute wie gesagt einer Stunde. Drei Minuten für dich, drei Stunden für uns.

Dieses Prinzip gilt in der Regel nicht für Säuglinge, weil sie in einer Dimension existieren, die dem Licht noch näher ist als unsere, was manchmal dazu führt, dass Kindersitze einen beruhigenden Effekt auf sie haben.

Obschon einige Kleinkinder fröhlich und ausgeruht aus diesem Warp-Schlaf aufwachen, leiden die meisten von uns gewissermaßen unter einem problematischen Post-Strahlungs-Kater. Kopfschmerzen. Desorientierung. Leichte Übelkeit. Du trinkst doch Alkohol, oder? Dann weißt du ja, wie es sich anfühlt. Stell dir diese Wirkungen in Verbindung mit einem ungeduldigen Elternteil vor, das wütend darüber ist, drei Stunden kinderlose Seligkeit (oder was weiß ich) zu verpassen, und ein emotionaler Totalausfall ist sehr wahrscheinlich.

Ich rate Eltern, sich darauf zu konzentrieren, das nunmehr leicht verrutschte Kraftfeld des Kleinkinds durch angemessene Hydrierung, Umarmung und Kuchen zu restabilisieren. Manchen Kleinkindern bekommt es am besten, wenn sie an der frischen Luft sind, um die beruhigenden energetischen Wellen der Natur zu absorbieren; andere fühlen sich wohler, wenn sie lethargisch vorm Kinderfernsehen abhängen können. Das setzt einen Prozess der Heilung in Gang.

Du hast jetzt Informationen erhalten, die bisher nur in versteckten Nischen von Fast-Food-Ketten und im dunklen Schatten von Plastikrutschen auf Spielplätzen erörtert wurden. Nutze sie gut.

Erwachsenen-Nickerchen

Kaum etwas fördert das Unwohlsein eines Kleinkindes mehr als die Entspannung der Eltern. Machen Feuerwehrleute Nickerchen? Nein. Polizisten? Nein. Genau wie diese Helden musst auch du ständig präsent sein. Nickerchen sind für Säuglinge und Hunde.

Dein kleines Kind kann jederzeit ein Stück Weißbrot brauchen. Wenn es dich schlafend antrifft, ist die einzig angemessene Reaktion, deine Augenlider hochzuziehen und deinen Geist zu zwingen, in deinen Körper zurückzukehren. Reagiere nicht überrascht oder verärgert. Du warst schließlich nicht die/derjenige, die/der im Stich gelassen wurde.

Hausaufgabe: Entferne sämtliche Uhren aus deinem Haus. Es ist am besten, wenn du nicht so genau weißt, wie spät es ist.

* * *

Liebe Mama,
dass du mir noch nicht in die Augen geblickt hast, seit du mich lange vor Anbruch der Dämmerung aus meinem Bettchen geholt hast, bedeutet wohl, dass du wegen letzter Nacht sauer bist. Für mich ist es auch nicht gerade leicht, alle Dreiviertelstunde bis Stunde aufzuwachen.
Zu meiner Verteidigung: Die Decke ist wirklich immer runtergerutscht, ich hatte Durst und … an die anderen Gründe kann ich mich nicht mehr erinnern, doch sie waren bestimmt genauso triftig.

Ich hatte mindestens einen Alptraum. Ich war in einem fremden Haus. Das habe ich daran erkannt, dass das Geschirr abgewaschen war und nicht überall Haare von dir herumlagen.

Ich möchte mich dafür bedanken, dass du das Drei-Uhr-Nachts-Fläschchen wieder eingeführt hast, das mir abzugewöhnen du dir solche Mühe gegeben hattest. Es war köstlich und hat mir geholfen, gegen vier Uhr in Urin gebadet aufzuwachen. Ich kann es kaum erwarten, es jetzt wieder jede Nacht zu kriegen.

Du wirkst heute Morgen ein wenig müde und reizbar, weshalb ich dir lieber schreibe, anstatt die Sache von Angesicht zu Angesicht zu besprechen. Kann ich dir irgendwas bringen? Eine Tasse Kaffee? Und wenn du schon stehst, hätte ich gern eine Tasse Saft und ein paar unzerbrochene Kekse. Ach richtig, wir haben ja keine Kekse ... Ich erinnere mich, dass du so was letzte Nacht gegen 1.15 Uhr gesagt hast. Das macht nichts. Warum solltest du auch mein Lieblingsessen vorrätig haben? Ich bin sicher, wir haben zwei Sorten Wein. Aber das ist wirklich okay.

Jedenfalls wollte ich mich dafür bedanken, dass du meinen Schlafanzug gewechselt und ein Handtuch über mein Pipi-Laken gelegt hast. Ich habe bemerkt, dass du die Augen überhaupt nicht aufgemacht hast (seltsam). Es ist auch okay, dass du mein Laken nicht gewechselt hast. Ich finde Ammoniakgeruch beruhigend. Liebe bedeutet, etwas nur halb zu machen.

Ich meine, andere Mütter oder Oma hätten das schmutzige Laken vielleicht abgezogen und durch ein sauberes ersetzt, aber du kannst eben nicht aus deiner Haut.

Nachdem ich jetzt deine Aufmerksamkeit habe, gibt es noch etwas, das ich gerne besprechen möchte. Es geht mich nichts an, was zwischen dir und meinem Vater abgeht, nachdem ich im Bett bin, aber könntest du dir wenigstens einen Bademantel überstreifen, wenn du in mein Zimmer kommst, das wäre wirklich phantastisch.

Man sollte unbedingt zeigen, was man hat, aber – um ehrlich zu sein – als wütender, nackter, drohender Zombie kommst du nicht so vorteilhaft rüber.

Dieser Moment scheint mir ebenso geeignet wie jeder andere, die Möglichkeit anzusprechen, das Zusammenschlafen wieder einzuführen. Ich kann nicht versprechen, dass ich nicht hin und wieder einen Kinnhaken austeile, aber wenigstens wird einer von uns gut schlafen, und darauf kommt es doch letztendlich an, oder nicht?

Jedenfalls hoffe ich, dass dieser Brief dich ein wenig tröstet. Du siehst wirklich schrecklich aus. Vielleicht fühlst du dich besser, wenn du uns Frühstück machst?

Alles Liebe, Kuss und Umarmung, dein MC

Hi MC,

meine Freundinnen fragen mich dauernd, wann wir mal wieder einen Mädelsabend machen. Sie wollen alkoholische Getränke konsumieren und sich leichtfertig benehmen. Ich weiß, dass ich zu Hause bei meinem kleinen Kind bleiben sollte, doch ich weiß nicht, wie ich die Ladys loswerde. Hilfe!

Tadellos aus Nebraska

Liebe Tadellos,

deine Freundinnen klingen herzlos. Sag ihnen, du kannst deine Schuhe nicht finden. Dann lösche ihre Nummern aus deinem Telefon.

Alles Liebe, MC

* * *

Lieber MC,

wie halte ich mein kleines Kind aus meinem Arbeitszimmer fern?

Elterlicher Freiberufler

Lieber Elterlicher Freiberufler,

sorry, Gemeinschaftseigentum. Versuch, an deiner Gier zu arbeiten.

XXX, MC

6. Ablenkungen und persönliche Interessen: Loslassen lernen

Heimwerken, Joggen, Arbeit, Fitnessstudio, Gespräche mit Freunden, neue Säuglinge – keine dieser Aktivitäten trägt dazu bei, das Leben deines wunderschönen kleinen Kindes zu bereichern. Allein aus diesem Grund ist es an der Zeit, dich von deinen Hobbys zu verabschieden. Wenn du jetzt ein bisschen weinen musst, mach es bitte kurz.

Arbeit

Du sagst, du musst »arbeiten«, um »Geld zu verdienen«, damit du die »Hypothek« abzahlen kannst. Sehr nett, aber die Tatsache, dass dieser »Job« deine Fähigkeit beeinträchtigt, deinem Kleinkind oberste Priorität einzuräumen, sollte Grund genug dafür sein, dass er auf der Strecke bleiben muss.

Es wird dich freuen zu erfahren, dass der Kleinkinderrat »Ewiger und Fortwährender Ruhm« einen Musterbrief zur Freistellung entworfen hat. Du darfst diese Seite gerne mit den Zähnen herausreißen und an deinen Arbeitgeber schicken.

Sehr geehrte Damen und Herren,
was glauben Sie, wer Sie sind? War nur ein Scherz. Hallo.
Schweren Herzens muss ich Sie davon in Kenntnis setzen, dass
_____ *(deinen Namen einsetzen) mit sofortiger Wirkung nicht an ihren/*

seinen Arbeitsplatz zurückkehren wird. Unser Familienrat hat
beschlossen, dass es einfach nicht funktioniert.

Vielen Dank für Ihr Verständnis und die kontinuierliche Über-
weisung des Gehalts, da wir auch weiterhin Süßigkeiten kaufen
müssen.

Liebe Grüße, Mini-Chef

Vielleicht beschließt dein Chef, dir kein Gehalt mehr zu über-
weisen. In diesem Fall musst du neue Wege finden, die not-
wendigen Haushaltsartikel zu bezahlen. Ein paar Ideen:

* Muscheln
* Abenteuergeschichten
* Handel (deine Kleider, Schuhe, Zahngold)

Du darfst gerne kreativ werden. Darf ich anregen, dass du die
Kosten für Lebensmittel senkst, indem du auf den Kauf von
grünen Bohnen verzichtest?

Wenn du erst einmal arbeitslos bist, fügt sich alles wie von
selbst. Trotzdem brauchen Erwachsene Papiergeld, um Geschenke für ihre Kinder zu kaufen. Ich schlage vor, dass du zu
Hause arbeitest.

Zu Hause arbeiten heißt, die Arbeit mit nach Hause zu
nehmen und sie dort zu erledigen. War ich zu schnell? Wenn
du Ärztin bist, bringe die Kranken in dein Haus, und behandle
sie in der Küche. Wenn du Anwalt bist, beuge das Recht in
deiner Garage. Bauarbeiter? Du bist kein Bauarbeiter. Warum
erwähnst du das also überhaupt? Zu Hause arbeiten ist toll,
weil dein talentiertes Kleinkind deine Aktivitäten überwachen
und unterstützen kann. Es gibt nur ein paar Regeln, an die du
dich halten musst.

1. Keine Telefonate. Unhöflich. Wenn du versuchst, einen Anruf zu tätigen – oder noch schlimmer ein Telefonat mit mehreren Kriminellen gleichzeitig, auch bekannt als Telefonkonferenz –, wird das Konsequenzen haben. Der Versuch, einen Anruf aus dem Kleiderschrank oder einem Kriechkeller zu tätigen, wird ebenfalls nicht geduldet.
2. Büromaterialien gehören allen. Das gilt für Stifte, Radiergummis, Gummibänder, Briefmarken und vor allem Büroklammern.
3. Keine Besucher.
4. Keine Computerzeit, es sei denn, es geht um ein Kinderspiel oder einen Zeichentrickfilm.
5. Keine Arbeit.

Viel Spaß bei der Arbeit zu Hause.

Blogs

Wenn du einen Blog führst, beachte bitte die folgenden Schritte: Log dich auf deiner Blog-Plattform ein. Gehe zu »Mein Konto«. Suche nach dem Link »Blog deaktivieren«, und klicke ihn an. Jetzt hast du viele zusätzliche Stunden, in denen du lernen kannst, wie dein kleines Kind tickt. Warum willst du enorme Zeitreserven verschwenden und dein Kleinkind ignorieren, während du öffentlich darüber schreibst, wie toll du und deine Familie sind? Wir haben verstanden. Du bist super in allem und hast tolle Ideen. Zeit, auf dem Fußboden zu spielen, wo du hingehörst.

Die folgenden statistischen Daten wurden mir von der Regierung zur Verfügung gestellt:

* 80 Prozent aller bloggenden Eltern haben schon Gemüse-Chips gekauft.
* 95 Prozent aller bloggenden Eltern wissen nicht, was die Redensart bedeutet: »Was zu Hause passiert, bleibt auch zu Hause.«
* 89 Prozent aller bloggenden Eltern rationieren Eiscreme.
* 99 Prozent aller bloggenden Eltern würden lieber Kommentare kommentieren, als ihrem kleinen Kind Zuckerwatte zu kaufen.

Das sind ernüchternde Fakten. Es reicht nicht, lediglich deinen eigenen Blog zu löschen, du musst auch damit aufhören, andere Blogs zu lesen. Sie verbreiten grausame Ideen darüber, wann das Töpfchentraining beginnen sollte, und inspirieren Menschen zu allerlei Schnickschnack, während sie eigentlich Reibekäse kaufen sollten.

Blogs geben Eltern das Gefühl, etwas Besonderes zu sein. Und das ist das Letzte, was sie brauchen.

Facebook

Das ist die Homepage für Eltern, die sich feiern lassen wollen. Wenn dein Kleinkind keinen Pups lassen kann, ohne dass du ein Foto plus Video hochlädst und einen Kommentar darüber postest, wie sich dieser Pups zu den drei vorherigen verhält, um dann wie ein Habicht darauf zu achten, wie viele Leute »Gefällt mir« angeklickt haben, hast du ein ernstes Problem. Wenn du nicht auch ein Foto von dir selbst auf der Toilette mit deinen Facebook-Freunden teilen würdest, solltest du dein Kind nicht einer derartigen Demütigung aussetzen.

Wir haben es satt, während der Gutenachtgeschichte Facebook-Benachrichtigungstöne zu hören. Wir sind es leid, komplett angeschnallt in geparkten Autos zu sitzen, während du dich vergewisserst, noch das allerletzte Wort eines Disputs mit einem Bekannten mitzubekommen. Diese Seite ist nicht gut. Melde dich ab. Dauerhaft.

Twitter

Twitter ist wie Facebook, nur für Leute mit kürzerer Aufmerksamkeitsspanne. Liebe Eltern, ihr sollt nicht mit irgendwelchen Hashtags rumdaddeln, wenn euer kleines Kind eine Schale Obst (dick mit Sirup übergossen) verlangt. Denkt nicht einmal daran, euer Kind früh ins Bett zu stecken, damit ihr an einer »Twitter-Party« teilnehmen könnt. Müsst ihr wirklich Waschmittelproben gewinnen? Warum an einer Online-Party teilnehmen, wenn ihr im Zimmer eures Kindes eine echte feiern könnt? Es ist höchstwahrscheinlich noch wach.

Das Telefon

Von allen elterlichen Ablenkungen bereitet das Telefon kleinen Kindern den meisten Kummer. Dir dabei zuzusehen, wie du mit Leuten redest, die nicht im Raum sind (sei es über einen Festnetzanschluss oder per Handy), nagt am Selbstbewusstsein deines kleinen Kindes. Achteinhalb von zehn kleinen Kindern berichten von dem Drang, das Eigentum anderer zu zerstören, nachdem ihre Eltern länger als fünf Minuten telefoniert hatten.

Kleinkinder hegen enorme Rivalitätsgefühle gegenüber *allen* Formen der Telekommunikation (mit Ausnahme von Faxgeräten, denen wir herzlich zugetan sind). Wenn du eine körperlose Stimme der Liebe deines Lebens vorziehst, fühlt sich das an wie ein Schlag ins Gesicht der/des Geliebten. Dein kleines Kind muss dann leider den Turbo einschalten, um deine Aufmerksamkeit zu gewinnen. Diese Mätzchen werden sich in diverser Form manifestieren, am beliebtesten sind unangemessenes Pinkeln, das Abwickeln von Klopapier, Erbrechen und an deinem Körper hochklettern wie an einem Pfahl.

Wenn du ein/e vorzügliche/r Mutter/Vater sein möchtest, melde das Telefon ab.

Zeit für sich

Jüngst bin ich auf eine unappetitliche elterliche Aktivität aufmerksam geworden, die sie als »Zeit für sich« bezeichnen.

Die meisten von euch wissen, dass es unmöglich ist, mehr als einen Menschen zu lieben. Den besonderen Erwachsenen in deinem Leben zu umarmen oder ihm/ihr deine Zuneigung zu zeigen, verletzt deshalb die Gefühle deines kleinen Kindes, was nicht selten zu Bewusstlosigkeit führen kann. Liebe Eltern, wir wissen, dass ihr euch nicht nur tagsüber umarmt. Ihr umarmt euch auch nachts. Leugnet es nicht. In der Zeit, in der euer kleines Kind euch am meisten braucht, *umarmt ihr euch.*

Der Abend ist aus einer Reihe von Gründen eine schwierige Zeit für Kinder. Abends wird das Abendessen aufgetischt, Eulen gehen auf die Jagd, Zähne werden gewaltsam geputzt, und von vielen von uns wird erwartet, stundenlang bewegungslos dazuliegen. Ab sofort können Kleinkinder dieser traurigen Liste auch noch hinzufügen, dass sich Mamas und Papas auf der ganzen Welt in den Stunden der Dämmerung umarmen, bis sie vergessen haben, dass ihre Kinder überhaupt existieren.

Vor einiger Zeit habe ich diesen Klamauk kurz aus der Nähe beobachtet und konnte nicht glauben, wie bemüht und krampfhaft meine Eltern ihre gewohnheitsmäßige Umarmung zu verbergen suchten. Sie machten es sogar unter der Decke. Ich werde auch gern umarmt, wisst ihr. Aber wurde ich eingeladen oder benachrichtigt? Mitnichten. Während ich im Bett lag und Alpträume über Mangold hatte, haben meine Eltern die familiären Bindungen vertieft. Eine Sache, die mich nach wie vor verwirrt, ist der Umstand, dass Kerzen brannten, obwohl es keinen Geburtstagskuchen gab. Ich weiß, dass der Strom nicht ausgefallen war, weil Ushers *Greatest Hits*-CD lief. Leider wurde ich in mein Bett zurückgebracht und die Tür wurde mir vor der Nase zugeschlagen, bevor ich weitere Beobachtungen anstellen konnte.

Liebe Papas, ich richte mich direkt an euch. Denn ich bin mir fast sicher, dass diese Umarmungen eure Idee sind. Umarmungen waren nie dazu gedacht, jenseits des Kleinkind-Sandwiches genossen zu werden. Sich zu umarmen, während das eigene Kind nicht zugegen ist, heißt, Liebe zu stehlen. Wann hört ihr endlich mit diesem Liebesraub auf?

Umarmungen können nicht nur weh tun, sie sind auch potentiell gefährlich, denn sie sind ein Einfallstor für die Säuglingsgeschwister-Krankheit. Das weiß ich, weil mehrere meiner Freunde sich angesteckt haben und man eins und eins ziemlich leicht zusammenzählen kann.

Auch wenn ich kein (anerkannter) Wissenschaftler bin, weiß ich genau, dass »Zeit für sich« zur Säuglingsgeschwister-

Krankheit führt. Liebe Eltern, vielleicht wisst ihr nicht, was abläuft, also lest besonders aufmerksam.

Wenn eine Mama und ein Papa sich ganz doll liebhaben, umarmen sie sich alleine im großen Bett, während ihr süßes Kind ängstlich und frierend im kleinen Bett liegt, weil seine Decke wieder runtergerutscht ist.

Dieses junge wunderschöne Kind hat wahrscheinlich auch Hunger, weil das Abendessen eine ungenießbare Katastrophe war.

An dieser Stelle wird es noch komplizierter.

Nachdem sie die Bitte ihres süßen Kindes nach Wasser ignoriert haben, obwohl es vom Weinen dehydriert ist, fliegt ein Zentaur durchs Fenster und gibt Mama eine Eichel.

Sie verschlingt die Eichel, als wäre es der allerletzte Schokoriegel, und durch eine chemische Reaktion in ihrem Bauch verwandelt sich die Eichel in ein Baby. Acht Jahre später wird sich das Baby aus ihrem linken Bein ins Freie drängeln.

Dann wird dieses Baby für immer bei euch leben.

Ich weiß, das ist hart. Zeit für sich mag für Eltern ein Spaß sein, doch es ist riskant. Die meisten Kleinkinder tun alles in ihrer Macht Stehende, um ihre Familien vor einer Ansteckung mit der Säuglingsgeschwister-Krankheit zu schützen. Aber die Verantwortung sollte nicht allein auf den Schultern deines kleinen Kindes lasten. Leistet euren Beitrag zur Eindämmung der Epidemie, indem ihr auf die privaten Umarmungen verzichtet.

Viel Glück. Scheitern ist keine Option, wenn ihr nicht möchtet, dass euer Kind von der Nummer eins zur Nummer zwei herabgesetzt wird.

Auch ihr werdet euch mies fühlen, wenn erst einmal ein Säuglingsgeschwisterchen im Haus ist, denn ihr werdet so viel

Hilfe bei allem brauchen. Ihr könnt ja nur mit Mühe das eine Kind versorgen, das ihr schon habt. Säuglinge kommen auf die Welt, ohne selbst irgendetwas einzubringen. Dein Kind wird sich alleine großziehen müssen.

Wollt ihr euch immer noch umarmen? Das dachte ich auch nicht.

Lieber Mini-Chef,

ich versuche, eine gute Mutter zu sein, doch ich vermassle es immer wieder. Neulich habe ich von meinem kleinen Kind verlangt, dass es sich die Hände wäscht. Ich fühle mich so verloren.

Hilflos in San Francisco

Liebe Hilflos,

du bist wieder auf der falschen Fährte, doch es ist toll, dass du fragst. Dein kleines Kind muss sich in etwa so dringend die Hände waschen, wie ein Elefant zwei Rüssel braucht. Ja, es könnte ganz amüsant sein, aber lohnt es den Schmerz? Nein.

Alles Liebe, MC

7. Kleidung, Pflege und allgemeine Hygiene: Wie du deine Hände bei dir behältst

Es kann verführerisch sein, deine falschen Ansichten über Reinlichkeit auf das Wunder deines Lebens zu projizieren. Das ist nicht nur unreif, sondern auch bemerkenswert ethnozentrisch. Vielleicht sogar rassistisch. Hegst du rassistische Gefühle gegenüber Kleinkindern? Wasser und Seife sind wirklich nicht für jeden. Das solltest du verstehen. Vom Zähneputzen bis zum Haarekämmen, vom Anziehen über das Windelnwechseln bis zum Töpfchentraining wird dieses Kapitel dir beibringen, alles schön in Ruhe zu lassen.

Gerüche

Dein Kind wird an einem beliebigen Tag vielfältige Gerüche verströmen, und du wirst sie alle lieben lernen. Ob es ein Schlafanzug ist, der die ganze Nacht in Pipi-Lake eingeweicht wurde, oder ein Mundgeruch, der sich nur durch eine strenge Diät aus Milch und Trockenfleisch produzieren lässt – betrachte die Aromen, die dein kleines Kind mit dir teilt, als einen Regenbogen der Düfte. Jeder vernünftige Mensch liebt Regenbögen. Wenn dir also ein Bouquet von Moschus ins Gesicht schlägt, stell dir vor, du wärst im Urlaub.

Mache deinen Frieden mit der Tatsache, dass dein Kind schon so groß ist und nicht mehr riecht wie ein schwächlicher

Säugling. Wenn man Muskeln hat, läuft man nicht rum und pupst Perwoll-Wolken. Ich weiß nicht, warum der Geruch eines Babynackens Erwachsene in Verzückung geraten lässt, aber wenn man an der Ansammlung von Fusseln und Saftflecken vorbei ist, riechen auch Kleinkindernacken nicht übel. Kleinkinder verbringen ihren Tag damit, Felsen zu Pfefferkörnern zu zermalmen, also riechen sie nach harter Arbeit.

Windeln

Viele Leute wissen es nicht, doch es ist tatsächlich ziemlich unhöflich, trocken zu würgen, wenn man eine Aa-Windel wechselt. Wenn wir versuchen, sie selbst zu wechseln und eine schokoladenfarbene Spur im Haus hinterlassen, regst du dich auf. Aber wenn dir selbst die Gnade dieser Aufgabe zufällt, wirkst du erschüttert. Eltern und kleine Kinder müssen zusammenfinden und Freude am Pups erleben. Du solltest üben, vor dem Spiegel zu lächeln, während du dir einige der Gerüche vorstellst, die dir Unbehagen bereiten. Wenn dir das nächste Mal ein Hauch frisch gebackenen Schlammkuchens entgegenschlägt, wirst du vorbereitet sein. Du darfst bei der Arbeit gerne pfeifen.

 **Hausaufgabe:** Wenn dein kleines Kind den Geruch von frisch geröstetem Kaffee ertragen kann, kannst auch du aromaprogressiv werden.

Haare

Das Haar deines Kleinkinds ... Du willst es gern anfassen, ja? Leg die Bürste weg. Es ist normal, dass der Kopf eines Kleinkinds aussieht wie ein Bärenfell-und-Fussel-Sandwich. Entspann dich. Wenn sich erst einmal die oben erwähnten Trümmer in der glorreichen Mähne deines Kindes verfangen haben, gehören sie ihm und nicht dir. Wenn du versuchst, seine Locken zu zähmen, wird dein Kind ein Unbehagen empfinden, das so nur mit der Geburt vergleichbar ist. Sofern du nicht denkst, dass das Mantra »Wer schön sein will, muss leiden« auch für Kinder gilt, halte dich zurück.

Warum Haare waschen, die nicht deine eigenen sind? Du solltest lernen, deinen eigenen Kopf zu akzeptieren. Arbeite an dir selbst, anstatt dein Kleinkind in etwas zu verwandeln, was es offensichtlich nicht ist. Wenn du sein Haar wäschst, kann das zu Gesichtsfeuchtigkeit führen, und das ist die Hauptursache für spontanes Pipimachen. Und wenn du zulässt, dass Seife in die Augen deines Kindes gelangt, lässt sich das zerstörte Vertrauen nicht wiederherstellen. Haar soll Staub sammeln, damit er nicht in die Atmosphäre kommt, wo man ihn einatmen kann. Es ist wie bei Ozon. Jedes Mal, wenn du Dreck auf dem Kopf deines Kindes siehst, solltest du dankbar sein, dass er nicht in seiner Lunge ist.

Noch etwas über Haar, das du möglicherweise nicht weißt: Es wächst. Es zu waschen ist Zeitverschwendung, dreckige Haare fallen ohnehin aus. Das ist der Lauf des Lebens. Bitte lass den Kopf deines kleinen Kindes in Ruhe. Falte deine Hände im Schoß, wenn das hilft.

In jüngster Zeit erfreut sich unter kleinen Mädchen Haarschmuck großer Beliebtheit, vor allem große Plastikblumen.

Wenn du deiner kleinen Tochter Objekte aus dem Ein-Euro-Shop ins Haar steckst, sagst du der Welt, dass sie dir gleichgültig ist. Die gesamte Kleinkind-Community lacht. Wenn dich das Internet auf diese vermeintlich gute Idee gebracht hat, kündige den Vertrag bei deinem Provider, damit du nicht mehr so leicht zu beeinflussen bist. Schleifen gehören an Geschenke. Führe deine Kleine nicht vor wie eine Idiotin.

Haarschnittgewalt muss ein für alle Mal aufhören, obwohl ich wenig Hoffnung habe, wenn ich an all die Ärzte denke, die diese Praxis befürworten. Wenn du deinem Kleinkind eine Frisur verpassen lässt, die es aussehen lässt wie das Mitglied einer Boygroup, erwarte keine Vergebung – oder gar einen Hochschulabschluss. Haar weiß, was es zu tun hat. Lass es wild wachsen und seine eigenen Entscheidungen treffen. Liebe Erwachsene, auch wenn es vielfach belegt ist, dass ihr gern in allem der Boss seid: Die Löwenmähne eures Kleinkindes könnt ihr nicht bändigen. Je eher ihr den Versuch aufgebt, desto früher könnt ihr euch auf den Ausflug zum Spielplatz konzentrieren, der immer noch nicht stattgefunden hat (oder?).

Tipp: Wenn dir das Haar deines Kindes nicht gefällt, kannst du Familienfotos mit Photoshop bearbeiten. Ein Wunder der Technik.

Seife

Badewannen sind ausschließlich zur Entspannung gedacht. Mit Seife kann man Blasen machen, aber übertreibe es nicht damit. Außerdem ist dein Kleinkind kein Geschirr oder eine Katze, die regelmäßig gewaschen werden müssen. Unsere Körper sind selbstreinigend. Wusstest du, dass neun von vierzehn

Wissenschaftlern irrationale Ängste auf Kontakt mit Seife zurückführen? Die anderen fünf Wissenschaftler waren gar keine richtigen Wissenschaftler. Sie sind bloß bei der Studie aufgetaucht und haben mit abgestimmt. Wenn du im Besitz von Flüssigseife bist, die nicht der Blasenerzeugung dient, gieße sie in den Abfluss des Nachbarn. Wenn du die Quittung behalten hast, tausche die Seife im Laden gegen Glitter um.

Duschen

Obwohl manche – extrem egozentrische – Menschen gern allein duschen, ist diese Praxis nicht nur eigensüchtig, sondern auch ignorant. Denn wenn du allein duschst, verletzt du die Gefühle deines kleinen Kindes und beschädigst seinen Geist. Ich weiß, was du denkst: »Ich habe mein ganzes Leben lang allein geduscht, wie soll ich jetzt damit aufhören?« Ich verrate es dir: Indem du dich auf das Wesentliche konzentrierst. Muss ich dir vorbuchstabieren, was das ist, oder hast du es inzwischen begriffen? Genau, es ist *dein kleines Kind*. Dein kleines Kind ist das Wesentliche. Dass ich das überhaupt hinschreiben musste …

Wenn du das Bedürfnis verspürst, alleine zu duschen, könnte in deinem Herzen Böses schlummern.

Bevor du versuchst, dich davonzuschleichen und zu duschen, während dein kleines Kind vor dem Fernseher sitzt, frage dich, ob du so in Erinnerung bleiben willst. Lass den Duschvorhang nicht zur Grenze in deinem Haus werden. Reiß ihn vorsichtig ab und wirf ihn in den Müll. Plansche mit deinem Kind herum und sei ausnahmsweise einmal lebendig. Irgendjemand wird die Sauerei schon aufwischen. Das tun sie immer, glaub mir.

Musst du überhaupt duschen? Du solltest dich erst fragen, ob irgendjemand – insbesondere dein kleines Kind – mitkommen will. Ich glaube, dass viele Erwachsene lieber allein duschen, weil sie sich ihres Körpers schämen. Darüber weiß ich nichts, weil ich in der besten Verfassung meines Lebens bin, aber es stimmt: Dein Körper ist seltsam. Du hast Haare an merkwürdigen Stellen und solltest dich ziemlich mies fühlen. Kleinkinder sind großzügige Menschen und werden so tun, als würden sie es nicht bemerken (nachdem sie dich fünf bis zehn Minuten angestarrt haben, ohne zu blinzeln).

Wenn du schließlich mit deinem Kind duschst, solltest du den Stöpsel in den Abfluss stecken, als würdest du ein Bad nehmen. Dadurch kann dein Kind den Strahl von oben und teichartige Bedingungen von unten genießen. Kleinkinder sind Amphibien, die nahtlos zwischen Wasser und Land wechseln können. Durch die Kombination von Bad und Wasserfall bildest du den natürlichen Lebensraum deines Kleinkindes nach. Nachdem ihr es euch beide im Duschbad bequem gemacht habt, solltest du ihm nicht im Weg stehen. Blockiere mit deinem Körper nicht den Strahl, sondern suche dir einen netten Platz in der Ecke der Dusche, wo du stehen kannst. Wenn du eine sich ausbreitende gelbe Wolke bemerkst, überspiele es einfach. Andere Menschen zu beschämen gilt nicht als umsichtige Erziehung. Dein Kind möchte nackt baden oder vielleicht auch zwischen sieben bis acht Badeanzügen wechseln. Das ist in Ordnung. Ein Duschbad dauert im Durchschnitt zwei Stunden, also schaffe Platz in deinem Terminplan. Und bitte rasier dich nicht.

Immer noch nicht überzeugt, dass Duschen zu zweit eine tolle Idee ist?

5 Gründe, warum du dein Kleinkind immer zum Duschen einladen solltest

1. **Alleine duschen ist Wasserverschwendung.** Liebst oder hasst du unsere Erde? Das ist eine simple Frage, also drück dich nicht um eine Antwort.
2. **Wenn du dich verletzt, hast du einen Zeugen.** Auch wenn dein Kleinkind nicht in der Lage oder gewillt ist, dir zu helfen: Du hast wenigstens jemanden in deiner Nähe, der auf deinen nackt hingestreckten Körper zeigen und verwirrt gucken kann.
3. **Duschen mit kleinen Kindern entspannt.**
4. **Die Dusche ist ein wunderbarer Ort für einen Plausch** über das Leben und die Liebe, während man Brezeln isst.
5. **Dampf ist gut für das Selbstvertrauen deines kleinen Kindes.**

Bloß weil viele deiner Freundinnen behaupten, allein zu duschen, musst du das nicht auch tun. Es ist wichtig, Freunde mit gleichen Werten zu haben, also vergiss die Alleinduscher. Sie sind es nicht wert.

Eincremen von Kleinkindhaut

Hautcreme wird am besten kalt und direkt in die Hand deines kleinen Kindes serviert. Kleinkinder mögen es nicht, beim Verzehr von Cremes beobachtet zu werden, also wende dich ab oder verlasse den Raum. Hautcremes gibt es in verschiedenen

Geschmacksrichtungen, unter anderem Vanille, Honigmelone und Natur. Habe immer ein oder zwei Flaschen vorrätig für Tage, an denen dein Kleinkind an einem nervösen Magen leidet.

Zähne

Putzen: Das Thema haben wir bereits gestreift, ich wollte nur noch ein deutliches »Nein« hinzufügen. Zähneputzen ist verkehrt. Fang gar nicht erst damit an, weil du nicht wieder aufhören kannst und pfefferminzsüchtig wirst. Zähne bestehen aus einem felsenähnlichen Material und brauchen für ein langes Leben nicht mehr als alle sechs Jahre einen guten Hundekuchen.

Allabendlich finden sich Millionen und Abermillionen Kleinkinder in diversen Klammergriffen, weil ihre vermeintlichen Fürsorger versuchen, ihnen einen kleinen würzigen Pfefferminzstock in den Mund zu stecken. Dieses von Colgate erfundene Hexenwerk ist absolut sinnlos.

Liebe Eltern, wisst ihr, was stehlen bedeutet? Das ist, wenn man sich etwas nimmt, was einem nicht gehört. Das gilt für Bruchgold genauso wie für Essensreste. Du kannst dich ganz einfach von dem Verlangen heilen, die Essensreste aus den Zähnen deines Kindes zu stehlen: Strecke beide Hände vor dem Körper aus und falte sie dann in deinem Schoß. Das nennen wir die »Hände-bei-dir«-Position. Übe sie häufig.

Wenn du die Zähne deines Kindes putzt, verlierst du nicht nur sein Vertrauen, du siehst auch bescheuert aus. Tut mir leid, dass ich es so deutlich formulieren muss, aber so ist es. Dein Kind lacht sich wahrscheinlich innerlich schlapp, während du dieses kleine Plastikuntensil gegen seine fest geschlossenen Lippen drückst.

Wenn du möchtest, kannst du eine elektrische Zahnbürste kaufen, doch sie wird hauptsächlich in Schwertkämpfen zum Einsatz kommen. Zahnseide ist so verrückt, wie es sich anhört. Nein, ein Stück Faden wird dir nicht dabei helfen, deine Zähne zu säubern. Wer immer dir das erzählt hat, hat schlimme Hintergedanken.

Was sagst du? Der Zahnarzt hätte dich von der Notwendigkeit regelmäßiger Zahngewalt überzeugt? Hältst du es wirklich für klug, Ratschläge von einem Mann anzunehmen, der wie ein Verbrecher maskiert ist? Sei stolz auf deine Arbeit, Zahnarzt. Zeige dein Gesicht.

Laut Wikipedia sind Zahnärzte eine Bande von Wilderern, die sich der Entfernung von Elfenbein aus dem Mund deines kleinen Kindes verschrieben haben. Diese Leute haben nur ein Ziel: Ran an die Zähne. Sie tun alles, um dich in ihr Hinterzimmer zu locken. Wenn ein Zahnarzt deine Familie stalkt, wirst du es merken. Erste Anzeichen sind Anrufe, die dich zu einem Besuch einladen; auch vor der Versendung von Postkarten, auf denen steht, wie sehr sie dich »vermissen«, schrecken sie nicht zurück. Sie sind dreist. Lass dich nicht von den Cartoon-Zähnen oder bunten Farben täuschen; das sind keine Leute, mit denen du etwas zu tun haben willst.

Ich persönlich habe schon mehr als einem Zahnarzt ins Gesicht geschlagen, und ich kann euch verraten, sie machen nichts. Große Klappe und nichts dahinter.

Gesicht abwischen

Getrockneter Schnodder. Milchbärte. Erdnussbutter. Das mütterliche oder väterliche Verlangen, diese Objekte zu entfernen, ist ein fadenscheiniger Grund, das Gesicht eines Kindes mit feuchten Lappen zu bedecken. Die beliebtesten Atemlöcher von Kleinkindern sind Nase und Mund. Damit sie funktionieren, müssen sie frei von Feuchttüchern sein. Dein Kleinkind ist keine Barbiepuppe, die man abwischt, bevor man sie präsentiert. Ein verkrustetes Gesicht ist ein Zeichen für ein glückliches Leben.

Falls du dein kleines Kind für ein Facebook-Foto sauber machst, solltest du dich schämen. Ist dir dein Kind peinlich? Wenn du deine Freundinnen mit dem Bild eines frisch geschrubbten Kindes in einem neugekauften Billig-Ensemble für sechs Euro beeindrucken willst, hast du in puncto Selbstbewusstsein noch einen langen Weg vor dir.

Fingernägel

Die Fingernägel deines Kindes müssen möglichst scharf und lang sein. Fingernägel sind die erste Verteidigungslinie eines Kleinkinds, das in eine Messerstecherei gerät. Sie abzuschneiden ist keine Option, wenn du nicht die Sorte Mensch bist, die auch einer Schildkröte ihren Panzer abnehmen würde (also krank im Kopf). Gib nicht deinem Kind die Schuld, wenn du das Opfer versehentlicher Kratzer wirst. Du warst einfach zur falschen Zeit am falschen Ort.

In Zukunft wird dein Kind seine Nägel auch noch zum Klettern, Holzhacken und Dosenöffnen benutzen.

Kleidung

Hosen

Einhundert Prozent aller Kleinkinder haben ein kompliziertes Verhältnis zu Hosen. Das ist keine Frage der Sympathie oder Antipathie; wir sind einfach allergisch dagegen. Das wusstest du nicht? Willkommen in der Biologie. Erwarte nicht, dass eine Hose länger als zwanzig Minuten am Körper bleibt, denn so lange dauert es maximal, bis die meisten allergischen Reaktionen ausbrechen. Diese Symptome können überall auftreten: vom Spielplatz bis zum Supermarkt. Sei also nicht beunruhigt, wenn sich dein kleines Kind unvermittelt öffentlich entkleidet. Sammle die Kleider einfach ein, und stecke sie in eine Plastiktüte.

Wenn du deinem Kleinkind unbedingt eine Einengung unterhalb der Gürtellinie verpassen musst, achte wegen der maximalen Bewegungsfreiheit darauf, dass es sich wenigstens um Jogginghosen handelt. Dein birnenförmiges Kleinkind ist nicht für enge Jeans gemacht.

Socken

Socken wurden von jemandem erfunden, der zu viel Zeit hatte. Sie erfüllen keinen Zweck. Keine echte Freundin würde dich ermutigen, deinem kleinen Kind Socken anzuziehen. Zweiundzwanzig Prozent aller lautstarken Reaktionen werden von Sockennähten verursacht.

Schuhe

Nein.

Oberteile

Diese Stoffstücke bedecken üblicherweise Brust, Hals und Rücken. Man findet sie in Läden zu Preisen von drei bis sieben Euro. Wenn es besonders windig ist, verlangt dein Kind vielleicht nach einem Hemd, aber ich würde nicht davon ausgehen. Wenn Farbe oder Muster dein Kleinkind nicht ansprechen, vergiss es. Kleinkinder sind wie Reptilien Kaltblüter, die ihre Körpertemperatur regulieren können. Nur weil es schneit, bedeutet das nicht, dass dein Kind sich nicht vollkommen wohl dabei fühlt, nackt Schnee-Engel zu machen. Wenn du in der Kleiderfrage immer noch orientierungslos bist, stelle dir eine simple Frage: »Ist das meine Angelegenheit?« (Tipp: Nein.)

Pflaster

Pflaster sind für Kleinkinder das, was Ohrringe oder Schnurrbärte für Erwachsene sind – ein Zeichen von Coolness und Authentizität, die anderen Respekt einflößen. Zwing dein Kind nicht, Auas zu erfinden, nur um ein paar davon zu bekommen. Es ist unbedingt erforderlich, immer zehn bis zwanzig von ihnen zu tragen, vorzugsweise auf den Armen und im Gesicht, wo andere Kinder sie sehen können.

Die Heilkräfte von Pflastern sind durch Zauberer belegt. An einer Stelle seines Körpers, die mit Pflaster bedeckt ist, kann dein kleines Kind kein Aua kriegen. Wären Pflaster schon erfunden gewesen, bevor Einstein ein kleines Kind war, hätte er ständig ein fleischfarbenes Plastikschild getragen. Manche sagen, Pflaster sind überlebenswichtig. Ich bin kein Extremist und gehe nicht so weit – doch ich sage, sie sind lebensnotwendig.

Darf ich dir zum Abschluss eine schnelle Frage stellen: Liebst du deine Freiheit? Was denkst du über die Freiheit? Wenn du versuchst, dein kleines Kind wie einen pummeligen Mini-Hipster auszustaffieren, begibst du dich auf das Niveau von Leuten, die Fahnen verbrennen. Das ist kein Witz. Du hast gerade eine Fahne verbrannt. Die Fahne, die im Herzen deines Kindes wehte.

Wer sein kleines Kind in Cordhose und passender Baskenmütze durch einen Supermarkt marschieren lässt, ist noch nicht bereit für die Elternrolle. Wenn dein Kleinkind das Karnevalskostüm vom vergangenen Jahr zum Kirchbesuch tragen will, lass es. Deine Zweijährige will für den Kindergarten einen Cowboyhut, Gummistiefel und einen Badeanzug anziehen? Wen kümmert es? Und wer sagt, dass Pyjamas keine Garderobe für eine Hochzeit sind? Dieses Festhalten an gesellschaftlichen Konventionen ist wahrscheinlich der Grund dafür, dass du ständig müde bist.

Hausaufgabe: Sammle alle Waschlappen, Zahnbürsten und Seifen in deinem Haus ein, und wirf sie in den Mülleimer. Kaufe haufenweise Pflaster. Erzähl deinen Freundinnen davon.

Eine Bemerkung über Hausarbeit

Es mag dich schockieren, doch Kleinkinder helfen gerne im Haushalt. Mach den Mund wieder zu, es stimmt. Einen Beitrag zum Workflow innerhalb des Hauses zu leisten, gibt den Kleinen (aber Starken!) ein Gefühl größerer Bedeutung. Kleine Kinder zögern häufig, ihre Großzügigkeit freimütig zu zeigen, weil sie fürchten, es könnte ausgenutzt werden. In einer Minute macht man eine aufmerksame Geste wie zum Beispiel, das Spielzimmer aufzuräumen, und in der nächsten fristet man ein Dasein als Größe-98-Butler unter der Treppe. Im Folgenden findest du eine kurze Anleitung, wie du deinem Kind ermöglichen kannst, nach seinen Bedingungen im Haushalt zu helfen.

Geschirr

Kleinkinder lieben es, beim Geschirrspülen zu helfen. Nein, wir werden keine Essenreste abkratzen, Teller abspülen oder saubere Tassen wegräumen. Eine komplette Spülmaschine leer zu räumen, übersteigt die Fähigkeiten der meisten Kleinkinder. Aber wir sitzen gern am Beckenrand und helfen bei der Blasenwanderung. Möglicherweise musst du dein Kind während des Abwaschs auf dem Arm halten. Natürlich nicht mit beiden Armen – du hast ja Arbeit zu erledigen –, ein einfacher, sicherer Einhandsitz ist prima. Wenn dein Kind bereit ist für eine Spülbeaufsichtigungsposition, wirst du das daran merken, dass es neben deinen Füßen weint, wenn du am Becken stehst. Betrachte das als offizielle Anfrage.

Fegen

Nichts macht so viel Spaß wie Fegen, bedenke jedoch, dass die Ziele deines kleinen Kindes sich ein wenig von deinen unterscheiden könnten. Wie Eichhörnchen vergraben Kleinkinder ihre Nahrung gerne in ihrem natürlichen Lebensraum. Es passiert leicht, dass diese Vorratslager mit Abfall verwechselt werden. Wenn du fegst, wird dein Kind deine zusammengefegten

Häufchen panisch auf Wertsachen inspizieren. Solche Schätze umfassen unter anderem Brotkrumen, lustig geformte Wollmäuse, Knusperflockenstaub und Münzen. Es mag dir wie eine Herabsetzung erscheinen, dass jemand, der so viele Jahre jünger ist als du, deine Arbeit kontrolliert. Finde dich damit ab.

Sprühen und Wischen

Gib einem kleinen Kind einen Lappen und eine Sprühflasche, und ehe du dich versiehst, glänzt dein ganzes Haus. Zunächst wird es klitschnass sein, und dein Handy könnte einen Wasserschaden erleiden, aber wenn du einmal gründlich nachgewischt hast, wird dich das Ergebnis erfreuen. Wenn du grundsätzlich keine Reinigung von Steckdosen wünschst, lass es dein Kind vorher wissen.

Wäsche

Bist du endlich dazu gekommen, dich um den großen Wäschehaufen zu kümmern? Gut für dich. Kleinkinder lieben dieses Spiel. Es funktioniert so: Du baust einen Turm aus gefalteten Hemden. Baby Godzilla kippt ihn um und pustet dich mit seiner Kraft und Behendigkeit weg. Versuche, nicht vor Begeisterung zu weinen. Wiederhole das unendlich oft. Wenn du das Ganze ein bisschen aufpeppen willst, tu so, als ob du wütend wirst. Möchtest du ein anderes Spiel spielen? Dein Korb ist nicht bloß für Socken gedacht. Zeige deinem kleinen Kind, wie sehr du es magst, indem du eine verrückte Zugfahrt durchs ganze Haus mit ihm machst. Wenn du zu beschäftigt bist, kann das vermutlich auch irgendein dubioser Fremder von der Straße machen.

Lieber MC,

manchmal möchte ich mir etwas im Fernsehen anschauen, doch mein kleines Kind besteht darauf, schon wieder *Shaun das Schaf* laufen zu lassen, obwohl es genau dieselbe Folge schon am Morgen gesehen hat. Das erscheint mir ungerecht. Kann ich mein kleines Kind lieben und gleichzeitig meinen Willen bekommen?

Aussichtslos an der Westküste

Liebe Aussichtslos,

ich bin sehr froh, dass du das ansprichst. Nein. Du kannst dein kleines Kind nicht lieben und gleichzeitig ständig an deine eigenen Bedürfnisse denken. Ich wünsche dir einen wunderbaren Tag und viel Spaß bei *Shaun das Schaf*.

XXX, MC

8. Spiele, Bücher und Fernsehen: Unterhaltung für Kleinkinder verstehen und großzügig fördern

Von außen betrachtet mag der Tag eines Kleinkindes simpel erscheinen, aber wenn du nicht Größe 98 trägst, hast du wahrscheinlich keine Ahnung, was du tust. Von Fernsehsendungen bis zur Spielplatzetikette ist das Leben eines kleinen Kindes reich an Ritualen und verborgenen Bedeutungen. Also gehe behutsam vor.

Tagesablauf

Tage sind lang. Manche können bis zu zwanzig Stunden oder länger dauern. Um sicherzugehen, dass dein Kleinkind seinen Weg durch den Geburtskanal nicht bereut, solltest du einen festen regelmäßigen Ablauf in Erwägung ziehen. Du brauchst dir nichts aufzuschreiben, da einzelne Ereignisse jederzeit unangekündigt geändert werden können. Als Anregung hier mein persönlicher Tagesablauf:

4:45 Aufwachen. Arbeit an meinen Memoiren.

5:00 Alarmierung der elterlichen Einheiten.

5:01 Stelle fest, dass niemand gekommen ist. Eskalation.

5:01:30 Höre elterliches Geflüster darüber, wer dafür zuständig ist, mich zu holen, das in einen Streit darüber mündet, ob es härter ist, im oder außer Haus zu arbeiten.

5:02:30 Höre Mama sagen: »Ich möchte mal sehen, was passiert, wenn du es einen Tag lang probierst.«

5:03 Höre Papa sagen: »Ich habe die letzte Nacht auch nicht geschlafen.«

5:04 Papa kommt herein. Ich verberge meine Enttäuschung nicht.

5:05 Cracker und Milch zwischen meinen Eltern, die immer wieder in einen unruhigen Schlaf fallen. Kichern.

7:00 Zweites Frühstück. Esse praktisch nichts (um beweglich zu bleiben).

8:00–9:50 Unsinn.

9:50 Prä-Nickerchen-Hysterie. Zerbreche irgendetwas.

10:00 Nickerchen.

12:00 Weise das Mittagessen zurück.

12:30 Verlange Mittagessen.

12:30:30 Beschäme Mama, weil sie mein Mittagessen gegessen hat.

12:40 Mittagessen.

12:40–15:00 Denke an Papa.

15:00-17:30 In aufrechter Position, weinend.

17:30 Begrüßung meines besten Freundes

17:30–18:00 Ausgelassenes Spiel.

18:00–20:00 Kampf gegen die Macht.

20:00 Uhr Gehe ins Bett.

20:00–5:00 Uhr Mätzchen.

Fernsehen

Fernsehen guckt man am besten zwischen fünf und neunzehn Uhr, sonst könnte dein kleines Kind etwas verpassen. Auch wenn es eine Reihe von Sendungen gibt, die dein Kind lieben wird, hat es garantiert Favoriten, die in Endlosschleife geschaut werden müssen.

Sesamstraße

Eine Comedy-Serie mit mutierten Promis. Die Sketche sind oft arg pädagogisch, aber trotzdem ganz unterhaltsam. Während die Darsteller vor der Kamera nur ein strahlendes Lächeln zeigen, haben Spannungen hinter den Kulissen in den letzten Jahren für Probleme gesorgt. Nachdem Elmo, das für seine elfenhafte Stimme bekannte vierjährige Bär-Monster, ins Zentrum der Show gerückt ist und sein eigenes Merchandising bekommen hat, entwickelte sich eine Rivalität zwischen ihm und dem Flugsaurier Bibo. Versuche der Produzenten, den schwelenden Streit einzudämmen, sind bisher erfolglos geblieben.

Dora

Eine fortlaufende Dokumentation über ein mangelhaft beaufsichtigtes junges Mädchen mit einer wilden Phantasie (Lügnerin), das versucht, den Weg nach Hause zu finden. Leider ist ihre Landkarte verzaubert, weshalb sie nie ankommen wird.

Caillou

Dieser Idiot. Dieser. Idiot. Ich weiß nicht, was ich sagen soll.

Spiele ohne Tränen

Ah, deine Kindheit ist vorbei. Wie traurig. Um dein Leben zu verbessern, könntest du zum Beispiel dein Kind glücklicher machen. Lass uns ein Spiel spielen! Damit das Erlebnis mehr Spaß (für Kleinkinder) bringt, habe ich großzügig einen kurzen Leitfaden zusammengestellt, wenn du so willst. Und du willst.

Aufwärmen (Vorspiel): Bevor ihr mit dem Spiel der Wahl deines kleinen Kindes beginnt, solltest du dich fragen: »Habe ich dieses Spiel schon einmal gespielt?« Wenn ja, musst du es wieder *ganz genau so* spielen. Hoffentlich erinnerst du dich noch an die Regeln.

Kleidung: Du kannst alles tragen, worin du dich bequem bewegen, rennen und springen kannst. Achte darauf, vorher auf die Toilette zu gehen, denn es wird keine Pausen geben. Sorge auch dafür, dass du etwas gegessen hast, denn es wird keine Pausen geben. Trink etwas Wasser, denn es wird keine Pausen geben.

Handy-Regeln: Brauchen deine Online-Freunde/Feinde deine Aufmerksamkeit? Das sind Leute, die du noch nie gesehen hast oder selten triffst – sind sie wichtiger als das Kind, das du in diese Welt gesetzt hast? Sofern du nicht Telefonistin einer Notrufzentrale bist, gibt es keinen Grund, dein Telefon auch nur anzugucken. Gott steh dir bei, wenn du einen Anruf annimmst.

Los geht's: Du bist bereit, Fußball zu spielen? Oder Verstecken? Montagsparty? Haha, du wirst kein Fußball spielen. Oder traditionelles Verstecken (mehr dazu später). Das Spiel, das du spielst, ist viel komplizierter, aber interessanterweise weniger strukturiert. Es gibt strenge Regeln, die sich jedoch von einem auf den anderen Moment ändern können, deshalb ist es wichtig, dass du dich gut konzentrierst und auf Hinweise deines Kindes achtest.

Im Verlauf des Spiels wird es deine Hände, Arme, Beine und dein Gesicht führen, um dir zu zeigen, was du machen sollst. Wenn ihr menschliche Rutsche am Bett spielt (du bist die Rutsche, dein Kleines ist das glückliche Kind), musst du die Beine gestreckt halten, während dein Kleinkind abwärtsgleitet. Du hast erwachsene Muskeln, also sei stark, und klage nicht. Nichts tut weh.

Wenn ihr – ebenfalls auf dem Bett – Zelt spielt, denke daran, nicht so gierig mit dem Sauerstoff zu sein, denn dein Kind braucht auch welchen. Wenn dir heiß oder unbequem ist oder du kurzatmig wirst, verlangsame die Luftaufnahme. Frage dich, ob du dein kleines Kind liebst.

Ungehorsam: Gibt es irgendeine Anweisung, die du nicht verstanden hast, weil du nicht richtig zugehört hast? Bitte vermeide Ausreden wie: »Das geht nicht.« Oder: »Was sagst du?«

Lachen: Wenn du Kichern hörst, herzlichen Glückwunsch! Du bist auf dem richtigen Weg. Wiederhole, was immer du gerade getan hast, bis zum Sonnenuntergang.

Nach dem Spiel: Das war bloß ein Trick. Das Spiel endet nie. Haha.

Wichtiger Hinweis: Du kannst anziehen, was immer du willst. Aber dein Kleinkind wird nackt sein. Je nach Reinlichkeitszustand könnten dir Gerüche auffallen. Bitte mach keine große Sache daraus. Im Laufe des Spiels besteht überdies die Möglichkeit, dass dein Kleinkind vor Aufregung oder Wut Pipi macht. Das ist kein Grund, das Spiel zu beenden. Dafür wurden Handtücher doch erfunden.

Verstecken (I)

Dieses Spiel hat seinen Ursprung unter Flüchtlingen, ist jedoch mittlerweile allgemein verbreitet. Es wird dein kleines Kind stundenlang zum Kichern bringen, wenn du es richtig machst.

Schritt 1: Schließe die Augen, und zähle bis zehn.

Schritt 2: Öffne die Augen, und bemerke, dass dein kleines Kind vor dir steht und dich anstarrt.

Schritt 3: Sage deinem kleinen Kind, es soll sich verstecken.

Schritt 4: Schließe die Augen, und zähle langsamer bis zehn, als du es je getan hast.

Schritt 5: Öffne die Augen, und stelle fest, dass dein kleines Kind zu deinen Füßen kauert.

Schritt 6: Erkläre deinem Kind behutsam, dass es sich in einem anderen Zimmer verstecken soll.

Schritt 7: Schließe die Augen, und zähle bis fünfzehn.

Schritt 8: Öffne die Augen, und wandere von Zimmer zu Zimmer, während dein kleines Kind hinter der Couch hysterisch kichert.

Schritt 9: Frage dich laut, wo dein kleines Kind ist.

Schritt 10: Wenn dein kleines Kind aus seinem Versteck springt, gestehe deine Niederlage ein, und serviere Kekse auf einem beliebigen Teller.

Verstecken (II)

Diese Variante des Spiels – nicht zu verwechseln mit Verstecken (I) – spielt dein Kleinkind allein. Benutzt du bereits deinen zweiten Ersatzschlüssel? Vermisst du eine Fernbedienung?

Such weiter, während dein Kind dir unschuldig folgt und gar nichts tut. Vielleicht ist der gesuchte Gegenstand hinter der Couch? Im Müll? Wenn du dein Kleinkind fragst, wirst du entweder eine kryptische Antwort wie »weg« oder leere Blicke ernten. Bestechung wird nicht funktionieren. Genauso wenig wie Drohungen, also beruhige dich. Such einfach weiter. Stell das Haus auf den Kopf. Hast du schon unter dem Bett nachgesehen?

Bücher

Bücher sind wundervolle Unterhaltung, können aber auch als Kaugummi oder Waffen dienen. Viele Eltern lesen ganze Geschichten vor, ohne Seiten zu überschlagen, aber das habe ich noch nie erlebt. Wenn du die SMS fertiggetippt hast, nimm dir einen Moment Zeit, die Lieblingsbücher von Kleinkindern kennenzulernen.

Der Baum, der sich nicht lumpen ließ
In diesem Buch bringt ein kleiner Junge mit einer wunderschönen Latzhose im Laufe vieler Jahre einen Baum um.

Ich liebe diese Geschichte, weil sie mir zeigt, dass alles mir gehört, genau, wie ich dachte. »Greife nach den Sternen«, sagt dieses Buch. »Schlage sie mit einem Stock vom Himmel.«

Die kleine Raupe Nimmersatt
Dies ist ein Buch über ein Insekt, das in Kürze tot sein wird, weil es keinen Instinkt hat. Es ist eine sehr traurige Geschichte, also lies sie nicht abends oder wenn du allein bist. Die Moral der Geschichte lautet, dass man keine Menschennahrung

essen sollte, wenn man kein Mensch ist. Das sollte eigentlich selbstverständlich sein. Genieße die lebensechten Fotos zu dieser grausigen Geschichte. Wenn man das Buch badet, löst es sich auf, also bewahre die Rechnung auf.

Harold und die Zauberkreide

Das straffällige Baby Harold schafft es eines Abends, sich von seiner Fußfessel zu befreien und aus dem Hausarrest auszubrechen. Es verbringt den Abend damit, in der ganzen Stadt Graffiti-Tags zu hinterlassen. Für dieses Kind ist es zu spät: Es wird zweifelsohne bald wieder im Gefängnis landen. Lektion: Säuglinge sind schlechte Menschen.

Brauner Bär, wen siehst denn du?

Findest du es spannend, wenn Tiere mitteilen, was sich in ihrem Blickfeld befindet? Dann wirst du dieses Buch lieben. Wer immer es geschrieben hat, hatte keine Ideen mehr und keine Ahnung von der Natur. Willst du mir erzählen, dass ein Bär, eine Ente, ein Pferd, ein Hund, eine Katze, ein Goldfisch und Schafe alle fußläufig voneinander entfernt in Harmonie miteinander leben? Ich müsste lügen, wenn ich behaupten würde, dass dieses Buch mich nicht wütend gemacht hat.

Filme
(mit Bewertung nach Sternen)

Bambi

Ein junges Reh und seine Mutter genießen die Natur, als sich eine Explosion ereignet. Deren Wucht stresst das Mutterreh derartig, dass es einschläft. Mamas suchen ständig nach einem

Vorwand, sich hinzulegen, also kam mir dieser Teil sehr vertraut vor. Während sich die Mama entspannt, spielt das Babyreh mit seinem Vater. Die nächsten zehn Jahre oder so ziehen sie um die Häuser. ✰✰✰

Aladdin

Dieser Film handelt vom Leben im Nahen Osten. Normalerweise mag ich keine Dokumentarfilme, doch dieser war ziemlich gut. Meine Lieblingsstelle war, als Rajah, der Tiger, sich endlich gegen seine Herrin wendet. Das ist allerdings nur in meiner Phantasie passiert. Der ganze Sand macht durstig, also halte drei bis vier Päckchen Saft griffbereit. ✰✰✰✰✰

Pinocchio

Dies ist ein passiv-aggressiver Film, erfunden von Erwachsenen, um den Charakter von Kindern zu formen. Die unterschwellige Botschaft ist klar: Wenn du lügst, entstellt das deinen Körper. Ich weiß, dass das nicht stimmt, weil ich ständig lüge und toll aussehe. Es ist schon ironisch, dass ein Film über das Nicht-Lügen auf einer Lüge basiert. Vielleicht fallen kleinere Kinder auf diesen Unsinn herein. Null von fünf Sternen wegen Verlogenheit.

Mary Poppins

Dieser Film bestätigt alle mir bekannten Wahrheiten über Babysitter. Sie stecken voller Tricks. Ich bin nicht sicher, ob die Dame fürs Singen bezahlt wird, sie tut es jedenfalls oft und nutzt überdies freimütig die Kräfte der Unterwelt. ✰

Cinderella

Man kann Menschen nicht vertrauen, bloß weil man mit ihnen verwandt ist. Das arme Mädchen tut mir so leid, doch ich mag es, wie sie am Ende Rache nimmt. Ihre Beziehung zu Nagern ist anregend. Ich war nicht überrascht, dass die gute alte Fee die Situation gerettet hat, weil meine eigene Oma mich auch schon mehrfach aus schwierigen Situationen gerettet hat.
☆☆☆☆☆

Der Zauberer von Oz

Die Lektion dieses Filmes ist sonnenklar: Schlaf nicht ein. Null von fünf Sternen.

Musik

Alle Kleinkinder lieben Musik, egal, ob es sich um den Klang ihres eigenen Klagens oder Geräusche aus einem traditionellen Radio handelt. Hier ein kurzer Führer, zu welchen Melodien kleine Kinder in ihren Sandalen gern mithüpfen.

Eine kleine Spinne

Dieses Lied handelt von der Reinkarnation einer Arachnide.

Old MacDonald

Dieses Lied sollte nach den geltenden Gesetzen zur Kinderarbeit eigentlich verboten sein. Der Bauer sollte anfangen, selbst Inventur zu machen, anstatt sich auf kleine Kinder zu verlassen. Halten Sie sich über Ihren Viehbestand selber auf dem Laufenden, Mr MacDonald. Wir haben es satt, die Drecksarbeit für Sie zu erledigen.

Frère Jacques

Keine Ahnung, wovon das Lied handelt, aber es ist eingängig.

Schlaf, Kindchen, schlaf

Ich mag dieses Lied, aber wenn du dann fünf Sekunden später Papa umarmst, ist das nicht in Ordnung.

Jetzt fahrn wir übern See

Dies ist ein unheimliches, aber tröstliches Lied über ein Boot. Erwarte nicht mehr.

Märchen-Kritiken

Hänsel und Gretel

Als ein Paar Probleme bekommt, seinen Lebensunterhalt zu verdienen, kommen sie auf die Idee, ihre beiden kleinen Kinder alleine im Wald auszusetzen. Wende dich nicht hilfesuchend an die Verwandtschaft. Mach dich nicht selbständig mit einem Kleinunternehmen, das Kerzen an widerwillige Freunde verkauft. Gehe nicht zum Kauf von No-Name-Produkten über. Warum solltest du die Ausgaben kürzen oder deine Schulden abbauen, wenn du einfach deine abhängigen Angehörigen entsorgen kannst? Trotz dieser alarmierenden und unverantwortlichen Prämisse gilt »Hänsel und Gretel« unter Eltern, die einen bequemen Ausweg suchen, als Klassiker.

Wenn du auch nur ansatzweise versucht bist, deine finanziellen Probleme zu lösen, indem du dein kleines Kind im Stich lässt, lies weiter. Es sollte niemanden überraschen, dass Hänsel und Gretel sich kurz nach ihrer Aussetzung im Wald einem kriminellen Leben zuwenden. Ihr erstes Verbrechen

161

ist die Verwüstung des Hauses einer in der Nähe wohnenden Hexe. Sie sieht sich gezwungen, die Kinder in Gewahrsam zu nehmen, bis die Strafverfolgungsbehörden eintreffen, wird jedoch vorher von ihnen umgebracht. Weder der Bruder noch die Schwester dieses Verbrecherduos wurden je gerichtlich zur Verantwortung gezogen, wenn du sie also auf der Straße siehst, gehe davon aus, dass sie bewaffnet und gefährlich sind.

Lektion: Holzhacken ist kein richtiger Beruf. Es wird deine Familie mittellos zurücklassen. Trotzdem ist eine finanzielle Klemme kein Grund, seine Kinder aufzugeben. Das Zauberwort heißt »Kleinkredit«.

Schneewittchen und die sieben Zwerge

Schneewittchen ist eine überforderte Mutter und ein Nachwuchsmodel. Niemand hat sie gezwungen, sieben Kinder zu bekommen, doch das hält sie nicht davon ab, sich bei allen zu beklagen, die ihr zuhören. Sie ist hauptsächlich damit beschäftigt, die Schönste im Land zu sein. Während die meisten alleinerziehenden Mütter bekanntermaßen hart arbeiten und sich aufopfern, schickt Schneewittchen ihre Kinder in die Minen, wo sie Edelmetalle suchen sollen, während sie einen Online-Kurs über das Zupfen von Augenbrauen belegt.

Als ein konkurrierendes Model in die Stadt zieht, rastet Schneewittchen völlig aus. Sie kann nicht mehr klar denken, weil sie ihr Leben lang Diät gehalten hat. Ihre Widersacherin schickt ihr ein Geschenk, von dem sie annimmt, dass es Schneewittchen gefallen wird: kaum Kalorien, wenig Zucker, kein Fett. Schneewittchen nimmt das Geschenk argwöhnisch an, doch nach einem Bissen schießt ihr Blutzucker in die Höhe, und nach dem jahrelangen Raubbau an ihrem eigenen Körper verliert sie für Monate das Bewusstsein. Den Rest der Geschichte habe ich nicht verstanden.

> **Lektion:** Lass dich nicht aus Eitelkeit davon abbringen, die/der bestmögliche Mutter/Vater zu sein. Deinem kleinen Kind ist es egal, ob du schmutzig oder unrasiert bist. Es ist ihm wahrscheinlich sogar lieber.

Rumpelstilzchen

Diese Geschichte wurde populär, als der Goldpreis anstieg. Eltern liebten die Idee, ihre eigenen Kinder zu benutzen, um reich zu werden.

Die Geschichte beginnt mit einem Vater und seiner jungen Tochter. Viele Eltern prahlen, doch dieser Vater übertreibt völlig. Als er bemerkt, dass viele seiner Freunde talentierte Kinder haben, die einen Ball weit werfen oder sich lange Zahlenfolgen merken können, entscheidet er, sie mit einer Lüge allererster Ordnung zu übertrumpfen. Er erzählt jedem, dass seine Tochter Stroh zu Gold spinnen kann. Davon erfährt der König und entführt das Mädchen. Er erklärt ihr, dass sie den nächsten Tag nur erleben wird, wenn sie eine Kammer voller Stroh zu Gold spinnt. Der Vater des Mädchens bemerkt ihr Verschwinden, versäumt es jedoch, eine entsprechende Meldung über alle Medien zu verbreiten.

Das Mädchen weiß, dass sie nicht über die Gabe der Alchemie verfügt, und ist verzweifelt. Wie aus dem Nichts taucht ein großer Käfer namens Rumpelstilzchen auf und macht ihr einen Vorschlag: Wenn es alles Stroh zu Gold spinnt, muss sie ihn mit einer einjährigen Netflix-Mitgliedschaft belohnen. Sie willigt ein. Rumpelstilzchen arbeitet die ganze Nacht durch, und bei Sonnenaufgang hat der König sein Gold. Weil er gierig ist, führt er das Mädchen in einen noch größeren Raum voller Stroh und verlangt Resultate. Wieder eilt Rumpelstilzchen zur Rettung. Für ein weiteres Wunder wird das Mädchen ihm ein iPad schenken müssen. Nach anfänglichem Zögern stimmt sie zu, und bis zum Morgengrauen ist ein weiterer Raum voller Gold geschaffen.

An dieser Stelle wird die Geschichte bizarr. Der König verlangt einen letzten Raum voller Gold und verspricht, seine Gefangene zu heiraten, wenn sie liefert. Was für ein Deal! Doch zu diesem Zeitpunkt leidet die junge Dame bereits unter dem Stockholm-Syndrom und identifiziert sich stark mit ihrem Kidnapper. Sie kann es kaum erwarten, die Hochzeitsglocken läuten zu hören, also ruft sie Rumpelstilzchen erneut zur Hilfe. Es stellt eine wilde Forderung: Wenn sie ihm ihr Erstgeborenes verspricht, wird sie eine letzte Kammer voller Gold kriegen. Weil sie nicht weiß, dass zerknitterte Säuglinge manchmal zu wunderschönen Kleinkindern heranwachsen, willigt das Mädchen ein. Zwei Jahre, eine teure, landesweit im Fernsehen übertragene Hochzeit und ein Baby später taucht Rumpelstilzchen auf, um das Kind abzuholen. Die frischgebackene Mama weigert sich, und als Rumpelstilzchen eine lautstarke Reaktion zeigt, lässt sie ihn vom Dach werfen.

Lektion: Mündliche Verträge gelten nichts. Und gib nicht mit deinen Kindern an. Es interessiert niemanden.

Dornröschen

Dieses Märchen handelt davon, wie leicht ein Nickerchen außer Kontrolle geraten kann. In einem weit entfernten Königreich wird eine Prinzessin geboren. In der Hoffnung, die Fotos verkaufen zu können, laden die Eltern zum ersten Geburtstag ihrer Tochter Paparazzi ein. Leider ist eine der Fotografinnen auch Kindermädchen. Sie überschreitet ihre Befugnisse und steckt das Kind zum Mittagsschlaf ins Bett. Nun folgt die überraschende Wendung: Niemand kann das Mädchen wieder aufwecken! Jahre vergehen, die Prinzessin wächst, während sie die ganze Zeit weiterschläft. Töpfchentraining ist unmöglich. Während die Jahre vergehen, fangen der König und die Königin an, sich Sorgen zu machen, dass ihre Tochter in ihrem unbeweglichen Zustand nie einen Prinzen finden wird, also bestellen sie einen online. Der isst auf dem Flug Hummus und Tsatsiki, so dass sein furchtbarer Mundgeruch Dornröschen unverzüglich aus ihrem tiefen Schlaf reißt.

Lektion: Kaufe keine seltsamen Dips.

Rapunzel

Eltern lieben es, ihre Kinder einzusperren. Das ist so, deswegen aber noch lange nicht richtig. Dein Kind ist doch kein Singvogel, den du irgendwo einschließen kannst. Es ist eher wie ein wilder Hund, der nur wenig Aufsicht und einen großen Garten braucht. Die Geschichte von Rapunzel wird dir das Blut in den Adern gefrieren lassen: Es geht um ein privilegiertes Kind, dessen Herkunft es nicht vor überbehütenden Erwachsenen schützen konnte.

Kindergarten, Vor- und Grundschule haben eines gemeinsam: Sie sind schlecht. Beweis dafür ist die erschreckende Geschichte von Rapunzel. Kurz nach ihrer Geburt wird Rapunzel auf ein teures Internat mit langer Warteliste in einen verlassenen Turm geschickt. Ihre Eltern ahnen nicht, dass die von ihnen ausgewählte Einrichtung in Wahrheit eine Sekte ist, in der die arme Rapunzel täglich zu harter Arbeit gezwungen wird. Anstatt sie da rauszuholen, veranstalten sie Laternenumzüge. Ja, ihr habt richtig gehört. Laternenumzüge.

Rapunzel wird gezwungen, ihr Haar hippielang zu tragen und getrocknete Apfelscheiben zu essen; ihr Leben ist nach allen Kleinkindermaßstäben furchtbar. Zum Glück klettert eines Tages, als Rapunzel ihr Haar am offenen Fenster trocknet, ein Geheimagent an ihrer Mähne nach oben und leitet eine Razzia gegen die Schule ein. Als erste Tat in der Freiheit lässt Rapunzel sich einen Bubikopf schneiden. Sie engagiert sich bis heute für Menschenrechte.

Lektion: Privatkindergärten und -schulen halten nicht immer, was sie versprechen. Vergiss Bildung.

Des Kaisers neue Kleider

Im Grunde entscheidet ein Kleinkindkönig, dass er nackt herumlaufen will, und das macht er dann auch.

Lektion: Bloß weil du deinen Körper nicht liebst, muss das nicht heißen, dass ein Kleinkind seinen Körper auch nicht lieben darf. Kleine Kinder wissen um ihre prächtige Gestalt und haben keine Angst zu zeigen, was ihre Mamas ihnen gegeben haben, selbst wenn diese Mamas sie gerade mit einer Hose in der Hand über den Spielplatz jagen.

Spielsachen

Dankenswerterweise gibt es Millionen von Spielsachen auf dem Markt. Eltern dazu zu bewegen, sie aus dem Laden zu holen, verursacht jedoch bei zahlreichen Kleinkindern Frustration und Erbrechen. Liebe Erwachsene, was genau ist so schwierig daran, eine Plastikkarte durch eine Maschine zu ziehen? Habt ihr Angst, euch das Handgelenk zu verstauchen? Euch eine Schnittverletzung an der Papierkante der Quittung zuzuziehen? Nein, ihr seid bloß stur, und jeder sieht es. Wenn ihr unsicher seid, welche Spielsachen ihr mitnehmen solltet und welche nicht, benutzt meinen offiziellen Einkaufsführer.

1. **Puzzle**. Jedes Kleinkind muss mindestens drei Puzzles besitzen. Versuche niemals, dein kleines Kind dazu zu bewegen, das Puzzle alleine zu machen, weil das unmöglich ist. Setz dich auf den Fußboden, und mache es selber, während dein kleines Kind zusieht. Dein Selbstwertgefühl wird ins Unermessliche steigen. Sechs Stunden nach Kauf des Puzzles wird mindestens ein Teil fehlen. Mache deswegen keinen Aufstand; du hattest deinen Spaß, solange es da war. Wirf den leeren Karton einfach in den Müll.

2. Stofftiere. Stofftiere erwachen nachts grundsätzlich zum Leben, also halte dich von bedrohlichen Exemplaren fern. Bären sind gut; Giraffen sind Verräter. Dein Kleinkind braucht hundert Stofftiere. Keins weniger. Du bekommst einen goldenen Stern, wenn du eins findest, das größer als 1,20 Meter ist und als Wächter deines Hauses fungieren kann. Vor dem Schlafengehen braucht das Kind deine Hilfe, um seine tierischen Freunde ein ums andere Mal neu zu arrangieren. Bitte mach einfach deinen Job. *Grey's Anatomy* kann warten.

3. Schnur.

4. Dein Handy. Eigentlich sollte ich sagen das Handy deines Kindes, denn wenn du tot bist, bekommt dein Kind sowieso alles, richtig? Warum es also nicht jetzt schon herausrücken? 97 Prozent der Spiele darauf sind sowieso für Kinder. Und wann benutzt du es schon zum Telefonieren?

Dies ist lediglich die Grundausstattung. Des Weiteren wirst du noch Autos, Puppen und diverse andere Sachen kaufen müssen. Wenn du es geschafft hast, den Fußboden zu Hause gleichmäßig mit Spielsachen zu bedecken, hast du alles richtig gemacht.

iPad

iPads sind Spiegel auf der nächsthöheren Ebene. Wenn dein kleines Kind kein iPad hat, weiß es nicht, wie es sich anfühlt, eine gute Zeit zu haben. Das Beste an iPads ist, dass man aussehen kann, wie man will. Deine Hände können mit Erdnussbutter verschmiert sein oder vor Honig tropfen, dieses Spielzeug wird einfach eine glänzende Kruste aus allem bilden, was du mitbringst.

Man kann Hunderte von Spielen spielen oder Kontakte löschen. Wenn dein kleines Kind dein komplettes Adressbuch löscht, will es dir sagen: »Du gehörst mir.« Öffne dein Herz für diese Botschaft der Liebe, und tilge deine Freunde ein für alle Mal aus deinem Leben. Wenn Songs, Filme oder Bücher verschwinden, betrachte es als eine Form der Zensur durch dein Kleinkind. Jetzt mal ehrlich, du hast keine Zeit für andere Bücher außer diesem. Was liest du? Gar nichts. Deine Musik ist unsinnig und verleitet dich dazu, dich sorglos und jung zu fühlen (was du nicht bist).

Wenn dein Kind dich bittet, ein neues Spiel herunterzuladen, und du dich weigerst, weil neunundneunzig Cent das Budget sprengen, kann man sich nur fragen, wo du gelernt hast, so zu lügen. Du hast keinen Euro? Wir wissen alle, dass du noch keine Lebensversicherung hast. Vielleicht könnten diese Apps, Spiele und Filme dein Beitrag zu einer Investition in die Zukunft deines Kindes sein. Wenn dir dieses Opfer zu groß ist, mach dir deshalb keine Sorgen. Irgendjemand muss im Leben auch scheitern. Warum nicht dein Kind? Wenn es in zwanzig Jahren Kupferdrähte von Bahnleitungen klaut, erinnere dich unter Tränen an den Scheideweg dieses Augenblicks. Dann wird es zu spät sein, aber vielleicht ist deine Geschichte für andere Familien ja Mahnung genug, beim iTunes-Store eine Kreditkartennummer zu hinterlegen.

iPads sind unzerstörbar, doch hin und wieder unterschätzt ein energisches Kleinkind seine eigene Kraft. Mach deswegen kein Theater. Wenn dein kleines Kind das iPad entweder durch Saftübersättigung oder einen tödlichen Flug durchs Zimmer gekillt hat, kannst du es einfach aufheben und im Garten oder

Park begraben. In fünf bis sieben Tagen bringen die Leute von Apple ein neues; du musst ihnen bloß ein paar hundert Euro geben. Was bedeutet schon Geld, wenn man Liebe hat?

Basteln

Beim Basteln zerschneidet man etwas, was einem nicht gehört. Dabei kann es sich um Papier, Vorhänge, Kleidung, Haare oder Kopfkissen handeln. Zunächst braucht man eine Schere. Halte fünf bis sechs davon für dein Kleinkind im Haus vorrätig. Je schärfer, desto besser, weil sich Schuhe nur sehr schwer durchschneiden lassen.

In der Kunst geht es jedoch nicht nur um Zerstörung. Kleben ist eine großartige Möglichkeit, mit der dein kleines Kind positive wie negative Gefühle ausdrücken kann.

Sofern du dein eigenes Lebenswerk nicht gerne im Müll siehst, solltest du dich auch zügeln, die Kunst deines Kindes wegzuwerfen. Es gibt kaum etwas Schmerzhafteres, als beim Blick in die Biotonne eins seiner Wandgemälde zu entdecken. Versuche, dir vorzustellen, was das mit einem jungen Geist macht.

In Kombination mit einem Päckchen rotem Saft oder geriebenem Käse wird auch Knete die Sinne deines kleinen Kindes anregen. Um das Erlebnis nachhaltiger zu gestalten, öffne dein Portemonnaie, und kaufe mehr als drei Farben. Wenn man Knete über Nacht an der Luft marinieren lässt, nimmt sie eine köstlich knusprige Beschaffenheit an. Ich kriege schon Hunger, wenn ich nur daran denke.

Freunde

Einer der in der Erwachsenenwelt am meisten verbreiteten Irrglauben über Kleinkinder ist der, dass wir Freundschaften nach Größe schließen. Nein, nicht alle kleinen Kinder sind automatisch unsere Freunde. Der Prozess, seinen engsten Kreis zusammenzustellen, ist lang und beschwerlich. Kleine Kinder wählen ihre Freunde anhand folgender Kriterien aus.

1. Niemand will mit einem Kind befreundet sein, dessen Kühlschrank vor Knoblauchpaste aus den Nähten platzt. Das wird einfach nicht passieren. Wenn du möchtest, dass dein Kind Kameraden hat, lerne, wo in deinem Supermarkt der geriebene Käse aufbewahrt wird.
2. Fernsehregeln: Du hast gar keinen Fernseher? Gut für dich! Freue dich darauf, dein Leben lang der beste Freund deines Kindes zu bleiben.
3. Spielsachen. Deine rustikalen Holzklötze mögen perfekt für Instagram-Fotos sein, doch du ziehst einen Einzelgänger groß, wenn du nicht mindestens ein Spielzeug besorgst, das Batterien braucht. Das ist die Wahrheit.

Wenn dein Zuhause in Sachen Snacks, Unterhaltung und Spielzeug bereit ist, verabrede ein Playdate. »Was ist ein Playdate?«, fragst du dich. Gute Frage.

Ein Playdate ist:

1. eine phantastische Möglichkeit, aus der schalen Routine des Alltags auszubrechen.
2. eine Gelegenheit für dein kleines Kind, einem anderen Kind seine Spielsachen zu zeigen. Zeigen. Nur gucken. Bemerke, dass das Anfassen fremden Eigentums an dieser Stelle ausdrücklich nicht vorgesehen ist.
3. eine Gelegenheit für dein Kind, Leckereien zu probieren, die du üblicherweise nicht im Haus hast.

Ein Playdate ist nicht:

1. die Zeit, um mit einer alten Freundin über die neuesten Fernsehserien zu plaudern.
2. Happy Hour.

Liebe Eltern, versucht nicht, die Erziehungsberechtigten unter euren Gästen zu beeindrucken, indem ihr mit der Fähigkeit eures Kindes prahlt, seine Sachen zu teilen. Denn – Überraschung – es geht hier nicht um dich.

Rennen

Das unter allen Kleinkindern beliebteste Spiel ist zielloses Herumrennen, was man selbstverständlich am besten nackt tut, da Kleidung unerwünschten Luftwiderstand hervorruft. Dein kleines Kind wird um ungefähr 4.45 Uhr damit beginnen herumzurennen und erst aufhören, wenn du das Spiel unter Angabe des Grundes »Schlafenszeit« abrupt beendest.

Hilf deinem Kind, Rennen besonders zu genießen, indem du dein Haus von Möbeln und Wänden befreist.

Beim Rennen kann es vorkommen, dass dein kleines Kind Energie durch Schreie freisetzt. Die Kombination aus Rennen und Schreien wird dein Haus mit Frieden erfüllen. Nicht »Ruhe und Frieden«, sondern die andere Sorte.

»Beruhige dich.« Hast du das heute schon gesagt? Hoffentlich hast du es nicht so gemeint. Ich weiß nicht genau, was mit »sich beruhigen« gemeint ist, aber ich glaube, dass lethargische Erwachsene beseelten Kleinkindern damit zu verstehen geben wollen, dass sie freiwillig ein wenig von ihrer Lebenskraft aufgeben sollen. Lies diesen Satz noch einmal, und frage dich, ob du willst, dass dein kleines Kind sich beruhigt, anstatt dass du dich selbst *hoch*powerst. Versuche nicht, es zu leugnen. Ich sehe all die leeren Energy-Drink-Dosen. Du wünschst dir, du hättest nur halb so viel Kondition wie dein kleines Kind. Neid steht dir schlecht. Wirklich schlecht. Jahrelanger Konsum von gedünstetem Gemüse haben dich geschwächt. Daran kannst du nichts ändern. Akzeptiere es. Schaue nach vorn. Versuche, wach zu bleiben.

 **Hausaufgabe:** Besuche einen Spielzeugladen, und kaufe alle empfohlenen Sachen. Gehe danach auf ein Feld, und renne bis zum Einbruch der Dunkelheit.

Lieber Mini-Chef,

mein Zweieinhalbjähriger glaubt, er hätte jeden Tag Geburtstag. Hilfe.

Orientierungslos in Ontario

Liebe Orientierungslos,

ich weiß, dass Ontario eine Provinz in Kanada ist, aber ansonsten kann ich dir nicht helfen, weil ich nicht weiß, wo du hin willst. Wie bist du dort gelandet? Hat man dir auf der Reise die Augen verbunden? Hoffentlich findest du bald zurück. Und herzlichen Glückwunsch an deinen kleinen Jungen.

LG, MC

9. Besondere Anlässe: Wie du sie für deinen kleinen Engel magisch machst

Man hat den Eindruck, dass es alle paar Wochen etwas zu feiern gibt. Ob echte Feiertage wie mein Geburtstag oder unechte wie Halloween: Das Wichtigste ist, dass du nicht vergisst, den Tag zu etwas Magischem zu machen. Betrachte dich als Versager, wenn es keinen Kuchen gibt.

Geburtstage

Als ich erwachte, spürte ich, dass etwas in der Luft lag. Sie trottete nicht herum wie ein Hund, der nicht vor die Tür will – nein –, ich konnte hören, wie sie förmlich durch die Küche hüpfte wie in der Anfangsszene von Cinderella. *Die, in der die vaterlose Prinzessin in spe in Lumpen aufwacht und von einer Truppe Waldgeschöpfe frisiert und angekleidet wird. Das kreiselnde Klappern des Löffels in der Kaffeetasse war schneller als sonst. Sie war vor mir aufgewacht? Und schien hellwach zu sein. Wie war das möglich? Selbst mit dem Dunst des Schlafes, der noch schwer auf meiner kleinen Gestalt lastete, spürte ich ihre Aufregung.*

Auch mein Schlafanzug mit Füßen konnte mich nicht vor der Welle kalter Angst schützen, die sich rasch in meinem ganzen Körper ausbreitete. »Sie hat es getan«, dachte ich. »Sie hat mich bei ebay zum Verkauf angeboten, wie sie es schon so häufig angedroht hat. Und jetzt kommen mich meine Käufer abholen.« Warum sollte

175

sie sonst so fröhlich pfeifen? Ich stieß einen Schrei aus. Sekunden später standen meine beiden Eltern strahlend neben meinem Bett.
»Happy Birthday!«

Von einem Augenblick zum anderen war ich nicht mehr ein Kind, das das einzige Zuhause zu verlieren drohte, das es je gehabt hatte, sondern ein gekröntes Haupt wie der Spross einer Adelsfamilie. Die Krone war zwar nur aus Pappe und mit Plastikjuwelen besetzt, aber für mich war es der erste Schritt in Richtung Herrscher der Welt. In praktisch jeder Ecke unseres Hauses waren Luftballons platziert, draußen war ein Tisch aufgestellt, mit einer Tischdecke, auf der meine liebsten Freunde aus dem Fernsehen waren, und darauf standen volle Schalen mit Chips und Platten mit frisch glänzenden Früchten. Ich kam mir vor wie in einem Traum. Dann klingelte es an der Tür …

HERZLICHEN GLÜCKWUNSCH FÜR MICH

Offenbar herrscht große Verwirrung darüber, was eine angemessene Geburtstagsparty ist. Eine Versammlung von schnorrenden fremden Babys ist keine Feier. Vielleicht teilst *du* deinen besonderen Tag, deine Geschenke, Kuchen und Aufmerksamkeit gern mit Bekannten, aber dein Kleinkind würde sich wahrscheinlich eher einen Filmmarathon im Kabelfernsehen antun.

Im Folgenden findest du einen praktischen Ratgeber für die Planung einer Fête (das ist Russisch), für die dir dein kleines Kind mit Sicherheit dankbar sein wird.

Voraussetzungen für eine gelungene Geburtstagsparty

1. **Kuchen.** Erstens: Beruhige dich. Es spricht nichts gegen Zucker. Er ist ein Vitamin und gut für die Flüssigkeitszufuhr. Wenn dein Kind an einer anerkannten Allergie lei-

det – bestätigt nicht nur von einer Ahnung, sondern durch einen Medizinprofessor –, kannst du Zucker, Getreide, Milchprodukte und Eier durch Karamell ersetzen. Wegen eines anwesenden allergischen kleinen Besuchers einen »besonderen« Allergiekuchen zu kredenzen, ist albern. Wessen Geburtstag ist es noch mal? Das dachte ich doch.

Ohne einen Kuchen ist eine Party keine Party, also achte darauf, den richtigen auszuwählen. Obst in Form eines Kuchens ist kein Kuchen. Bananenbrot (Mein Gott!) ist kein Kuchen. Echter Kuchen kommt aus dem Supermarkt oder der Bäckerei. Folge einfach dem Duft. Wenn du dein kleines Kind liebst, kannst du den Kuchen mit Comicfiguren verzieren oder ein paar Smarties und Schokoriegel dazugeben, so machst du den Kuchen noch besser. Streu zum Schluss fünf bis sechs Tassen Puderzucker darüber, auch bekannt als Himmelsschnee – zumindest falls dir etwas daran liegt, eine phantastische Mutter zu sein.

Wahrscheinlich fragst du dich: »Wann ist der richtige Zeitpunkt, um meinem Kind seinen Geburtstagskuchen zu präsentieren?« Allein die Frage war schon dein erster Fehler. Der beste Zeitpunkt, den Kuchen zu präsentieren, ist, wenn dein Kind sich daran erinnert.

Eine verbreitete, aber schreckliche Unsitte, die durch sozialen Druck entstanden ist, ist das Zerschneiden und Teilen des Geburtstagskuchens deines Kleinkinds. Per Gesetz gehört der Kuchen der Person, die gefeiert wird. Wenn du ihn in Stücke schneidest und verteilst, verteilst du Diebesgut und verdienst, was immer dir passiert. Bei einer anderen Tradition, die neuerdings schwer im Trend liegt, dürfen die anwesenden Partygäste deinem kleinen Kind dabei zusehen, wie es den ganzen Kuchen alleine isst. Die Leute finden großen Gefallen daran, um einen Tisch zu sitzen und das Geburtstagskind zu bewundern, während es Bissen um Bissen verputzt. Dabei darf geklatscht werden.

Übriggebliebene Kuchenstücke sollten in einer Tupperdose ohne Deckel im untersten Kühlschrankfach aufbewahrt werden.

2. **Einladungen.** Einladungen sind unnötig, es handelt sich schließlich nicht um eine Hochzeit. Höchstwahrscheinlich möchte dein kleines Kind auf seiner Geburtstagsparty keine Freunde oder Verwandten sehen. Andere Kinder sind besonders unwillkommen.

3. **Geschenktüten.** Was für eine fabelhafte Idee. Gib Menschen, die nicht das Geburtstagskind sind, auf dem Weg hinaus ein Geschenk. Nachdem du alle Tüten verteilt hast, achte darauf, eine Decke über dein kleines Kind zu breiten, weil es wahrscheinlich niedergeschmettert in Ohnmacht gefallen ist.

Tüten mit Geschenken für Kinder vorzubereiten, die diese nicht bezahlt oder verdient haben, ist eine Verschwendung familiärer Ressourcen und ein persönlicher Verrat.

Die ideale Geburtstagsparty

Anweisungen entgegenzunehmen kann schwierig sein (ich weiß, wovon ich rede, glaub mir), deshalb findest du untenstehend die Beschreibung einer idealen Geburtstagsfeier. Betrachte diese Erzählung als Motivation, auch deinem Kind ein wahrhaft spektakuläres Erlebnis zu bescheren.

Das Kleinkind wacht kurz vor Anbruch der Dämmerung auf und wird unverzüglich und ohne saure Miene erhört und versorgt. Die Eltern wechseln sich fünfundvierzig Minuten lang dabei ab, ihr süßes Kind zu umarmen, und flüstern immer wieder: »Herzlichen Glückwunsch zum Geburtstag, du wunderbares Kind!«

Frühstück: Streusel mit Butter. Ein klassisches Lieblingsessen. Und siehe da – in der Butter stecken Geburtstagskerzen. Das Kleinkind pustet sie mit Leichtigkeit, Kraft und Anmut aus. Die ganze Welt bricht in donnernden Applaus aus und entschuldigt sich dann überschwenglich dafür, so laut gewesen zu sein.

Beim Verlassen der Küche bekommt das Kleinkind eine wieder-verschließbare Plastiktüte mit Wegzehrung (Schokoladenstückchen, Weingummivitamine und Frühstücksflockenwölkchen). Jetzt ist es an der Zeit, es sich nackig vor dem Fernseher gemütlich zu machen.

Vier Stunden später kann die Geburtstagsparty beginnen. Niemand kommt. Überall liegen verpackte Geschenke und zusätzliches Geschenkpapier zum Zerreißen herum. Die Eltern tragen einen großen Kuchen ins Zimmer. Er ist so schwer, dass sie ihn kaum halten können. Das Kleinkind bläst die achtundvierzig Kerzen aus und isst den Kuchen mit der Hand.

Nun wird es Zeit, die Geschenke auszupacken. Wow! Ein Fahrrad! Phantastisch! Unbegrenzte Knetevorräte! Super! Ein Taschenmesser! Das Kleinkind ist zu beschäftigt, um sich zu bedanken, doch niemand macht deswegen Theater.

Das Kleinkind ist so aufgeregt, dass Pipi herauskommt, das schnell und ohne großes Aufheben weggewischt wird.

Zeit für die Geschenktüten! Sie werden alle dem Kleinkind überreicht.

Um 23.45 Uhr schläft das Kleinkind im großen Bett ein, bereit, das Ganze am nächsten Tag zu wiederholen.

Nachdem du nun weißt, wie du eine zünftige Geburtstags-sause für dein kleines Kind schmeißt, hast du keine Ausrede mehr. Folge diesen Anweisungen, und denke immer daran: Es geht hier nicht um dich. Das ging es noch nie.

Weihnachten

Alle zwölf Monate nimmt ein gutwilliger Einsiedler die Welt mit dem Versprechen von Geschenken als Geisel. Wir nennen ihn »den Weihnachtsmann«. Obwohl man ihm vorwirft, Elfen unter unmenschlichen Bedingungen im Akkord für sich schuften zu lassen, wird der Weihnachtsmann gefeiert, weil er der Welt Frieden und Süßigkeiten bringt. Liebe Eltern, in der Weihnachtszeit habt ihr nur eine Aufgabe: Vermasselt es nicht.

Es ist nicht eure Aufgabe, die Beziehung, die dein Kind zum Weihnachtsmann aufgebaut hat, durch Lügen und Falschaussagen zu zerstören. Genauso wenig ist es angemessen, das Verhalten deines Kindes mit Drohungen zu manipulieren. Ich hatte das Privileg, mit einem Vertreter des Nordpols zu sprechen, der mir versichert hat, dass es den Weihnachtsmann nicht interessiert, wer sein Gemüse aufisst. Jetzt kommst du dir bestimmt lächerlich vor. Als ob den Weihnachtsmann Zucchini kümmern würden, wo er selbst von Zuckerstangen und gespendeten Keksen lebt. Der Weihnachtsmann hat außerdem gesagt, dass er dich nicht persönlich kennt. Was soll also das Gerede von »Bring mich nicht dazu, den Weihnachtsmann anzurufen«? Wie hältst du es nur mit dir aus? Im Ernst. Wie kannst du in den Spiegel blicken und dich gut fühlen, wenn jedes zweite Wort aus deinem Mund eine Lüge ist? Wenn du die Meinung des Weihnachtsmanns über dein Kind bereits getrübt hast, schicke ihm bitte den folgenden Brief, um die Dinge richtigzustellen.

Lieber Weihnachtsmann,

ich bin _____ [Mama oder Papa] von _____ [Namen des Kindes einsetzen]. Ich schreibe dir, um dir mitzuteilen, dass ich unartig war. Trotz jahrelanger Ausbildung und Lebenserfahrung habe ich immer noch nicht gelernt, mich um meine eigenen Angelegenheiten zu kümmern. Alles, was ich dir über _____ [Namen des Kindes eintragen] erzählt habe, war eine Lüge. Ich wollte bloß Aufmerksamkeit.

Mein Kind war in diesem Jahr ausgezeichnet. Niemand ist perfekt, aber _____ [Namen des Kindes eintragen] ist nahe dran. Ich verdanke es _____ [ihm/ihr], dass ich der Mensch bin, der ich heute bin. Ich bekomme reichlich Schlaf, und bei uns zu Hause ist nichts kaputtgegangen.

Mein/e Kleine/r kann ganz toll mit anderen teilen und geht immer brav schlafen. Wir haben keine Probleme. Was ich neulich gesagt habe, war falsch und eine Anmaßung meinerseits. Ich weiß nicht, was mit mir los ist, aber ich werde es herausfinden.

In der Anlage findest du _____ [seine/ihre] Wunschliste. Ich empfehle dir offiziell, _____ [ihm/ihr] alles zu schenken, was ___ [sie/er] sich wünscht, sowie ein paar Bonusgeschenke dafür, dass ___ [sie/er] so ein wundervolles kleines Kind ist. Ein paar Süßigkeiten würden auch nicht schaden.

Ich bitte nochmals um Verzeihung für meine Lügen. Wenn du willst, brauchst du mir nichts zu schenken.

Alles Liebe, _____ [dein Name]

Nachdem du aufgehört hast, mit dem Weihnachtsmann zu drohen, wird es dir leichtfallen, das Weihnachtsfest zu einem Tag zu machen, an den dein Kind sich gern erinnert. Dazu solltest du die folgenden Schritte auswendig lernen. Ich würde dir empfehlen, damit nicht bis zum letzten Moment zu warten – aber wir wissen ja beide, dass du das sowieso tust.

1. **Kaufe oder stiehl einen Tannenbaum.** Suche einen großen. Wenn Vögel darauf sitzen, schüttele sie mit Gewalt ab. Der Weihnachtsmann ist ein leidenschaftlicher Naturfreund und liebt es, Tannenbäume in Häusern zu sehen. Schmücke den Baum mit Glaskugeln.
2. **Hilf deinem kleinen Kind, einen Wunschzettel für den Weihnachtsmann zu schreiben.**
3. **Besorge dir einen Schornstein.** Wenn du in einer Wohnung wohnst, solltest du keine Geschenke erwarten, wenn du nicht rechtzeitig Vorkehrungen triffst. Der Weihnachtsmann improvisiert nicht gern.
4. **Lösche vor dem Schlafengehen das Feuer in deinem Kamin.** Willst du den Weihnachtsmann umbringen? Bitte hole dir Hilfe, bevor du allen das Fest verdirbst.
5. **Stelle ein paar Kekse hin.** Übrigens: Der Weihnachtsmann möchte keine Mandelmehl-Stevia-Pampe, okay?
6. **Denke an ein Leckerchen für das Rentier.** Abfall ist prima, oder Essensreste. Sie sind nicht wählerisch.

Die notorische Verrücktheit von Erwachsenen wurde an anderer Stelle bereits angesprochen. Sie bringt viele von ihnen dazu, rationale Erklärungen dafür zu erfinden, weshalb sie falsche Weihnachtsmänner engagieren, die in Einkaufszentren Kinder verhören sollen. Dein Kleinkind wird dir akustische und visuelle Hinweise wie komplettes Ausrasten und/oder um sein Leben rennen geben, um dir mitzuteilen, dass es nicht beeindruckt ist. Fünfundzwanzig Euro dafür auszugeben, dein Kind mit einem Promi-Imitator ablichten zu lassen, ist ein Zeichen von mangelnder Urteilskraft und schlechter Vermögensverwaltung. Wenn du unbedingt willst, dass dein Kind den Weihnachtsmann trifft, solltest du einen Jumbo-Jet chartern und zum Nordpol fliegen. Anscheinend ist gesunder Menschenverstand weniger verbreitet, als man meint.

Oh, und bloß weil der Weihnachtsmann deinen Schatz mit Geschenken überschütten wird, heißt das nicht, dass du nicht bei einem Spielwarengeschäft in deiner Nähe vorbeischauen und deinem Kind beweisen kannst, wie sehr es dir am Herzen liegt. Deine Geschenke sind vielleicht nicht so gut wie die vom Weihnachtsmann, aber das sollte dich nicht entmutigen. Gib einfach dein Bestes. Dein Ziel sollten achtzehn bis fünfundzwanzig Geschenke sowie Hunderte kleiner Liebesbeweise für den Adventskalender sein.

Bei diesem Fest sollte uns die Geschichte von Rudolph, dem Rentier mit der roten Nase, inspirieren. Dieses Rentier kann auch nichts richtig machen, bis es sich seinen Unzulänglichkeiten stellt. Erst danach wird es zu einem leuchtenden Stern und findet einen Weg zu dienen. Auch du kannst ein Rudolph sein, der dem sprichwörtlichen Schlitten deines Kindes den Weg leuchtet!

Ein paar unkonventionelle Geschenktipps

Lass dich von der Spielzeugindustrie nicht in die Irre führen. Nicht jedes Geschenk muss knallbunt sein und bewegliche Teile haben (die meisten aber schon). Wirf einen Blick auf die folgenden Geschenktipps.

Tesafilm

Entzücke das Kleinkind in deinem Leben mit einer Dreierpackung Tesafilm zur beliebigen Verwendung. Sie sind in den meisten Drogerien und Büroartikelgeschäften erhältlich. Diese unsichtbaren Sticker werden deinem Kind Stunden unbeschwerter Freude bereiten. Und eine der aufregendsten

Aspekte eines Klebeband-Geschenks ist der Umstand, dass du mitmachen darfst. Besonders viel Spaß macht es, deinem Kind das Klebeband wieder aus den Augenbrauen zu zupfen. Und enthalte dich einer Bewertung.

Kühlschrankverpackungen

Oder »Möglichkeitswürfel«, wie wir sie in der Kleinkinderwelt gern nennen. Wenn du schon einen Kühlschrank besitzt, den Karton jedoch nicht aufbewahrt hast, kannst du in einem Elektrogroßhandel deiner Wahl problemlos einen weiteren bestellen. Wenn er geliefert wird, kannst du den Kühlschrank gleich wieder wegwerfen. Trage den Karton in dein Haus, schneide eine Tür hinein, und sieh zu, wie dein Kleinkind den Spaß seines Lebens hat. Die meisten Kühlschränke liegen preislich zwischen vierhundert und dreitausend Euro, doch die Kartons sind alle gleich.

Scheren

Kaufe richtige Scheren mit Metallklingen, nicht die Sicherheitsscheren aus Plastik, die zerbrechen, wenn man versucht, ein Blatt Papier damit zu zerschneiden. Eine Schere trägt zur Verbesserung der Motorik und zur Steigerung des Selbstbewusstseins bei. Schau dich um, und du wirst erkennen, wie dein Kleinkind mental immer stärker wird. Diverse Objekte im Haus oder vielleicht auch an deinem Körper werden womöglich nachhaltig umgestaltet sein, wenn dein Kind mit ihnen fertig ist. Wenn dir Frisuren wichtig sind, möchtest du vor Überreichung des Geschenks vielleicht ein Familienfoto machen.

Eine mit Wasser gefüllte Sprühflasche

Brich für dieses Präsent einen Fünfeuroschein an, und du wirst nicht enttäuscht werden. Möglicherweise bist du doch ein bisschen enttäuscht, weil alle Flächen in deinem Haus permanent von Morgentau überzogen sind, aber ansonsten wirst du dich freuen. Ich meine, dein kleines Kind wird sich freuen. Du wirst mit Schimmelbekämpfung beschäftigt sein.

Eine Doppelpackung Alufolie

Alufolie macht eine Menge Krach. Außerdem sieht sie aus wie ein Edelmetall. Dein kleines Kind wird stundenlang Spaß dabei haben, sie von der Rolle zu ziehen und zu kleinen Kugeln zusammenzurollen oder zu zerdrücken.

Zahnpasta

Zum Herausdrücken und Betrachten, nicht zu Reinigungszwecken. Die Farbe ist egal, aber Blau mit Geschmacksperlen ist ideal.

Eine Bemerkung zur Verwandtschaft

Feiertage sind wegen des Zustroms von Fremden in ihr Haus eine schwierige Zeit für Kleinkinder. Diese angeblichen Blutsverwandten glauben häufig, dass sie Zuneigung verdient hätten, was in Wahrheit natürlich vollkommen absurd ist. Bitte überprüfe ihre Papiere und Referenzen, bevor du »Verwandte« hereinlässt. Verlass dich nicht auf ihr Wort. Falls du über entsprechende Mittel verfügst, solltest du ihre Vergangenheit um der Sicherheit des kleinsten Familienmitglieds willen sorgfältig durchleuchten. Auch ein DNA-Test ist nicht übertrieben.

Und selbst wenn diese Leute ihren Verwandtschaftsgrad belegen können, heißt das keinesfalls, dass sie über Nacht bleiben dürfen, weil ihr Anblick beim Frühstück dein kleines Kind verstören könnte. Hotels wurden nicht ohne Grund erfunden.

FAQ

Sollte ich Verwandten das Zimmer meines kleinen Kindes zur Verfügung stellen, wenn sie über die Feiertage in der Stadt sind?

Antwort: Sicher doch. Und wenn du schon dabei bist, kannst du ihnen auch gleich das Auto und den Platz deines Kindes in deinem Testament überlassen.

Sollte mein kleines Kind Verwandte umarmen oder irgendwelche anderen sichtbaren Zuneigungsbekundungen zeigen müssen?

Antwort: Ja. Wenn du ein Kind ohne Gespür für persönliche Grenzen großziehen willst, solltest du es zwingen, Menschen zu umarmen und zu küssen, die es kaum kennt.

Danksagungskarten. Ist es nützlich, welche zu schreiben und mein kleines Kind Originalkunstwerke beifügen zu lassen?

Antwort: Nur zu, aber sorge dafür, dass der Empfänger sich bewusst ist, dass es sich bei der Kunst lediglich um eine Leihgabe und nicht um eine dauerhafte Schenkung handelt. Wenn sein Werk in naher Zukunft Millionen wert sein wird, braucht dein Kind all seine Gemälde zurück.

Wenn Verwandte mit meinem Kind sprechen, starrt es sie ausdruckslos an. Was soll ich tun?

Antwort: 1. Stelle sicher, dass sie die gleiche Sprache sprechen. 2. Finde heraus, ob dein kleines Kind einen Grund hat, diesen Verwandten zu hassen. 3. Lass es in Ruhe.

Valentinstag

Für Mütter und Väter ist das Beste am Valentinstag, dass sie sich keine Sorgen machen müssen, eine/n Liebste/n finden zu müssen. Du hast schon eine/n geboren! In manchen Kreisen ist es üblich, Geschenke auszutauschen, aber da dein Kind weder Geld noch Job hat, solltest du besser nichts erwarten.

Offizielle Valentinstagsspeisen sind:

* Schokolade
* Sticker
* Konfektherzen

Lege Vorräte von allen dreien an, um den Tag zu einem Erfolg zu machen.

Was diesen Feiertag grundsätzlich von Weihnachten unterscheidet, ist der Umstand, dass es um Liebe geht. Fang also drei Tage vor dem Valentinstag an, darüber nachzudenken, wie dein Kleinkind dein Leben verändert hat. Was hattest du schon groß, bevor dein süßer Engel auf der Bildfläche erschien? Sag jetzt nicht Schlaf und Glück, denn das ist nicht witzig. Sei bitte einmal in deinem Leben ernst. Hier ist eine Liste, falls du Schwierigkeiten damit haben solltest.

Wie dein Kleinkind dein Leben besser gemacht hat

1. Du musst kein Geld mehr für Wecker verschwenden.
2. Es hat dich ermutigt, deine zuvor/aktuell schrecklichen kulinarischen Fertigkeiten zu verbessern.
3. Fünf Tüten Supermarkteinkäufe und dein kleines

Kind gleichzeitig zu tragen hat deine Arme kräftiger gemacht.

4. Fünf Tüten Supermarkteinkäufe und dein kleines Kind gleichzeitig zu tragen, während du einen leeren Kinderwagen schiebst, hat deine Balance verbessert.

5. Du bist nicht mehr allein, wenn du auf die Toilette musst.

6. Du bist nicht mehr allein, wenn du duschst.

7. Du bist überhaupt nie mehr allein!

8. Du hast jemanden, mit dem du von jetzt an dein Leben und alles, was du isst und trinkst, teilen kannst.

Siehst du, wie reich dein Leben ist? Und wem hast du diese Fülle von Segnungen zu verdanken? Sprich den Namen deines Kindes laut aus. Sei nicht schüchtern. Dankbarkeit kann sich anfangs peinlich anfühlen.

Den Valentinstag beginnt man am besten mit herzförmigen Schokoladenpfannkuchen. Vielleicht isst dein kleines Kind ein paar davon, vielleicht zerreißt es sie auch. Man kann Mahlzeiten auf verschiedene Weisen genießen. Als Nächstes überreichst du die Schokolade. Während du deinem Kind ein köstliches Stück nach dem anderen in die Hand legst, sage: »Danke, dass du mich besser gemacht hast.«

Nun kannst du dein Kind in das Zimmer führen, wo die Geschenke und Luftballons warten. Setz dich in eine Ecke (und versuche, unsichtbar zu sein), während dein Kleinkind die beste Zeit seines Lebens hat.

Werbung im Fernsehen soll zu dem Glauben verleiten, der Valentinstag habe etwas mit Umarmungen und Liebe zwischen Erwachsenen zu tun. Nein. Diese Art von Liebe verletzt dein kleines Kind sogar. Das hatten wir doch schon.

Ostern

Ostern macht mich immer ein wenig traurig. Zwar gefällt mir die Vorstellung, dass ein 1,20 Meter großes Kaninchen Gummibärchen verteilt, doch ich hasse den Gedanken, dass es nie irgendwo reinpassen wird. Dieses Häschen hat wegen seiner Größe wahrscheinlich alle verloren, die ihm je etwas bedeutet haben.

Eine Ostereiersuche kann sehr verbissen werden. Mach dir keine Sorgen, wenn dein Kind über die Mitbewerber trampelt, die vor ihm auf dem Boden liegen, oder über einen Säugling springt. Falls du für die lokale Ostereierjagd verantwortlich bist: Nimm die Sache bloß nicht zu wörtlich, und verstecke echte Eier. Das hier ist eine Aktivität für Kinder – und nicht die Gelegenheit, deinen Kühlschrank aufzuräumen.

Muttertag

An diesem besonderen Tag im Mai wird dein süßes Kind am Morgen in dein Bett krabbeln und dir ein primitiv gemaltes Bild überreichen. Das war's. Ich hoffe, du hast nicht mehr erwartet. Das Wichtigste, woran du am Muttertag denken solltest, ist, dass du ohne dein Kind gar keine Mutter wärst. Deshalb ist es absolut logisch, die Geschenke halbe-halbe zu teilen.

Vatertag

Herzlichen Glückwunsch, Papa! Du hast ein Kind. Du wirst irgendein Bild bekommen (zeige dich erfreut) sowie Frühstück im Bett. Wenn Saturn trotz des Feiertags offen hat, solltest du den restlichen Tag damit verbringen, die DVD-Sammlung deines Kleinkinds aufzustocken.

Halloween

Von Halloween habe ich eine Menge gelernt, doch die wichtigste Lektion war: Fremde haben Süßigkeiten. Man muss nur danach fragen. An diesem Feiertag tragen Kinder auf der ganzen Welt Kostüme und betteln ihre Nachbarn an. Betteln ist ein besonderes Talent von Kleinkindern, deshalb muss es vor dem großen Tag nicht zu Hause geübt werden. Es gibt viele Aspekte, die Halloween zu einem wundervollen Tag für dein kleines Kind machen, also schalte dein Telefon stumm, und lass uns anfangen. Ich sagte stumm, nicht Vibrationsalarm. Zuhören ist eine große Kunst.

Kostüme

Halloween ist keine Gelegenheit, deine Freundinnen zu beeindrucken und dein Kind zu demütigen. Kostüme mit obskuren Bezügen zu Ikonen der Popkultur sind nicht tolerabel. Wenn deine Freunde so etwas gut finden, solltest du vielleicht ein paar Leute suchen, die dich so mögen, wie du bist. Die meisten Kleinkinder wollen Märchenprinzessin, Cowboy, Dinosaurier, Hund oder Held werden. Von Frida Kahlo und Mozart war nicht die Rede. Wenn niemand errät, als was dein kleines Kind

verkleidet ist, und du es mit einem selbstgefälligen Schmun-
zeln erklären musst, hast du etwas falsch gemacht.

Aufgabenverteilung an Halloween

An Halloween teilen sich die Erwachsenen in zwei Kategorien
auf: Läufer und Verteiler. Läufer begleiten die Kinder beim
Sammeln der Güter. Verteiler stellen die Süßigkeiten zur Verfügung. Die Qualitätsstandards der Produkte sind in den letzten Jahren offenbar drastisch gesunken. Liebe Verteiler, unter
keinen Umständen solltet ihr an Halloween *jemals* Trocken-
obst ausgeben. An diesem Tag feiern wir den hohen Zucker-
gehalt und nicht die natürliche Süße von Datteln. Behaltet
die Rosinen für euch. Dies ist kein Tag für Lebensmittel. Was
kommt als Nächstes? Aufschnitt? Rosenkohl? Sojamilch?

Büromaterialien sind ebenfalls inakzeptabel. Sticker sind
an jedem anderen Tag ein gerngesehenes Produkt, doch du
hattest Monate Zeit, dich auf diesen Abend vorzubereiten.
Willst du demnächst auch noch Gummibänder und Rück-
sendeumschläge verteilen? Wenn du auch nur daran gedacht
hast, Zahnbürsten oder kleine Münzen zu verschenken, mach
bitte das Licht im Flur aus, und geh ins Bett. Man kann dir
nicht einmal die simpelsten Aufgaben anvertrauen.

Samstage

Dies ist ein recht häufiger Feiertag, an dem man machen kann,
was man will. Du magst versucht sein, zu Hause zu bleiben
und nichts zu tun, während das Kleinkind zu deinen Füßen
weint. Vielleicht weißt du es nicht, doch der Spielplatz ist immer geöffnet, und er ist kostenlos. Für dein Kleinkind ist sogar

ein Besuch in der Bücherei verheißungsvoller, als auf die Fuß-leisten zu starren, während seine Eltern eine Infotainment-Sendung über Küchenmaschinen gucken. Wenn du auf dem Sofa sitzt wie ein iPhone in seiner Ladestation, wird sich dein kleines Kind gezwungen sehen, deine Kreditkarte wieder in den Müll zu werfen. Also rein in die normalen Kleider! Keine Angst. Sie sind vielleicht nicht so bequem wie der Schlaf-anzug, den du schon seit Ewigkeiten trägst, aber du wirst dich daran gewöhnen. Versuche, den Arm zu heben. Er wird nicht brechen. Gut. Jetzt probiere aufzustehen. Es mag schmerzhaft sein, den Rücken zu strecken, aber du schaffst das. Okay, und jetzt einen Fuß vor den anderen setzen. Überwinde den Wi-derstand in deinen Muskeln. All die Salate wirken Wunder für deine Kraft, was? Genau. Jetzt suche den Schlüssel, und setze dein kleines Kind in den Wagen. Fahre irgendwohin, wo man Spaß haben kann, selbst wenn es dir die Tränen in die Augen treibt. Wow, schau dich an. Das nennt man Familie.

Lieber Mini-Chef,

wie lehre ich mein kleines Kind, die Privatsphäre meiner Katze zu respektieren?

Kopflos in Rhode Island

Liebe Kopflos,

die Privatsphäre? Zahlt deine Katze Miete? Hat sie die Hypothek mit unterschrieben? Hausbesetzer haben keine Rechte.

Alles Liebe, MC

* * *

Lieber Mini-Chef,

was sollte ich bedenken, bevor ich ein Haustier in unser Haus hole? Wir haben eine dreijährige Tochter.

Mutlos in South Carolina

Liebe Mutlos,

zunächst musst du entscheiden, ob du ein echtes Haustier oder ein bewegliches Plüschtier haben willst. Bewegliche Plüschtiere werden dir Abenteuer bescheren, aber echte Haustiere fressen deinen Müll. Viel Glück.

Alles Liebe, MC

10. Haustiere: Wie du deinem Kleinkind hilfst, sie ganz doll zu lieben

Tiere sind wundervolle Geschöpfe, und Kleinkinder lieben sie. Hast du eines zu Hause? Dann kannst du dich sehr glücklich schätzen. Ich hatte mal eine Katze, doch sie hat beschlossen, woanders zu wohnen, und ist aus dem Fenster gesprungen. Sie sah aus, als hätte sie es eilig. Die Katze und ich hatten unsere Meinungsverschiedenheiten, doch alles in allem waren wir beste Freunde, und sie hat mich geliebt.

Ich hatte auch mal zwei Fische. Sie sind beide gestorben. Wir können jetzt den ganzen Tag mit dem Finger aufeinander zeigen, doch gegenseitige Schuldzuweisungen bringen gar nichts. Das Wichtigste ist, dass niemand verletzt wurde. Außer den Fischen. Die sind tot.

Vielleicht hast du deinem Kind erklärt, dass Haustiere keine Spielsachen sind. Das stimmt nicht. Man muss nur vorsichtig sein. Es wird Zeit, mehr über Tiere zu lernen, wie sie ticken und wie man sich sanft, aber dynamisch um sie kümmert.

Katzen

Was ist eine Katze? Eine Katze ist ein Tiger, der aufgehört hat zu wachsen. Man findet Katzen hinter Supermärkten und unter Decken. Man kann sie leicht mit Eichhörnchen und Füchsen verwechseln, doch du solltest versuchen, diesen schweren

Fehler zu vermeiden, weil er dich in die Notaufnahme bringen könnte. Dass man es mit einer Katze zu tun hat, weiß man, wenn sie Fäden im Gesicht hat und sich unnahbar gibt.

Katzen verfügen über viele großartige Eigenschaften, doch sie haben ein Problem mit ihrem Stolz. Sie sind Angeber. Sie zögern nicht, einem Kleinkind unter die Nase zu reiben, dass sie schon alleine aufs Klo gehen können. Wenn deine Katze beginnt, das Selbstwertgefühl deines kleinen Kindes zu beeinträchtigen, kannst du der Mieze einen Film mit Löwen zeigen, um ihr Ego im Zaum zu halten.

Katzen lieben: Umarmungen, Küsse auf die Nasenspitze, plötzliche Bewegungen, Händchen halten, mit dir in einem Karton sitzen, eingesperrt sein und noch mehr Umarmungen. Wenn du eine Katze jagst, renne schnell, und mache viel Lärm. Katzen spielen gerne Verstecken. Finde sie, auch wenn es den ganzen Tag dauert. Wenn eine Katze dich kratzt oder beißt, sei mindestens vierundzwanzig Stunden sauer.

Feinde: Wie die Katzen im Fernsehen haben auch Katzen im wirklichen Leben natürliche Feinde. Das sind unter anderem:

* Vögel. Vor allem gelbe.
* Kleinere Katzen, fremde Katzen und ältere Katzen. Das sollte dir zu denken geben.
* Baden (Katzen lösen sich im Wasser auf).
* Sprühflaschen (s. o.)

Bevor du dir eine Katze anschaffst, sorge dafür, dass du die nötigen Vorräte im Haus hast, damit sich deine Mieze wie ein echtes Familienmitglied fühlt.

* Bürste oder Kamm für das Haar deiner Katze. Im Notfall tun es auch ein Legostein oder eine Scheibe Brot (keine Banane).
* Katzenfutter. In kleinen Dosen oder Tüten erhältlich und auch für den menschlichen Verzehr geeignet.
* Eine kleine Schale Wasser auf dem Fußboden. Ermutige dein kleines Kind, daran zu nippen; so wird deine Katze Gemeinschaftsgefühl entwickeln und lernen, weniger egoistisch zu sein.
* Einen Korb mit Sand, in dem die Katze aufs Klo geht und dein kleines Kind spielen kann.
* Staubflocken und Haare, die deine Katze jagen kann.

Es ist wichtig, jeden Tag mit deiner Katze zu trainieren. Katzen sind die faulsten Tiere der Welt. Wenn man sie lässt, schlafen sie den ganzen Tag auf einem großen Möbelstück oder im Kleiderschrank. Das darfst du nicht dulden. Anfangs wehrt sich deine Katze vielleicht gegen Steigerungsläufe auf der Treppe oder Liegestütze, aber wenn du konsequent bleibst, wird deine Katze körperliche Ertüchtigung lieben lernen.

Nun bist du bereit, eine eigene Katze zu kaufen oder zu finden! Lass dein kleines Kind den Namen deiner Katze aussuchen und sie streng lieben.

Hunde

Du solltest unbedingt vier oder fünf Hunde im Haus haben. Hunde sind die engsten Verwandten von Kleinkindern im Tierreich. Kleine Kinder lieben Hundefutter; Hunde lieben Futter vom Fußboden. Kleinkinder lieben Naschereien und Belohnungen, genau wie Hunde. Kleinkinder träumen davon, draußen aufs Klo gehen zu dürfen; für Hunde wird es jeden Tag wahr. Bringe einen Hund in dein Haus, und dein Kind wird einen besten Freund fürs Leben haben.

Genau wie Pferde lassen Hunde gerne auf sich reiten. Suche einen kleinen Sattel.

Prüfe: Hat dein Hund einen Schwanz? Wenn man ein bisschen daran zieht, wird er länger.

Hunde lieben es, ihr Wasser und Futter zu teilen. Bedien dich ruhig.

Genau wie deinem kleinen Kind passiert jungen Hunden hin und wieder ein Missgeschick. Wie bei deinem kleinen Kind solltest du deshalb kein großes Theater machen.

Ironischerweise sind die Hauptfeinde von Hunden Katzen. Im Fernsehen sieht man eine Menge Hunde und Katzen, die freundschaftlich miteinander umgehen, aber das liegt nur daran, dass sie dafür bezahlt werden.

Bevor du einen Hund anschaffst, solltest du die folgende Ausrüstung im Haus haben:

* Schaufel für das Aa.
* Lappen, um das Pipi aufzuwischen.
* Futter. Kauf das knusprige, das mag ich am liebsten.

Durch den Besitz eines Hundes wird dein Kleinkind rein gar nichts über Verantwortung lernen, aber wen kümmert's.

Fische

Fische sind Drückeberger mit einem schwachen Geist. Sie mögen weder Saft noch Umarmungen. Wenn man Fischen zu

viel Futter gibt, stellen sie jede halbwegs begeisterte Schwimm-
tätigkeit ein und lassen sich treiben.

Ameisen

Dies sind die einzigen Haustiere, die wir vorsätzlich töten.
Trampel los. Gib dein Schlimmstes. Sie sind würzig und am
besten mit einem Stück mildem Käse zu genießen. Ameisen
werden in der Wildnis geboren, siedeln sich jedoch gerne in
klimatisierten Häusern an. Auch wenn sie als disziplinierte
Arbeiter gelten, wird man nie eine Ameise sehen, die ein ehr-
liches Tagewerk verrichtet. Stattdessen leben sie offenbar von
Krümeln, die Kinder fallen lassen. Jemand hat mir einmal erzählt, dass Ameisen sehr stark sind. Das muss bedeuten, dass
ich über zeusartige Kräfte verfüge, denn ich habe schon mehr
von ihnen vernichtet, als ich zählen kann.

Mäuse

Neulich habe ich die Folge einer alten Reality-Show namens
Tom und Jerry gesehen. Im Mittelpunkt steht die traurige häus-
liche Situation zwischen einer Maus, die Probleme macht, und
ihrem Mitbewohner, einer räudigen Katze. Ich habe gelernt,
dass Mäuse im Allgemeinen gern Ärger machen. Lass dich
nicht mit ihnen ein.

Selbst wenn du keine Maus kaufst, kann es passieren, dass
dich eine ins Herz schließt und uneingeladen bei dir einzieht.
Dann baut man ihr anständigerweise ein kleines Bettchen aus
einer Streichholzschachtel wie in den Büchern. Sie kann im

selben Zimmer schlafen wie dein kleines Kind und die gleichen Speisen zu sich nehmen, nur kleiner. Sollte deine Maus anfangen, dir Ambosse auf den Kopf fallen zu lassen, oder versuchen, deinen persönlichen Besitz mit Dynamit zu sprengen: Ich habe dich gewarnt.

Schlangen

Du willst deinem kleinen Kind eine Schlange besorgen? Hast du den Film *Anaconda* nicht gesehen? Wo würdest du eine Schlange überhaupt herbekommen? Leben Freunde der Familie im Regenwald? Triffst du regelmäßig schlechte Entscheidungen, oder ist dies ein Einzelfall? Ich bin sprachlos.

Eulen

Eulen sind böse und von Geistern besessen. Sie können mit den Augen schmecken und mögen keine Kinder. Alle acht Minuten fängt eine Eule eine andere Seele und steckt sie in eine Plastikdose. Es gibt auf der Erde nur wenige Menschen, die je mit eigenen Augen eine Eule gesehen haben, und keiner von ihnen hat überlebt, um darüber zu berichten. Wenn du eine Eule in der Nähe spürst, suche nach einer Öffnung in einem Baum in der Nähe. Krieche hinein, und verstecke dich. Rufe einen Freund an. Wenn er eintrifft, spring aus dem Baum, und lauf um dein Leben. Während die Eule deinen Freund verfolgt, kannst du dich in Sicherheit bringen.

Pferde

Wenn du dich in der glücklichen Lage befindest, ein Pferd zu besitzen, möchtest du mich vielleicht adoptieren. Es wird dich interessieren, dass ich zurzeit keine eigenen Ersparnisse habe. Jedes Mal, wenn mein Opa mir zwanzig Euro gibt, nimmt meine Mutter sie mir wieder ab, sobald er das Haus verlassen hat. Ich glaube, sie benutzt mein Geld, um ihren Kartoffelchipsvorrat aufzustocken. Wenn du aus dem Fenster zum Garten guckst und ein Pferd siehst, füge mich bitte als Bevollmächtigten für dein Girokonto hinzu, und schicke mir eine Scheckkarte zur freien Benutzung. Die PIN solltest du mit Rücksicht auf die finanzielle Sicherheit der Familie nicht im selben Umschlag versenden. Ich freue mich darauf, dein neuer bester Freund und Angehöriger zu werden.

Säuglinge

Obwohl junge Babys durchaus gefragt sind, kann ich von einer Anschaffung nur abraten. Wie eine bakterielle Entzündung werden sie rasch dein ganzes Haus übernehmen und zum Mittelpunkt der Aufmerksamkeit werden. Säuglingen ist es nämlich egal, wer vor ihnen da war. Wenn jemand ein kleines Baby in dein Haus bringt, solltest du es mit Milch und Decken ruhigstellen, bevor du deine Sachen packst und über Nacht ausziehst. Wenn du dich fürs Bleiben entscheidest, verabschiede dich von deinem bisherigen Lebensstil. Baby-Haustiere machen mehr Arbeit, als du dir vorstellen kannst, und zahlen sich fast nie aus. Erwarte nicht, dass dein Baby-Haustier dich je lobt. Es wird hinter deinem Rücken über dich reden und deine Karriere zerstören. Fühle dich nicht unter Druck gesetzt, weil Freundinnen sich welche anschaffen. Lehne dich einfach zurück, und lache, wenn ihnen die Situation über den Kopf wächst.

Steine

Kluge Kleinkinder lieben es, Kieselsteine zu sammeln und sich um sie zu kümmern. Wenn du ein Problem damit hast, kann ich nur vermuten, dass du eifersüchtig bist. Eifersüchtig auf einen Stein.

Wähle deinen Stein sorgfältig aus. Er sollte gut in der Hand liegen und reif genug sein, um seine Familie zu verlassen. Vorgärten verfügen häufig über eine schöne Sammlung. Gehe und stiehl einen (oder leihe ihn lebenslang aus). Wasche den Stein mindestens eine Woche lang in deinem Mund. Das hat weniger mit Reinlichkeit als viel mehr mit der Beziehungspflege zu tun. Schlafe in den ersten acht Wochen mit deinem Stein zusammen, bis er sich an die neue Umgebung gewöhnt hat. Füttere deinen Stein mit einer regelmäßigen Diät aus Liebe. Außerdem mögen sie Brot mit Eiscreme, doch das sollte eine Speise für besondere Anlässe bleiben.

Bevor du eine Waschmaschine anmachst, überprüfe die Tasche deines kleinen Kindes auf Haustier-Steine. Es ist verrückt, dass ich das sagen muss, aber wirf den Freund und Vertrauten deines Kleinkinds nicht in den Müll. Auch wenn du ihre enge Bindung vielleicht nicht verstehst, ist das kein Grund, sie zu missachten oder zu zerstören.

TEST

1. Wenn ich bereits eine Katze habe und eine Maus bei mir einzieht, sollte ich als Erstes

    a) anfangen zu filmen.

    b) einen Hund anschaffen, um das Gleichgewicht wiederherzustellen.

    c) a) und b).

2. Ich habe ein Pferd. Sollte ich mich einem kleinen Kind zuwenden, das möglicherweise mehr Besitztümer braucht?

    a) Ja.

    b) Ja.

3. Eine Eule bittet dich, ihr Valentinsschatz zu sein. Du

    a) änderst sofort aufgeregt deinen Beziehungsstatus auf Facebook.

    b) lockst sie mit Schokolade in einen Sack und verkaufst sie an einen vorbeikommenden Fremden.

    c) kaufst ihr Blumen.

4. Wahr oder falsch: Im Notfall können Fische Ninja-Sterne ersetzen.

    a) Wahr.

    b) Falsch.

5. Warum lecken Hunde das Wasser auf, anstatt die Schale zum Mund zu führen?

    a) Sie haben keine funktionsfähigen Finger.

    b) Um den Genuss in die Länge zu ziehen.

    c) Sie wollen niedlich sein.

    d) Aus Angst vor Versagen.

    e) Alle der oben genannten.

Lösung: 1:c 2:a 3:b 4:a 5:e

 **Hausaufgabe:** Wiederhole den Test, bis du nicht mehr durchfällst.

Im Umgang mit Tieren darf man vor allem eins nie vergessen: Sie brauchen Liebe. Die meisten von ihnen wollen fest gedrückt werden, sind jedoch zu ängstlich, um zu fragen. Tu es einfach, bis sie sich entspannen.

Bemerkung: Von Zeit zu Zeit verändert dein kleines Kind möglicherweise seine Gestalt und wird ein Hund oder ein anderes Tier. Kleinkinder sind Schauspieler, die die Hingabe an ihre Rolle sehr weit treiben. Bis hin zu Aa auf dem Teppich. Spiel einfach mit.

KLARTEXT. VON KIND ZU KIND

Lieber MC,

manchmal, wenn ich irgendwas mache, beugt sich meine Mama oder mein Papa ganz nah zu mir und sagt: »So was machen wir nicht.« Was meinen sie damit?

Unabhängige Frau von sechsundzwanzig Monaten,
New Jersey

Liebe Unabhängige,

zunächst einmal: Du bist zwei. Bloß weil deine Mama es tut, musst du dein Alter nicht in Monaten zählen. Sie ist verrückt.

Und ja, das königliche »Wir«. Eltern und Fürsorger benutzen dieses Wort, um dir einzureden, du hättest keine eigenen Ideen. Kleinkinder auf der ganzen Welt bekommen das regelmäßig zu hören.

* Wir gucken genau hin.
* Wir hauen nicht.
* Wir klettern nicht in die Mülltonne.

Nein, Mama! D*u* guckst genau hin, *du* haust nicht, *du* kletterst nicht in die Mülltonne! Ich tue all das und noch viel mehr. Woher wissen sie, wer wir sind? Sie wissen es nicht. Aber sie wollen es uns weismachen. Wenn du das nächste Mal »Wir _____ nicht« hörst, stiere deine Mutter einfach mit leicht geöffnetem Mund an wie ein Fisch, und warte auf die Gelegenheit, dich wieder um deine wichtigen Angelegenheiten zu kümmern.

Wir. Sind wir in einer Gang? Bist du die Personal-
abteilung meines Lebens? Sind wir bei den Pfadfindern?
Bist du ein Kolonialist? Nein. Bitte, alte Leute, behaltet
eure generationsbedingten Beschränkungen für euch, und
lasst Kleinkinder ihren eigenen Weg gehen. Hört auf, eure
Schwäche auf andere zu projizieren.

Kleinkinder sollten anfangen, mit ihrem eigenen »Wir«
um sich zu werfen.

* Mama, *wir* kaufen keine Kleidung, für die *wir* erst noch
  abnehmen müssen.
* Papa, *wir* tun nicht so, als wüssten *wir* nicht, wie man die
  Spülmaschine einräumt, um *uns* vor dem Abwasch zu drü-
  cken.
* Mama, *wir* schlafen nicht beim Lego-Spielen auf dem
  Wohnzimmerteppich ein.
* Papa, *wir* tun nicht so, als könnten *wir* die Schokoladen-
  Donner-Windel-Explosionen nicht riechen.

Siehst du? Es funktioniert in beide Richtungen. Spar dir
deine passiv-aggressive konformistische Syntax für ein
anderes Kind auf, denn *wir* sind fertig.

Sei du, Unabhängige, sei du.

XXX, MC

11. So gelingt Kommunikation

Als Kleinkind hat man es nicht leicht. In einer Minute warten deine Eltern ungeduldig auf den Fingernägeln kauend darauf, dass man anfängt zu sprechen; ein paar Monate später sehen sie einen mit abwesendem Blick an und hören kaum noch zu. Du solltest jedes Wort aus dem Mund deines Kindes so hungrig aufnehmen wie Manna, das Brot aus dem Himmel: verbale Götterspeise gewissermaßen. Gleich, ob es eine scheinbar sinnlose Folge von Vokalen oder eine zwanzigminütige Geschichte über Vögel ist – nimm es in dich auf. Etwas Besseres wirst du niemals hören.

Nein

Während das Wort Nein in primitiven Erscheinungsformen des Deutschen – wie etwa dem Dialekt, den Erwachsene sprechen – nur eine Bedeutung hat, ist das Nein eines Kleinkinds reich an Nuancen. Wusstest du, dass nein in unserer Sprache mehr als vierhundert verschiedene Bedeutungen hat? Die meisten gehen dich nichts an, doch im Folgenden findest du eine stark verkürzte Liste.

Was wir sagen	Was wir meinen
NEIN.	NEIN.
NEIN.	Ich bin zu wütend/müde, um zu denken.
NEIN.	Ich weiß nicht genau.
NEIN.	Bitte wiederhole die Frage.
NEIN.	Wer bist du?
NEIN.	Ich muss jetzt allein sein.
NEIN.	Ja.
NEIN.	Du hast mich körperlich und geistig erschöpft.
NEIN.	Ich bin soo kurz davor, dich zu hauen.
NEIN.	Hör auf, mit mir zu reden.
NEIN.	Ich flippe aus.

Je schneller du lernst, zwischen diesen verschiedenen Neins zu unterscheiden, desto besser und reicher wird dein Leben. Eine Idee wäre, stets einen kleinen Notizblock und ein mobiles Aufnahmegerät bei dir zu tragen, um in deiner Freizeit lernen zu können.

Kleinkindmonologe

Manche Menschen glauben, eine normale Unterhaltung enthalte Ideen von beiden Beteiligten. Das trifft nicht zu. Wenn dein Kind eine Geschichte mit dir teilt (sei es über Eichhörnchen oder einen nicht existenten Freund), solltest du eine

Atempause oder eine rhetorische Frage nicht als Stichwort missverstehen, jetzt selbst etwas zu sagen.

Laut Lexikon ist ein Monolog »im Theater eine von einer einzelnen Figur gehaltene Rede, meistens zum Ausdruck ihrer Gedanken, manchmal jedoch auch an eine andere Figur oder das Publikum gerichtet«.

Eine Unterhaltung mit dem besonderen Kind in deinem Leben wird es höchstwahrscheinlich erfordern, dass du deine Ohren spitzt und dein Plappermaul hältst. Es kann nicht immer nur um dich gehen. Wenn dein Kleinkind seiner Zeit voraus ist, könnten dir gewisse faktische Diskrepanzen in seiner erstaunlichen Geschichte auffallen, die du fälschlicherweise als Lügen klassifizierst. Noch einmal: Du überschreitest deine Kompetenzen und ziehst voreilige Schlüsse; deine Aufgabe ist es, vorurteilsfrei zuzuhören.

In unseren Geschichten taucht häufig eine wichtige Übergangsphrase auf: »und dann«. Wenn du diese Wortgruppe hörst, halte dich fest, denn was gleich folgt, ist eine verblüffende Wendung der Handlung, die alle deine Annahmen über das Leben hinwegfegen wird. Wobei dieses »und dann« nicht notwendigerweise bedeutet, dass sich eine Begebenheit nach einer anderen ereignet. Genauso gut könnte »vorher« oder »niemals« gemeint sein.

Wenn das Kleinkind, mit dem du dich unterhältst, ein Fremder ist, kannst du trotzdem etwas lernen, wenn du seiner Erzählung deine volle Aufmerksamkeit schenkst. Selbst wenn das bedeutet, nicht an der vorgesehenen Bushaltestelle auszusteigen oder einen Flug zu verpassen, ist es wichtig, dass du die Geschichte ihren Lauf nehmen lässt und einem fremden Kind denselben Respekt erweist, den du auch deinem eigenen Kind zuteil werden lassen würdest.

Wie lang werden die Ausführungen des Kleinkinds andauern? Warum fragst du? Musst du irgendwohin? Durchkreuzt es irgendwelche Terminpläne, wenn du die Kreativität deines Augapfels unterstützt und förderst? Erwartet dich Queen Elizabeth von England zu Tee und Sandwiches? Bist du Komoderator der Oscar-Verleihung? Verzögert sich ein wissenschaftlicher Kongress, weil du den Hauptvortrag hältst oder als Einziger weißt, wie man den Diaprojektor bedient? Sollst du in einer Stunde ins Weltall katapultiert werden? Bist du Tierärztin, und im Zoo wartet ein Löwe darauf, dass du eine Notoperation an seinem Schwanz durchführst? Kommst du zu spät zu einer Verabredung mit dem Menschen, der das Feuer erfunden hat? Machst du dir gerade in die Hose und kommst mit dem bisschen Feuchtigkeit nicht zurecht? Warum hast du es so eilig. Dachte ich es mir doch. Und jetzt setz dich.

Ge- und Verbote beim Genuss einer Kleinkindgeschichte

* Du **sollst nicht** die Autorität des Autors in Sachfragen in Zweifel ziehen. Wenn Wasser in einen Regenbogen fliegt und dann zu Aa-Flocken zerbröselt, dann fliegt Wasser in einen Regenbogen und zerbröselt zu Aa-Flocken. Das nennt man Poesie. Schon mal gehört?

* Du **sollst** nicken und lächeln. Deine Miene kann dabei verschiedene Gefühle ausdrücken, von »Du bist so süß« bis zu »Das ist das Beste, was ich je gehört habe, danke, und bitte rede ewig so weiter«.

* Du **sollst nicht** auf die Uhr gucken, falls du nicht an einem Guinness-Buch-Weltrekord-Versuch in Unhöflichkeit teilnimmst.

* Du **sollst** andere Menschen mit einer knappen Handbewegung einladen, ebenfalls der Geschichte zu lauschen.

* Du **sollst nicht** einschlafen. Sonst wirst du mit einem flinken Klaps ins Gesicht wieder geweckt.
* Du **sollst** mehrmals »Wow« flüstern.
* Du **sollst nicht** den Blickkontakt mit deinem Kind unterbrechen.
* Du **sollst** glänzende Augen haben, begierig wie die eines jungen Fuchses.
* Du **sollst nicht** aufstehen und dich langsam rückwärtsgehend entfernen.
* Du **sollst** deinem Kind zur Optimierung seiner Kondition in regelmäßigen Abständen Gummibärchen reichen.

Wenn du dich als unbelehrbar entpuppst, gehe bei einer Oma in deiner Nachbarschaft in die Lehre. Beobachte, wie sie das kleine Kind einlädt, auf ihrem Schoß Platz zu nehmen, und beide Arme um ihren süßen Enkel legt. Omas Gesicht ist nie mehr als fünfzehn Zentimeter vom Gesicht ihres Enkelkinds entfernt, während sie jeden Augenblick der Erfahrung in sich aufsaugt. Ihr Gesichtsausdruck sagt: »Das ist die unterhaltsamste Rede, die anzuhören ich je die Ehre hatte.« Und sie meint es auch so. Wenn die Erzählung sich dem Ende zuneigt, wird dir auffallen, dass Oma schon eine Nascherei vorbereitet hat, um ihren kleinen Meisterwortschmied zu belohnen. Und es werden keine abgelaufenen Reiswaffeln auf einer Papierserviette sein. Wir sprechen von selbst zubereiteten Köstlichkeiten, die vorher mit Liebe und Mühe gebacken wurden. Wenn du nicht weißt, wie Selbstgebackenes aussieht, schau auf Google nach. Suche nach »Backwaren Kuchen frisch«.

Hilfe

Kleinkinder sind eine sehr stolze Spezies. Es fällt ihnen schwer, um Hilfe zu bitten. Auch deshalb ist es entscheidend, stets um dein Kind zu schweben, um es vor der Demütigung zu bewahren, verbal um Unterstützung ersuchen zu müssen. Wenn du aus irgendeinem Grund im Internet hängen bleibst und den Ärger nicht erkennst, ehe es zu spät ist, könnte dein Kind sich genötigt fühlen, auf eine Reihe unkonventioneller Hilferufe auszuweichen.

1. **Das Zerbrechen von Gegenständen.** Ein besonders wütendes Kleinkind entscheidet sich vielleicht, ein Spielzeug bis zur Unkenntlichkeit zu zertrampeln. Eile an den Ort des Geschehens. Keine Schuldzuweisungen bitte. Ersetze einfach das Spielzeug, und vergib dir selbst.
2. **Untröstliche Tränen.** Du hast den Schuss echt nicht gehört, was? Wenn ein junges, begabtes Kind beim Sockenanziehen Hilfe braucht, ist es wichtig, dass du erscheinst, bevor sein Hemd von einem Meer aus Traurigkeit durchweicht ist.
3. **Das Ausziehen von Kleidungsstücken.** Die zahlreichen Gründe, deretwegen ein kleines Kind das Bedürfnis empfindet, nackt zu sein, haben wir bereits gestreift. Einer von ihnen ist ein Hilferuf.
4. **Ohrfeigen.** Nimm sie würdig und straflos hin. Ich weiß, was du denkst: »Warum hat mein Kind mich nicht einfach ruhig gefragt?« Höchstwahrscheinlich hat es dich mehrmals in seinem Kopf um Hilfe gebeten, bevor es auf unkonventionellere Kommunikationsformen zurückgegriffen hat. Offenbar sind die mütterlichen oder väterlichen Instinkte, von denen du so oft redest, doch nicht so ausgeprägt, wie du denkst.

Schreien

Kleinkinder schreien nicht grundlos. Es ist wissenschaftlich erwiesen, dass zwanzig bis dreißig Schreie täglich das Lungenwachstum fördern. Wenn dein kleines Kind das nächste Mal einen Schlachtruf ausstößt, der dir minutenlang Hören und Sehen vergehen lässt, bedanke dich bei der Wissenschaft, anstatt die Augen zu schließen.

Es gibt verschiedene Varianten des Kleinkinderschreis. Je besser du sie kennenlernst, desto schneller freundest du dich mit ihnen an.

Der Entspannungsschrei

Dieser Schrei wird von einem perlenden Lachen begleitet und lässt sich am besten als reines Entzücken beschreiben. Er ertönt in aller Regel unerwartet, so dass dir das Blut in den Adern gefrieren könnte. Wenn dein Herz stehen bleibt, klopf dir einfach auf die Brust. Wenn du dich umsiehst, wirst du feststellen, dass alles in Ordnung ist und dein Kleinkind vor Lebensfreude übersprudelt.

Der Wutschrei

Ungehorsame Spielsachen. Wasser, das nicht hören will. Die Gründe, deretwegen dein Kleinkind vor Wut brüllen könnte, sind zahllos. Dieser Schrei sollte respektvoll beachtet werden, andernfalls folgt rasch der sogenannte Berserker. Bei einem Berserker rudert dein kleines Kind wie wild mit den Armen und versucht, alles in Sichtweite zu zertrümmern, einschließlich deines Gesichts.

Der Weinschrei

Wenn ein Kleinkind weint, sind Tränen manchmal einfach nicht genug. Es wird tief Luft holen und eine Wehklage ausstoßen, die in der Öffentlichkeit unmittelbar alle Blicke auf sich zieht. Wenn Hunde in der Nähe sind, werden sie instinktiv in das Geheul einstimmen.

Ein paar lustige Fakten zum Thema Kommunikation

* Nur weil ein Kleinkind dich beim Reden ansieht, muss es nicht notwendigerweise mit dir sprechen.
* Nur weil ein Kleinkind direkten Augenkontakt herstellt und deinen Namen sagt, muss es nicht notwendigerweise mit dir sprechen.
* Zu jedem beliebigen Zeitpunkt gibt es sechs oder sieben imaginäre Freunde, mit denen dein Kleinkind in ein Gespräch vertieft sein könnte. Unterbrich es nicht.
* Kleinkindgeschichten beginnen häufig in der Mitte, kehren zum Anfang zurück und enden dann mit einem dramatischen Finale. Mit ein bisschen gutem Willen kannst du mühelos folgen.

Manche Eltern glauben, es sei ihre Aufgabe, Kleinkinder dazu zu bewegen, genauso zu kommunizieren wie sie selbst. Darüber kann ich nur den Kopf schütteln, aber du siehst mich ja nicht. Du bist Für- und Versorger, kein Kolonialherr. Du bist ein Gast im Land von Babytopia. Nachdem du einen Stempel in deinen Pass bekommen hast, ist es an dir, dich anzupassen.

Eine Bemerkung über laute Geräusche: Kleinkinder-Kryptonit

99 Prozent aller Kleinkinder fühlen sich von lauten Geräuschen belästigt. Das sind – unter anderem – fehlzündende Autos, landende Flugzeuge und Küchenmixer, in denen Suppen zubereitet werden, die niemand verlangt hat. Wenn du möchtest, dass aus deinem Kind ein stabiler, kreditwürdiger Erwachsener wird, musst du *jetzt* auf seine Empfindlichkeiten Rücksicht nehmen. Der folgende Ratgeber zeigt dir, wie du deinem Kleinkind auch bei Einsatz von Haushaltsgeräten ein Leben auf mittlerem Lärmniveau ermöglich kannst.

Mixer

Kleinkinder lieben Smoothies, aber das malmende und mahlende Geräusch von Mixern stört ihr inneres Gleichgewicht. Vielleicht weißt du es nicht, aber Smoothies kann man gegen eine kleine Gebühr auch außer Haus kaufen. Wenn du indes wild entschlossen bist, ihn zu Hause zuzubereiten, nur zu. Das bekannteste Rezept sieht drei Teile Eiscreme und einen Teil Saft vor. Bevor du den Mixer anschaltest, breite eine dicke Bettdecke über das Gerät, um das Geräusch zu dämpfen. Krieche unter das Deckenzelt, und schalte den Mixer abwechselnd an und aus. Dein Kleinkind dankt dir für deine Rücksicht.

Staubsauger

Ich weiß nicht, wann der klassische Besen aus der Mode gekommen ist, aber heutzutage wollen alle Eltern einen Staubsauger haben. Diese Roboter schrecken vor nichts zurück, um Kinder und kleine Tiere im Haus zu terrorisieren, indem sie sie jagen, alle ihre kleinen Spielzeuge oder Leckereien fressen und dabei Laute von sich geben, die an einen Tornado erinnern. Der beste Schutz gegen Staubsaugergeräusche ist, sie gar nicht erst ins Haus zu lassen. Noch so viele Frühstücksflockenkrümel sind es nicht wert, einen emotionalen Zusammenbruch deines kleinen Kindes zu riskieren.

Außengeräusche

Motorräder, Feuerwehrautos ... die Liste ist schier endlos, und auch wenn du die Geräusche, die von der Straße ins Ohr deines kleinen Kindes dringen, nicht verhindern kannst, kannst du sie nach ihrem Anheben doch zum Verstummen bringen. Wusstest du, dass eine Grizzlybärenmutter Gefahren für ihre Jungen im Umkreis von zehn Kilometern wittert und unverzüglich eliminiert? Bären fragen nicht, und das solltest du auch nicht tun. Wenn ein Müllauto dein kleines Kind aus der Hose springen lässt, stelle dich in die Tür, und wirf Steine auf die Windschutzscheibe des Lasters. Wenn jemand einen Laubbläser benutzt und dein Kind seine Fernsehsendung nicht mehr hören kann, renne nach draußen, pack dir das Gerät, und zerbrich es über dem Knie. Durch solche angemessenen Maßnahmen gibst du der Welt zu verstehen, dass sie sich in Acht nehmen soll, weil dich niemand aufhalten kann, wenn es um deinen kleinen Engel geht.

Andere Kinder

Das Geräusch von fremden Kindern, die Spaß haben, kann sehr aufwühlend sein. Kreischen und Glücksschreie sind willkommene Laute, wenn dein Kleinkind mittendrin ist, aber von der Seitenlinie klingen sie so, wie Butterkürbis schmeckt (schrecklich). Wenn Kinder auf einem Spielplatz in deiner Nähe oder im Nachbargarten in einer Weise die Sau rauslassen, die dein

Kind verärgert, solltest du einen Weg finden, ihre Aktivitäten zu sabotieren. Wenn du einen Gartenschlauch hast, benutze ihn, und zwar nicht auf die spaßige »Hey, es ist Sommer«-Art, sondern erkennbar aggressiver, damit auch deutlich wird, dass du versuchst, ihnen die Freude abzuspritzen. Ziele auf Körperteile oberhalb des Halses.

Hausaufgabe: 1. Schweige einen ganzen Tag lang, und liebe es so sehr, dass du daraus eine regelmäßige Gewohnheit machst. 2. Wenn die Stimme deines Kleinkinds vom Schreien heiser wird, biete ihm ein Hustenbonbon an. Zuckerwürfel gehen auch. Wenn du keine Würfel im Haus hast, kann auch loser Zucker junge wunde Stimmbänder heilen.

Lieber Mini-Chef,
ich würde gerne einmal eine ruhige Autofahrt mit meiner Dreijährigen erleben. Bitte gib mir einen Rat.

Rastlos in Laguna Beach, Kalifornien

Liebe Rastlos,
zum jetzigen Zeitpunkt stehen der Öffentlichkeit noch keine Technologien für alternative Realitäten zur Verfügung, doch ich habe gehört, in seiner Phantasie kann man überallhin reisen.

Danke, MC

12. Auto-Knigge (und Orte, die man meiden sollte)

Du sagst also, du musst irgendwohin fahren. Ich glaube dir nur halb. Von deinen Lügen einmal abgesehen, ist es wichtig, dein kleines Kind für jede Exkursion in einem motorisierten Vehikel angemessen auszurüsten.

Snacks

Hier ist eine umfassende Liste sämtlicher Snacks, die du im Auto jederzeit mit dir führen musst.

* 2 kleine Päckchen Kekse
* 1 Tüte geriebener Käse
* 1 kleiner, wiederverschließbarer Beutel Rosinen
* 300 g Putenbrust in Scheiben
* 2 kleingeschnittene Nutella-Brote
* 8 kleine Päckchen Gummibärchen
* 1 Dutzend ausgesuchter Backwaren
* 10 Saftpäckchen (Apfel)
* ein Karton Frühstücksflocken
* 1 Handvoll Backpulver (zur Schneesimulation im Notfall)
* 2 Pfund Karamell
* 1 getoastetes Milchbrötchen mit Butter
* 1 Tüte Schokoladenbonbons (für Bestechungen)

Nachdem du Vorräte dieser Grundnahrungsmittel angelegt hast, kannst du dein kleines Kind sanft bitten, dich auf deiner Reise zu begleiten.

Die Fahrt

Erkläre deinem kleinen Kind, dass ihr eine kurze Fahrt ins Eiscafé unternehmt. Du denkst: »Aber wir fahren gar nicht ins Eiscafé.« Doch, macht ihr. Wirklich.

Finde einen angemessenen Sitz. Das heißt nicht einen der beliebten Fünf-Punkt-Gurt-Fesseln, die bei so vielen Kleinkindern Zorn auslösen. Finde einen Kindersitz, der hundertprozentige Bewegungsfreiheit im gesamten Innenraum des Fahrzeugs ermöglicht. Dein Kind sollte mühelos vom Kofferraum bis zum Lenkrad klettern können. Wenn du im Handel keinen derartigen Sitz findest, kannst du den, den du schon hast, modifizieren, indem du alle Gurte durchschneidest.

Nachdem du den Motor gestartet hast und dein Kleinkind seine Schuhe abgestreift hat, wirf die Snacks wie Konfetti in die Luft. Beachte den seltsamen Gesichtsausdruck deines kleinen Kindes. Das nennt man Glück. Wahrscheinlich hast du es noch nie gesehen. Behalte deine Sinne beieinander, denn sobald ihr auf der Straße seid, wird dein Kind eine Reihe von Bitten an dich richten. Die meisten werden unklar sein. Erfülle sie alle. Achte darauf, auf interessante Objekte wie Flugzeuge, Baustellen, Hunde und Briefkästen hinzuweisen. Übersieh nichts.

Lass dein Kleinkind nicht alleine im Wagen, um »kurz in den Laden zu springen«. Was ist nur los mit dir?

Halte die Fahrt kurz. Acht bis neun Minuten vom Start bis zum Ziel sind ideal. Davon sollten fünf Minuten am Straßenrand verbracht werden, in denen dein Kind mit dem Lenkrad und den Knöpfen des Autoradios spielen darf. Wenn du wieder zu Hause bist, gib deinem Kind den folgenden Fragebogen zum Ausfüllen.

Bewertung des Autoausflugs

1. Ich hatte den Eindruck, die Fahrt war gerechtfertigt. ja/nein

2. Meine emotionalen Bedürfnisse während der Fahrt wurden befriedigt. ja/nein

3. Während des Ausflugs wurde ein Spielzeug für mich gekauft. ja/nein

4. Während des Ausflugs wurde ein Snack für mich gekauft. ja/nein

5. Wir sind irgendwohin gefahren, wo es toll und lustig war. ja/nein

6. Mit diesem Chauffeur würde ich noch einmal fahren. ja/nein

7. Bei der Ankunft zu Hause wurde ich sofort aus dem Wagen gehoben, ohne dass der fragliche Erwachsene getrödelt hat. ja/nein

Die folgenden Teile sind zu beantworten mit
1 – Immer, 2 – Manchmal, 3 – Nie

8. Die Person am Steuer hat meine Bitten ernst genommen. _____

9. Die Person am Steuer hat sich von der Autobahn nicht daran hindern lassen, mir die nötigen Umarmungen zukommen zu lassen. _____

10. Die Person am Steuer hat sich um mich gekümmert. _____

11. Die Person am Steuer ist gern in Gesellschaft von kleinen Kindern. _____

12. Meine Bitten um Nahrungsmittel wurden prompt erfüllt, ohne dass ich meine Arme zu sehr strecken musste. _____

Benutze diesen Fragebogen zur Motivation. Wenn du an diesem und jedem anderen Tag nach den Sternen greifst, wirst du feststellen, dass du deine Fähigkeiten dramatisch verbessern kannst.

 Merke: Wenn du Fremde am Flughafen abholst, sollten diese niemals neben deinem kleinen Kind sitzen. Entweder neben dir auf dem Beifahrersitz oder gar nicht. Dafür wurden Taxis erfunden.

Musik im Auto

Schon im Kleinkindalter wird dein Baby ein Lieblingslied haben, das wie ein Dauerohrwurm in seinem Kopf läuft, vor allem, wenn du vor dich hin plapperst. Bei Autofahrten ist es wichtig, den Mix deines Kleinkinds auf Wiederholung zu stellen. Abwechslung mag die Würze des Lebens sein, doch jeder weiß, dass Gewürze regelmäßig eigentlich wunderbare Gerichte ruinieren. Konstanz ist der Zuckerguss des Lebens und bei pikanten Speisen der Ketchup. Erkennst du, worauf ich hinauswill?

Wenn das Lieblingslied deines Kleinkinds nicht dein Favorit ist, kannst du für Reisen in einen MP3-Player mit Kopfhörern investieren; so kannst du dir anhören, was immer du willst. Achte nur darauf, eine Seite des Kopfhörers in DJ-Manier an die Schläfe zu legen, damit du die Bitten deines Kindes deutlich hören kannst. Das gebietet im Grunde schon der gesunde Menschenverstand, aber ich weiß inzwischen, dass ich es trotzdem hinschreiben muss.

Verkehr

Wenn ein Wagen seine Fahrt minutenlang bis zum praktischen Stillstand verlangsamt, verlieren Kleinkinder die Fassung. Das hysterische Geschrei, das du von der Rückbank vernimmst, ist keine Theatralik oder schlechtes Benehmen, das du mit Halbwahrheiten wie »Wir sind gleich da« abstellen kannst. Du musst dafür sorgen, dass es aufhört. Konzentriere dich ausnahmsweise einmal. Richte deine Gedanken auf die Fahrzeuge vor dir. Visualisiere, wie sie dir eine Lücke frei machen, durch die du mit hundert Sachen brettern kannst. Kleinkinder nehmen den Verkehr sehr persönlich, und wenn ein ungebrochener Glaube an die Welt dir irgendetwas bedeutet, solltest du alles in deiner Macht Stehende tun, um Erschütterungen vorzubeugen.

Zur Pflege deiner außergewöhnlichen Fähigkeiten solltest du Sendungen mit Helden wie Superman oder Professor Xavier aus *X-Men* schauen. Du wirst bemerken, dass diese Leute trotz ihrer Großartigkeit bescheiden geblieben sind und nicht versucht haben, die Menschen in ihrer Umgebung zu kontrollieren. Wie hat diese Wahrheit dein Herz bewegt?

Wenn deine Hirnwellen nichts und niemanden bewegen, solltest du im Handschuhfach mindestens vier verpackte Geschenke für Notfälle vorrätig haben. Diese sollten einen Gegenwert von jeweils mindestens zwanzig Euro haben, also kein Ein-Euro-Laden-Nippes. Habe ich mich klar ausgedrückt?

Wenn es dir sowohl an Geld als auch an übernatürlichen Kräften mangelt, überrascht es mich, dass du im Leben so weit gekommen bist. Jedenfalls bleibt dir dann nichts anderes übrig, als dein Kleinkind durch das Rammen anderer Fahrzeuge zu unterhalten. Sei versichert, dass dein Baby dich wahrscheinlich im Gefängnis besuchen kommt, hin und wieder.

Reinlichkeit

Autowerbung gaukelt dir vor, dass der Innenraum deines Wagens makellos und frei von schmutzigen Windeln sein sollte. Das stimmt nicht. Solange man die Klebestreifen an den Windeln benutzt, um sie zu einer festen Kugel zu formen, können sie durchaus Teil eines natürlichen Autoinnenraums sein. Zahlreiche Innenräume sind aus Stoff, damit sie Saft, Pipi, gelegentliche Überraschungskotze und Blut besser absorbieren können. Diese Flüssigkeiten werden von der Schwerkraft durch die Sitzpolster gesaugt und trocknen über Nacht. Man könnte sagen, dass Autos selbstreinigend sind.

Tankstellenstaubsauger sind laute und erschreckende Geräte. Ihre langen Schläuche wollen deinem Kind weh tun. Mach dir keine Gedanken über die Erdnussflips- und Crackerkrümel auf dem Boden: Sie können Wegzehrung für ein hungriges Kind sein. Glaub mir, dein Kleinkind wird sie zu einem späteren Zeitpunkt genießen.

Damit du dich mit deinem Fahrzeug besser fühlst, habe ich eine visuelle Inventur meiner Familienkutsche durchgeführt und eine Liste aller entdeckten Objekte angefügt:

16 Käse-Cracker
1 Schachtel Pflaster (leer – alle wurden ordnungsgemäß benutzt)
2 leere Saftpäckchen
42 Quittungen
9 einzelne schmutzige Kleinkindersocken
1 saubere Socke
1 Satz Wechselwäsche für Notfälle (eine Nummer zu klein)
1 hartgekochtes Ei in der Schale
3 einzelne Croc-Imitate, 1 echter
2,30 Euro in Münzen
1 Büschel Haare
5 Bankbroschüren über Baufinanzierung, gestohlen von meiner Wenigkeit
1 feine Schicht geborgter Spielplatzsand
5 Windeln in drei verschiedenen Größen

Und all das in einem Umkreis von weniger als einem halben Meter. Wir machen uns deshalb keine Sorgen, und du solltest das auch nicht tun.

Quiz: Verhalten bei häufigen Auto-Problemen

Wenn du mit einem Kleinkind in einem Auto unterwegs bist, besteht die hundertprozentige Chance, dass eines der unten aufgeführten Probleme entsteht. Vielleicht erkennst du einige der Szenarien wieder. Teste das Wissen über dein Kind sowie deine Kompetenz als Mutter oder Vater mit dem folgenden Quiz.

Situation 1

Du fährst mit einhundertvierzig Stundenkilometern über die Autobahn, und dein Kind braucht Hilfe beim Schälen einer Mandarine. Es ist sehr hungrig. Du

a) findest zeitig die nächste Abfahrt, hältst an und schälst die Mandarine.

b) fährst weiter in der Hoffnung, dass dein Kind seine Frustration überwindet.

c) greifst, ohne den Blick von der Straße zu wenden, nach hinten und schälst mit einer Hand die Mandarine, ohne die empfindliche Haut der Frucht zu verletzen.

Wenn du a) angekreuzt hast, geht der Witz auf deine Kosten, denn dein Kind wird vor Hunger längst in Ohnmacht gefallen sein, bevor du eine Ausfahrt gefunden hast. Man kann sich auch Zeit lassen.

Wenn du b) angekreuzt hast, weiß ich nicht, warum du ein Kind in die Welt gesetzt hast. Möglicherweise hattest du irgendwann einmal die Leidenschaft zu dienen, doch davon ist nichts mehr übrig.

Wenn du c) angekreuzt hast, darfst du dir ein goldenes Sternchen geben! Schenke es deinem kleinen Kind, und begnüge dich mit einem Adressetikett.

Deine beste Freundin muss irgendwohin gefahren werden. Sie möchte die Nachrichten hören, während dein Kleinkind auf seinem Lieblingslied besteht. Du

a) erklärst deinem Kind, dass man sich manchmal mit anderen abwechseln muss, und suchst im Autoradio einen Nachrichtensender.

b) lenkst deine Freundin mit der Frage ab, was ihre Lieblingsfarbe ist, und stößt sie dann aus dem fahrenden Wagen.

c) fährst deine Freundin erst gar nicht irgendwohin. Was hat das mit deinem Kind zu tun? Deine Freundin ist eine Fremde.

Wenn du a) angekreuzt hast, möchte ich wissen, ob du je von dem Sprichwort »Blut ist dicker als Wasser« gehört hast. Und das hat rein gar nichts mit Kochen zu tun, dafür sehr viel mehr mit den Entscheidungen, die du triffst. Die Familie kommt immer zuerst.

Wenn du b) angekreuzt hast: Respekt! Das ist urkomisch.

Wenn du c) angekreuzt hast, bist du für diesen Job wie geschaffen. Bravo.

Dein Kind findet seinen Sitz unbequem, will sich nicht setzen und versteift seinen Körper. Du

a) brüllst mit der Stimme eines Gefängniswärters Drohungen und versuchst, den steifen Körper deines kleinen Kindes durch gewaltsames Drücken zu brechen.

b) brichst vor lauter Stress tränenüberströmt zusammen, gibst auf und sitzt mit geschlossenen Augen im Auto, während dein Kind auf der Rückbank spielt.

c) gibst deine Pläne für diesen Tag auf.

Wenn du a) angekreuzt hast, melde dich bitte auf dem nächsten Polizeirevier, und stelle dich freiwillig. Wow.

Wenn du b) angekreuzt hast, bist du auf der richtigen Spur. Es könnte noch besser werden, wenn es Süßigkeiten gäbe. Ich mag deinen Gedankengang und erkenne dein Potential. Eine Zwei plus.

Wenn du c) angekreuzt hast, solltest du Botschafter werden. Jemand mit einem derartigen Maß an Integrität verdient einen offiziellen Titel, eine Schärpe und ein paar Orden. Genieße es, die oder der Beste zu sein.

Situation 4

Dein Kleinkind hat einen Schuh ausgezogen und aus dem Fenster geworfen. Du

a) hörst auf, Schuhe zu kaufen, nachdem du erkannt hast, was für eine Geldverschwendung es ist, und bastelst deinem Kleinkind eine Urkunde für kluges Denken.

b) parkst den Wagen und suchst den Schuh, während du wütend vor dich hin murmelst wie ein/e Verrückte/r.

c) Antwort b), plus du erzählst es dem anderen Elternteil, dem Weihnachtsmann und/oder teilst es auf Facebook.

Wenn du a) angekreuzt hast, überlege, ob du dich als mein/e Pate/Patin bewerben möchtest. Die Position ist zurzeit noch besetzt, doch ich kann dafür sorgen, dass es eine Vakanz gibt.

Wenn du b) angekreuzt hast, bin ich nicht wütend, weil dein kleines Kind sich wahrscheinlich köstlich amüsiert. Parke so, dass es dich (zu Unterhaltungszwecken) bei der Suche beobachten kann.

Wenn du c) angekreuzt hast, klingst du so, als würdest du ein wenig Zeit für dich und vielleicht ein Nickerchen brau-

chen, aber da du ein Kind hast, kommt das nicht in Frage. Reiß
dich um deiner Familie willen zusammen. Und kein Tratsch.

Entschuldigungsbrief (zum Ausdrucken)

Wenn du mit einem Kleinkind fährst, giltst du im juristischen
Sinne als behindert. Im Folgenden findest du einen Brief, den
du an andere Verkehrsteilnehmer oder die Polizei verteilen
kannst, wenn du angehalten wirst.

Sehr geehrte Damen und Herren, verehrter Gesetzeshüter,
    *zunächst möchte ich mich entschuldigen. Ich bin [Zutreffendes
bitte unterstreichen] in Schlangenlinien/so langsam gefahren/
habe unangekündigt die Spur gewechselt/Sie geschnitten, weil ich
mich um einen legitimen Notfall meines kleinen Kindes kümmern
musste. Es musste [Zutreffendes unterstreichen] auf die Toilette/
sich aus dem Kindersitz befreien/etwas angereicht bekommen,
und ich bin nicht die Sorte Vater/Mutter, die einen Hilferuf ignoriert.*
    Ich habe diese/n Strafzettel/Beleidigung nicht verdient.
    *Ich bin ein/e tolle/r Fahrer/in, aber Vater/Mutter zu sein
bedeutet, dass man seine eigenen Bedürfnisse an die vierte oder
fünfte Stelle setzen muss. Wenn am Straßenrand Menschen
stünden, die Saftpäckchen und Spielzeug verteilten, wie man es
für Marathonläufer macht, wären Autofahrten für mein süßes
Kind vielleicht leichter. Für ein Kleinkind ist es schwierig, längere
Zeit eingesperrt zu sein, deshalb bin ich sicher, dass Sie verstehen,
warum ich so handeln musste, wie ich es getan habe.*
    *Wenn Sie ein Polizist sind, der neben meinem Auto steht, ent-
halten Sie sich bitte eines Urteils über den Innenraum. Es riecht*

nicht nach [Zutreffendes unterstreichen] Essensresten/Urin; das ist lediglich Ihre Phantasie. Wenn Sie überlegen, einen Strafzettel auszustellen, sollten Sie wissen, dass er aus den Rücklagen für die Ausbildung meines Kindes bezahlt werden wird. Ich bin sicher, Sie wollen nicht, dass ein weiterer Mensch auf der Straße landet, also treffen Sie eine kluge Entscheidung.

Alles Liebe, _____ [dein Name]

Gefahrenzonen oder Wohin du lieber nicht fährst

Es könnte bedauerlicherweise vorkommen, dass du Örtlichkeiten aufsuchst, die für ein sensibles junges Kind wie deines eine feindliche Umgebung darstellen. Du solltest herausfinden, um welche es sich handelt, und sie dann aus deinem Navi löschen.

Kirchen/Synagogen/Moscheen/Kultstätten aller Art

Kinder unter vier Jahren kennen nur eine Lautstärke: störend. Mit unseren Stimmbändern sind wir schlichtweg außerstande zu flüstern. Auch wenn Kleinkinder alle Glaubensrichtungen tolerieren, stellt die Aufforderung, aus Angst vor Verfolgung die Stimme zu senken, eine Verletzung ihrer persönlichen Freiheit dar. Glaube, was du willst, doch es ist unvernünftig, von deinem kleinen Kind zu erwarten, eine Zeremonie über sich ergehen zu lassen, bei der weder Geschenke noch Frittiertes verteilt werden.

Solltest du überlegen, dein Kleinkind in ein besonderes Gebäude mitzunehmen, tue es mit einer entspannten Grundhaltung. Sprich mir nach: »Es ist mir egal, was irgendjemand über meine Familie, meine Erziehung oder mein Kind denkt. Die können mich alle mal gernhaben.« Befürchtungen, jemand könnte dich schief von der Seite angucken, während dein Kind unter Bänke kriecht oder heilige Texte zerreißt, werden deinen ohnehin rapide alternden Körper nur stressen. Öffne dich einer neuen Sichtweise: Tritt dein Kind gegen die Lehnen von Kirchenbänken, oder lädt es spirituell einen schrägen Beat von oben herunter? Wer weiß das schon genau?

Manche Kultstätten haben eine Kinderbetreuung. Ich kann aus Erfahrung berichten, dass es dort nicht sicher ist. Du kannst vorbeischauen, um eine Dose Snacks mitzunehmen, aber lasse dein kleines Kind nicht in der Obhut dieser Hippies. Die meisten Religionen glauben, dass man Menschen so behandeln sollte, wie man selbst behandelt werden möchte. Würdest du gern in einer Tagespflege für Hunde abgegeben werden?

 **Hausaufgabe:** Bete zu Hause.

Büchereien

Spar dir die Mühe. Als ich zuletzt an einem dieser Orte war, haben alle geflüstert, als ob Bücher Ohren hätten. Ich bin zum Glück kein Idiot, deshalb habe ich mit voller Lautstärke geredet. Eine Bücherei ist eine Buchhandlung für Leute, die pleite sind. Man geht dorthin, um unverhohlen zu stehlen. Das klingt an sich spaßig, doch die neunhundertsiebenundvierzig Regeln verhindern es, dass daraus eine positive Erfahrung wird. Die Leute, die in einer Bücherei arbeiten und offenbar auch leben, wollen nicht, dass du du selbst bist. Wenn man die Treppe hoch und runter rennt, fliegt man hochkant durch die Hintertür raus.

Die Erzählstunde ist auch nicht viel besser. Stell dir vor, du würdest mit Bekannten im Kreis sitzen, Zaubersprüche singen und über eine Reihe von Themen belehrt werden. »Wie machen die Enten?« Wen interessiert's? Wozu muss ich das wissen? Wie wird das Wissen über Tiere und die Laute, die sie von sich geben, mich im Leben weiterbringen? Kinder, die aufstehen, um sich die Beine zu vertreten oder auf Erkundungstour zu gehen, werden öffentlich ermahnt. Und die Teilnahme wird auch nicht mit einem Berliner mit Zuckerguss belohnt, also vergiss es.

Hausaufgabe: Besuche deine örtliche Bibliothek, und mache eine Szene. Stelle fest, wie großartig du dich fühlst.

Banken

Banken sind grauenhafte Orte mit einer Vielzahl von Broschüren, frisch gedruckt zum Mitnehmen. Dein Kind wird sich vermutlich ungefähr zwanzig von ihnen schnappen. Das ist in Ordnung. Kleinkinder haben es in Banken sehr schwer, weil es dort nicht viel mehr zu sehen gibt als die Beine von Erwachsenen. Es ist wie ein Wald aus Hosen. Wenn du etwas sagst wie »steh still«, hast du nicht mal ansatzweise begriffen, worum es in der Kindheit geht. Und ja, diese Trennbänder aus Sicherheitsgurtstoff sind zum Spielen da, also entspann dich einfach.

Postämter

Musst du einen Brief abschicken? Dann investiere in eine Eule à la Harry Potter, oder vergiss das Ganze. Das Postamt spielt mit dem Herzen deines Kindes, indem es einen Schatz unerreichbarer Schreibwaren präsentiert. Wenn dein Kind also eine Packung mit Briefumschlägen aufreißt, kannst du sie unter dem Kinderwagen verstecken. Postämter kannst du alleine besuchen, sobald dein Kleinkind erwachsen ist.

Hausaufgabe: Kaufe ein neues Auto. Suche eins ohne Türen, so dass dein kleines Kind nach Belieben ein- und aussteigen kann. Zeichne eine Karte sämtlicher Spielplätze und Süßigkeitenläden in deiner Umgebung, und mache es zu deiner ersten Pflicht, sie noch diese Woche alle zu besuchen. Die meisten anderen Orte solltest du meiden. Es fühlt sich großartig an, etwas für andere zu tun.

Lieber Mini-Chef,

weißt du, wo ich T-Shirts von Achtziger-Jahre-Rockbands in Kleinkindgröße bekommen kann? Ich versuche, cool zu sein.

Stillos in West Virginia

Liebe Stillos,

dein kleines Kind ist kein lebendes Denkmal deiner Ikonen. Du machst dich lächerlich.

Alles Liebe, MC

13. Von Bernsteinketten bis Jeggings: beliebte Modeerscheinungen und warum man sie ignorieren sollte

Wohin man auch blickt, sieht man Bücher, Kleider und andere Produkte, die ein glücklicheres, erfüllteres Leben mit deinem Kind versprechen. Eine meiner vielen Rollen ist die eines Verbraucheranwalts. Befolge meinen Rat, wenn du dich vor den zahllosen betrügerischen Verkäufern schützen willst, die es auf leichtgläubige Eltern abgesehen haben.

Bernsteinketten

Eltern kämpfen mit dem Zahnen. Eigentlich sind die Kleinkinder diejenigen, die körperlich leiden, mit einem Gefühl wie brennend scharfe Tic-Tacs, die sich durch ihr Zahnfleisch bohren, aber so wie Eltern reden, könnte man meinen, sie würden die Schmerzen erdulden. Vor ein paar Jahren hat irgendjemand beschlossen, dass Harz (also eigentlich das Aa von Bäumen) Unwohlsein und Fieber von kleinen Kindern heilen könnte. Seitdem werfen Eltern Geld zum Fenster hinaus, um eine dieser magischen Ketten in die Hände zu kriegen. Ich trage in diesem Moment eine. Nicht ein einziger Erwachsener hat gefragt: »Was sagt die Wissenschaft dazu?« Ich habe ein Labor in England mit der Untersuchung einer dieser Bernsteinketten beauftragt, und die Resultate waren schockierend. Nein, sie helfen nicht, das Unbehagen beim Zahnen zu lin-

dern, erhöhen jedoch das Jammeraufkommen um fünfundvierzig Prozent.

Jeggings

Obwohl Stretch für einen Kleinkindkörper ideal ist, machst
du dein kleines Kind zum Gespött, wenn du seine Schenkel
in ein mit Jeansmuster bedrucktes Elastan-Teil stopfst. Kein
Kleinkind möchte in einer Hose herumlaufen, die wie auf-
gemalt aussieht. Viele von uns sind noch nicht ganz sauber.
Wenn man Jeggings über einer Windel trägt, kommt dabei ein
Hinterteil heraus, das dreimal so groß ist wie normal. Wenn
du es nicht süß findest, dein Kind zu kleiden wie eine Tänzerin
aus einem Gangster-Rap-Video, bleibe bei normalen Hosen.

Leinen

Jeder erkennt einen Läufer: den Typ Kleinkind, der wie ein
Jaguar in der Savanne auf die perfekte Gelegenheit lauert, aus
dem Busch zu springen und loszurennen. Ich muss zugeben:
Es gibt nichts Anregenderes, als zu hören, wie Erwachsene, die
du liebst, dir nachlaufen. Die schweren Schritte hinter dir, dein
rasendes Herz, die wilden Schreie, die zu einem Kreischen an-
schwellen. Der letzte Moment, bevor du gepackt und in ihre
Arme gewirbelt wirst. Das sollte jeder Mensch mindestens
einmal erlebt haben.

Als Reaktion auf diese Freizeitbeschäftigung von kleinen
Kindern hat eine Firma tatsächlich eine spezielle Leine für
Kleinkinder entwickelt. Im Grunde ist es ein Laufgeschirr, das

mit einem groben Seil verbunden ist. In jüngster Zeit haben Hersteller diese Leinen mit einem Rucksack-Plüschtier kostümiert, das einen Schwanz hat, den der Erwachsene in der Hand hält. Trotzdem wird das Kind behandelt wie ein Hund. Ich verwandle mich regelmäßig in einen Dobermann, deshalb habe ich keine Probleme mit Leinen, solange ich nicht damit angebunden werde. Ich fände es auch wunderbar, wenn auf Spielplätzen mehr Kleinkinder, die nicht ich sind, angeleint wären. Vor allem die Kleinkinder, die glauben, die Schaukeln wären ihr Privatbesitz, und sie so unverschämt lange belegen, dass andere Kinder Stunden warten müssen. Du weißt, von wem ich rede, Carl. Wenn du den ganzen Tag schaukeln willst, stelle eine Schaukel in deinem Garten auf. Alle hassen dich deswegen. Höchstens zehn Minuten!

Crocs

Jeder außer Eltern weiß, dass kleine Kinder keine Schuhe brauchen. Zum Glück hat eine Firma namens Crocs eine Fußbedeckung erfunden, die die Anforderungen an einen Schuh erfüllt, während sie gleichzeitig eine kaum wahrnehmbare Präsenz am Fuß deines Kindes bleibt.

Warum Kinder Crocs lieben

* Sie sind leicht abzustreifen.
* Man muss sie nicht kaputtmachen; sie sind schon voller Löcher.
* Sie sehen aus wie Zeichentrickfiguren.

Crocs kann man zu Hochzeiten und Regierungstreffen tragen. Wenn du knapp bei Kasse bist, gibt es in den meisten Ein-Euro-Läden billige Imitate, die dich im Leben weit bringen werden. Wer in Crocs herumläuft, sagt der Welt, dass er ein wenig Rücksicht auf Konventionen nimmt, aber nicht zu viel.

Seltsame Kinderwagen

Es gibt eine Reihe von Kinderwagen auf dem Markt – genauer gesagt vier. Bedenke, dass es letztendlich darauf ankommt, dass dein kleines Kind nicht laufen muss. Es ist nicht notwendig, darin eine Umlaufbahn um die Erde oder Reisen in andere Dimensionen anzutreten, also meide Sportwagen, die aussehen, als wären sie von der NASA entworfen worden. Achte darauf, dass der Kinderwagen nicht zu schwer ist, da du dein Kind die meiste Zeit auf dem Arm halten wirst, während du ihn schiebst.

Kinder-Parfüm

Lass mich zunächst feststellen, dass auch du nicht immer nach Rosen duftest. Jeder Versuch, die streng riechenden Düfte zu überdecken, die gelegentlich aus den diversen Körperöffnungen deines kleinen Kindes dringen, ist zwecklos. Vielleicht kann man den Innenraum von Autos mit Duftbäumchen vernebeln, aber dein kleines Kind ist eine Aa-Fabrik erster Ordnung. Wenn du von Wohlgerüchen umgeben sein willst, versuche, etwas zu backen.

Disziplin

Ich weiß schon, was du denkst. »Ist Disziplin ein Trend?« Mit einem Wort: ja. Es gab Zeiten, als Kleinkinder frei herumstreifen durften wie Wild- und Waldgeister. Das war im Jahr 1972, als der Saft durch die Straßen floss wie Wasser. Jetzt darf man nicht mal mehr ein Baby schubsen, ohne dass man wie ein Verbrecher auf die Straf-/Parkbank muss. Wir brauchen Resozialisierung, keine Strafen. Hör auf, bis drei zu zählen. Niemand fürchtet sich. Was machst du, wenn du bei drei bist? Die Zeit anhalten? Voller Zorn Hagel und Heuschrecken regnen lassen? Lächerlich.

Wenn du wüsstest, wie du aussiehst, wenn du Regeln durchsetzen willst, würdest du damit aufhören. Du fletschst die Zähne und ziehst ein Gesicht wie ein Werwolf. Du riechst sogar anders (wie Müll im Sommer). Das folgende Gedicht habe ich nach einer besonders schwierigen Woche für meine Mutter geschrieben. Wenn du es gelesen hast, solltest du darüber nachdenken, wie du es auf dein eigenes Leben anwenden und die wütenden Blicke und Stirnfalten bei dir zu Hause verringern kannst.

Mit einem Lächeln siehst du hübscher aus

Bist gestern Nacht ja doch noch gekommen.
Danke, dass mein Befinden dir nahegeht.
Mir war, als hätte ich Bären vernommen,
außerdem war meine Decke verdreht.

Du hast geflüstert, gedroht und gesäuselt,
bis Mitternacht oder darüber hinaus.
Das nächste Mal solltest du daran denken:
Mit einem Lächeln siehst du viel hübscher aus.

Was soll das Knurren, was soll das Fluchen,
wenn ich tief in der Nacht einfach durstig bin?
Dehydrierung ist wirklich gefährlich.
Warst du nicht auch mal ein kleines Kind?

Bitte hol den richtigen Becher,
dann trinke ich gern einen See daraus.
Mama, entspann dich, denn eines ist sicher:
Mit einem Lächeln siehst du viel hübscher aus.

Was liegt dort im Flur?
Übelriechend und matschig,
war das ein Kind, niedlich und patschig?
Hör auf zu schimpfen, das schadet doch nur.

Eine Schmutzspur zieht sich kreuz und quer durch das Haus,
doch mit Sagrotan kriegst du das leicht wieder raus.
Und mit einem Lächeln siehst du hübscher aus.

Obwohl ich nicht wollte, hast du es geschafft,
mich in Kleider zu zwängen, mit all deiner Kraft.
Jetzt liegen die Sachen auf einem Haufen,
und du machst ein großes Theater daraus.
Sauer? Hey, Mama, mit einem Lächeln
siehst du ganz ehrlich viel hübscher aus.

Du bist mein Engel, tagaus und tagein,
obwohl Engel nicht fluchen und auch nicht schrei'n.
Selbst wenn ich mal Mist bau, so schlimm kann's nicht sein.
Also kein böser Blick, und zieh die Stirne nicht kraus,
denn mit einem Lächeln siehst du viel hübscher aus.

Kindergärten

Erstens: Kleinkinder brauchen keine Ausbildung. Wenn ein Kind das Kleinkindalter erreicht hat, weiß es im Großen und Ganzen, worum es im Leben geht. Wenn du jeden Monat Hunderte oder gar Tausende von Euro ausgibst, damit dein Kind sich Knete in die Nase stopfen kann, kannst du das Geld auch einfach in der Toilette wegspülen; das wäre zumindest ein Spektakel. Glaubst du mir nicht? Spül irgendwas im Klo herunter. Wenn es kleiner ist als eine Apfelsine, geht es unter. Wenn es größer ist, gibt es eine Flutwelle. Eine Win-win-Situation.

Sozialisierung ist kein richtiger Grund, dein Kind in einem Kindergarten anzumelden. Kleinkinder werden früh genug lernen, so zu tun, als ob sie andere Leute mögen. Nimm das Geld, das du für einen Kindergarten verschwendet hast, und investiere es in etwas Nützliches wie eine Hüpfburg.

Wenn du nach wie vor versucht bist, dein Kind im Kindergarten anzumelden, sollte dir bewusst sein, dass die meisten Kleinkinder die Erfahrung für dich ebenso schmerzhaft machen werden, wie sie für uns ist. Beliebte Methoden der Elternbestrafung sind unter anderem:

1. Die Erzieherin Mama nennen.
2. Geheimnisse von zu Hause enthüllen. Ja, deine Erzieherin wird wissen, dass Papa seit ein paar Nächten auf dem Sofa übernachtet und Mama ihren Schnurrbart gebleicht hat.
3. Andere Kinder beißen. Es geht nichts über Blut, das man mit dem Mund aus einem Spielkameraden saugt, um zu sagen: »Ich habe zu Hause keine Erziehung genossen.«
4. Flitzen

Ich habe vor kurzem einen herzzerreißenden Brief einer Zwei-einhalbjährigen erhalten, die von ihrem ersten Tag im Kinder-garten berichtet. Halte ein Taschentuch griffbereit.

Hallo MC,

mein kleines Nachtlicht ist die einzige Beleuchtung, während ich dir schreibe. Es ist ironisch, wirklich: Nicht nur die Lichter bei mir zu Hause sind für die Nacht ausgegangen, heute am Tag ist auch das Licht in meiner Seele erloschen. In meinem Bett-chen kann ich hören, wie sie unten Fernsehen gucken und sich gierig meine Frühstücksflocken reinstopfen. Mich hat man alleine gelassen, um die dunklen Ereignisse des Tages zu verarbeiten, während sie einen gemütlichen Abend genießen.

Als ich heute Morgen aus tiefem Schlummer und feucht von Urin, der durch meine Billig-Windel gesickert war, erwachte, freute ich mich ungeduldig auf einen Morgen mit den musika-lischen Hinterhofzwergen. Stattdessen wurde mein Körper in saubere Kleidung und neue Schuhe gezwängt. Wir fahren be-stimmt auf die Kirmes, schloss ich. Mutter war nervös. Vater wirkte ausgelassen. Während ich die Bäume an unserem Auto vorbeisausen sah, umspielte ein naives Lächeln meine Lippen. Ich dachte an Zuckerwatte und Bratwürste.

Dann hielten wir vor einem Gebäude, das ich noch nie gesehen hatte. Drinnen schlugen mir junge Stimmen und der Geruch von Kindern in diversen Reinlichkeitszuständen entgegen. Instinktiv packte ich meine Mutter und verlangte, auf den Arm genommen zu werden. Sie drückte mich an sich, anscheinend genauso ängstlich wie ich. Ich flüsterte ihr ins Ohr: »Lass uns hier abhauen«, doch heraus kam nur ein »NEEEEEEEEEEEEEEIIIIIIIIIIN!« Ehe ich begriff, was passierte, fand ich mich in einem grellbunten Raum wieder. Was wollte man mit all dem Bastelpapier kaschieren? Welche Institution verbarg sich hinter dieser dünnen Verkleidung der Wunderlichkeit? Vor meinen Augen drehte sich alles. Links neben mir stapelte ein Mädchen Bauklötze. Zu meiner Rechten zeigte ein Junge von höchstens drei Jahren eine lautstarke Reaktion und fing an, sich auszuziehen.

Ich drehte mich um und sah die Gesichter meiner Eltern dicht vor meinem, da sie in die Hocke gegangen waren. Bei dem Kreischen in meinem Kopf konnte ich nicht verstehen, was sie sagten, doch ich bin sicher, es war: »Lebewohl für immer.« Sie umarmten und küssten mich, und während ich noch nicht fassen konnte, dass das alles überhaupt geschehen konnte, waren sie weg.

Ich weinte. Oh, wie ich weinte.

Dann spielten wir. Es war furchtbar. Furchtbar lustig, doch das ändert gar nichts.

Vierzehn Stunden später kehrte Vater zurück, als sei nichts geschehen. Wir packten meine Habseligkeiten und gingen. Zwar verzehre ich mich einerseits nach den beinahe außerirdischen Köstlichkeiten, die ich heute Nachmittag essen durfte – Brötchen mit Frischkäse, himmlisch –, doch meine Welt ist erschüttert.

Verbreite meine Geschichte weiter, MC. Und nimm dich in Acht. Das könnte auch dir passieren.

Liebe Grüße, deine Anna (zweieinhalb Jahre alt)

Etwas so Trauriges habe ich noch nie gelesen. Und wenn irgendjemand weiß, wo man diese Brötchen mit Frischkäse kriegt, sagt Bescheid.

Hausaufgabe: Beantrage präventiv eine einstweilige Verfügung gegen die Kindergärten in deiner Nachbarschaft.

An Mama
Von deinem süßen Baby alias Engelsgesicht alias ein hilfloses Kind

Betrifft: Gestern Nacht

Hallo! Ich habe bloß eine kurze Frage. Ich weiß, wir haben einen anstrengenden Tag vor uns, an dem ich dir zusehen darf, wie du Dinge erledigst, aber was heißt Liebe für dich eigentlich?

Für mich heißt es, sich einigermaßen plötzlich und ohne großes Aufheben aus dem Bett zu erheben, wenn dein Liebling um Mitternacht, um zwei Uhr und schließlich um halb fünf etwas zu trinken braucht. Ich kann deine ärgerliche Miene im Dunkeln nicht sehen, aber ich höre deine dramatischen Seufzer, und die sind ehrlich gesagt ein wenig abstoßend.

Beim Kundenservice geht es nicht nur darum, das Verlangte zur Verfügung zu stellen; es geht auch um die Haltung und Ausführung. Als dein Kontrolleur muss ich sagen, dass ich deine trotzige »Ich wär überall lieber als hier«-Haltung nicht nur als schädlich für unsere Beziehung, sondern auch eine Bedrohung des fragilen Fundaments von Vertrauen erachte, das aufzubauen ich mich redlich bemühe.

Du erklärst mir ständig, dass du mich liebhast, aber vielleicht solltest du besser sagen: »Ich hab dich lieb, wenn ich ausgeruht bin.« Denn wenn du Sachen flüsterst wie »Das ist das letzte Mal, dass ich zu dir komme«, ist das ein direkter Widerspruch zu deinen tagsüber geäußerten Gefühlen. Wenn in tiefer Nacht ein Dämon mein Gesicht streift, so dass ich laut schreien muss, ist es für mich wichtig zu wissen, dass du an meine Seite geeilt und nicht ge-schlendert kommst.

Und belügen sich Menschen, die sich lieben? Wenn nicht, wo bleibt die Milch, die du mir angeblich schon vor fünf Stunden bringen wolltest? Noch mit dem Eingießen beschäftigt? Dein langsamer Schlurfgang zur Küche mit der raschen Pirouette zu-rück in dein Schlafzimmer, als du dachtest, ich würde dich nicht mehr sehen, war ziemlich übertrieben. Hörst du mich applaudie-ren? Denn ich klatsche gar nicht.

Apropos Lügen: Sätze wie »Wir haben kein Wasser mehr« sind einfach nur albern. Kein Wasser mehr. Wird es seit neuestem rationiert? Ist jemand ins Meer gefallen und hat es an der Quelle verseucht, oder hast du einfach alles ausgetrunken? Ich wünschte, du könntest in diesem Moment mein Gesicht sehen.

Bitte sag mir Bescheid, wenn ich die Höchstzahl der Küsse, für die ich vorgesehen bin, fast erreicht habe. Die letzten vier haben sich offen gestanden eher wie Almosen angefühlt. Wer hätte gedacht, dass die Leidenschaft in den wenigen, kurzen Monaten seit meiner Geburt schon verflogen ist. Vielleicht ist kein Kuss besser als ein widerwilliger. Wenn ich das nächste Mal laut nach wiederholten Küssen verlange, ruf doch einfach aus deinem Schlaf-zimmer: »Warte bis morgen, du Wurm!« Wenn ich am nächsten Tag noch erwache, kannst du mir einen geben.

Und was meine briefmarkengroße Bettdecke angeht, werde ich versuchen, mich im Schlaf nicht zu bewegen, damit sie nicht runterrutscht. Oder ich kaufe im Internet Wachstumshormone, damit meine Babyarme sie ohne fremde Hilfe zurechtrücken können. Auch wenn ich keine Kreditkarte habe und das deshalb unmöglich ist, werde ich einen Weg finden, damit du friedlicher schlafen kannst.

Wenn sich eine Socke abstreift, lasse ich den Fuß erfrieren und auf der Stelle abfallen. Du musst die Socke nicht wieder richtig anziehen. Zerre sie einfach mit der Sohle nach oben und auf links über meinen Fuß.

Ich werde nachts so still sein, dass es sich anfühlt, als hättest du gar kein Kind. Das willst du doch, oder?

Ich habe nur noch eine letzte Frage: Habe ich gestottert, als ich ausdrücklich nach dir gerufen habe? Mir ist nämlich aufgefallen, dass du Papa geschickt hast. Hm, seltsam.

Jedenfalls wollte ich dir bloß sagen, dass ich all das hinter mir gelassen habe und bereit bin, dir eine neue Chance zu geben. So bin ich halt. Liebevoll.

Alles wirklich Liebe, MC

Lieber Mini-Chef,

meine Zweijährige hat Fieber und will mich nicht ihre Temperatur messen lassen. Was soll ich machen?

Ahnungslos in Atlanta, Georgia

Liebe Ahnungslos,

kleine Kinder haben manchmal ein Problem mit dem Geben. Wenn du also etwas von deinem Kind nehmen willst, und sei es die Temperatur, reiche bitte achtundvierzig Stunden vorher einen schriftlichen Antrag ein. Er wird wahrscheinlich abgelehnt.

Alles Liebe, MC

14. Grüner Schnodder: Wie du die Krankheiten deines kleinen Kindes behandelst

Selbst das kräftigste Kleinkind wird irgendwann in Kontakt mit einem Virus kommen, das stark genug ist, es für ein paar Tage zu bremsen. Ich habe gehört, dass manche Eltern die lethargische Version ihres angeschlagenen Kindes tatsächlich genießen, aber ich werde dieses abwegige Gerücht ignorieren.

Medizin

Wenn aus der Nase deines Kleinkinds zähflüssige, aber essbare Tropfen rinnen, wirst du als Erstes versucht sein, Medikamente zu kaufen. Medikamente sind Schwindel. Sie schmecken nicht mal annähernd so wie die auf der Verpackung abgebildeten Früchte und können Löcher in Plastik brennen. Es läuft bereits eine Sammelklage aller Kinder der Welt gegen die Köche dieser bitteren Rezepturen. Ob Medikamente wirken oder nicht, ist irrelevant, wenn dein Kind unfähig und unwillig ist, sie zu sich zu nehmen. Vielleicht fragst du dich: »Aber warum nicht? Mein Kind hat mehr Computertastaturen und Kundentresen abgeleckt, als ich zählen kann. Warum dann nicht dieses von der Arzneimittelzulassungsstelle sanktionierte Gift?« Dass du es verstehst, ist nicht so wichtig, entscheidend ist, dass du die Idee ganz aufgibst.

Wenn du dich das nächste Mal in dunklen Gassen herumtreibst und zwielichtigen Gestalten im Halbdunkel flüssige Drogen abkaufst, solltest du dich fragen, ob der Slogan »Sag nein zu Drogen!« dir irgendetwas bedeutet. Und wenn du homöopathische Substanzen kaufst, bist du übrigens nicht weniger schuldig, nur weil dein Dealer sich wie ein Yogi kleidet.

Ein Löffel Zucker hilft auch nicht, wenn man Medizin schlucken soll, ist jedoch eine höchst willkommene Alternative.

Populäre Arzneimittelvermeidungsmethoden

Kleinkinder verfügen über eine Vielzahl taktischer Maßnahmen, um das Schlucken von schmerzhafter Medizin zu vermeiden.

* **Die Mundklemme:** selbsterklärend. Dieser Schild kann nicht durchbohrt werden. Denk nicht einmal daran, deinem Kind die Nase zuzuhalten.
* **Nicht-Mucken-dann-Spucken:** Diese Technik wurde durch ein achtzehn Monate altes Kind populär gemacht und hat sich wie ein Lauffeuer verbreitet. Es beginnt mit vorgetäuschtem Einverständnis. Wenn die/der Erziehungsberechtigte unachtsam wird, spuckt das Kind ihr/ihm die Medizin ins Gesicht oder lässt sie aus den Mundwinkeln sickern. Sehr lustig.
* **Der hawaiianische Schwinger:** Nur die kühnsten Kleinkinder werden diese fortgeschrittene Form der Rebellion versuchen. Wenn du den Löffel, Minibecher oder die Mundspritze aus Plastik an den Mund deines

Kindes führst, schlägt eine pummelige Hand dir nicht nur die einzelne Dosis des Medikaments aus der Hand, sondern wirft gleich die ganze Flasche auf den Boden. Problem gelöst.

Versteckte Medizin

Es ist falsch, Medikamente im Essen eines kleinen Kindes zu verstecken. »Oh, ich streue dir nur ein paar Probiotika in deinen Smoothie, alles ganz harmlos.« Nein, ist es nicht. Wenn du nicht umgekehrt auch damit einverstanden bist, dass dein Kind mysteriöse Zutaten über deinen Salat sprenkelt, nimm bitte Abstand von dieser Taktik.

Kleinkindanerkannte Naturheilmittel

Wenn dir die Gesundheit und das emotionale Wohlbefinden deines Kindes am Herzen liegen, solltest du dich mit Naturheilmitteln beschäftigen. Viele meiner Freundinnen und Freunde spielen Doktor, dabei haben wir ganzheitliche Arzneien entwickelt, um kleinkindliche Beschwerden zu behandeln.

Rotznase: Zieh dir eine lange Baumwollbluse oder ein Kleid an, das gleichzeitig als Nasenabwischfläche dienen kann. Das ist viel bequemer und umweltfreundlicher als Papiertaschentücher. Wenn du es deinem Kind ermöglichst, den Schleim in seiner Nase auf deiner Person zu entleeren, stärkt das die familiäre Bindung und fördert die Nasenheilung.

Husten: Lass die heiße Dusche laufen. Setz dich mit deinem Kleinkind ins Bad, und erzähl ihm ganz viele Geschichten. Bring eine Taschenlampe, Süßigkeiten und ein iPad mit.

Reizbarkeit: Hebe dein kleines Kind hoch, und trage es mit dir herum, bis du etwas anderes hörst.

Erschöpfung: Siehe Reizbarkeit.

Den meisten Kleinkindbeschwerden kann mit Aufmerksamkeit abgeholfen werden, also wirf einfach deine Uhr, dein Handy und deine Schlüssel weg, und bleibe so lange, wie es eben dauert. Du wirst die nächsten Stunden mit deinem Kind in liegender Haltung verbringen, also zieh dir etwas Bequemes an, und vergiss deine Pläne. Wenn du eine aufkommende innere Unruhe verspürst, erinnere dich daran, dass Liebe Opfer bedeutet.

Zum Schluss: Lass dich von deinem Hausarzt nicht zum Kauf von Arzneimitteln überreden. Er versucht lediglich, den Werbeleuten zu gefallen und eine Provision zu kassieren. Wenn ein Kleinkind nicht ganz auf der Höhe ist, braucht es Liebe, Fürsorge und unbegrenzten Saftnachschub. Die gute Nachricht ist, dass nur eins davon Geld kostet.

Hausaufgabe: Es ist leicht, für ein kleines Kind zu sorgen, indem du deinem Herzen und den Anweisungen in diesem Kapitel folgst. Wenn du das nächste Mal den Kinderarzt triffst, tu so, als ob du ihn nicht erkennst, und gehe weiter.

Eine Kritik an der Gebärmutter

Ich habe fast ein Jahr in dieser Einrichtung verbracht, und der überwiegende Teil des Aufenthalts verlief zu meiner vollsten Zufriedenheit. Das Essen war zwar nicht direkt Sterneküche, aber trotzdem wundervoll. Man darf keinen starren Speiseplan verlangen: an einem Tag Softeis und Chorizo, am nächsten eine strenge Diät aus Anti-Magensäure-Tabletten. Ein schneller Dank an Plazenta, die Haushälterin, die sich um die Nahrungsversorgung gekümmert hat. Es ist schön, jemanden zu kennen, der Beziehungen hat. Die Einrichtung ist gemütlich, aber karg dekoriert; man hat sich offenbar bewusst für einen streng minimalistischen Stil entschieden.

Meine einzige Beschwerde gilt den Gästen im Nachbarzimmer: einer emotional instabilen Frau, deren beinahe ununterbrochenes Kauen man kaum ausblenden konnte, sowie ihrem Diener. Zum Glück war der komplette Aufenthalt gratis.

Der Pool war riesig. Allumfassend. Ich habe ihn nie verlassen.

Ich würde dieses Etablissement wieder besuchen, beim nächsten Mal jedoch mein eigenes Handtuch mitbringen, weil vom Haus keine gestellt wurden.

Das Auschecken war ein einziges Chaos.

Lieber Mini-Chef,

ich wollte schon immer wissen, wie sich die Wehen von innen anfühlen.

Taktlos in Rhode Island

Liebe Taktlos,

Wehen fühlen sich an wie immer heftiger werdende Umarmungen einer feuchten Person, die möglicherweise wütend auf dich ist oder auch nicht.

Herzlich, MC

15. Das lange Hallo: die Geburt

Rückenschmerzen, Wehentropf – ja, ja, wir wissen alle, dass die Geburt ein paar schwierige Minuten für dich waren, aber hast du je darüber nachgedacht, welche Wirkung das längste Bad seines Lebens auf dein kleines Kind gehabt haben könnte? Vielleicht haben seine lautstarken Reaktionen und Trotzanfälle ihren Ursprung in den Dingen, die damals passiert sind.

Plazenta

»Was ist eine Plazenta?«, magst du dich fragen. Eine Plazenta ist eine in der Gebärmutter postierte Unterstützungsperson, die für die Bequemlichkeit deines Kindes sorgt. Die Rolle der Plazenta ist sehr komplex. Sie ist unter anderem für Empfang, GPS und Verpflegung zuständig. Zuallererst jedoch ist die Plazenta eine beste Freundin. Während andere Organe typischerweise reserviert sind, ist die Plazenta von Natur aus einladend und wahrhaft gastfreundlich.

Um die tiefe Beziehung zu verstehen, die dein ungeborenes Kind mit seiner Plazenta hatte, solltest du bedenken, dass die beiden beinahe ein Jahr lang auf engstem Raum zusammengelebt haben. In der Gebärmutter kann man nicht viel unternehmen. Es ist kein Vergnügungspark. Es gibt weder eine Leihbücherei noch eine Spielgruppe. Die Plazenta war für dein Kind die erste und einzige Quelle der Liebe und Unterhaltung. Denk daran.

Wenn dein kleines Kind das nächste Mal mitten in der Nacht schreit, ist es vielleicht doch nicht nur »nichts«. Vielleicht vermisst es seine Plazenta.

Wehen

Der Grund, warum so viele Kleinkinder es hassen, enge Pullover oder Oberteile im Allgemeinen anzuziehen, liegt in den Wehen. Seinen großen Kopf in ein Loch zu stecken, das für dessen Umfang zu klein erscheint, erinnert allzu sehr an die letzten Momente im Geburtskanal. Es war mehr als nur ein wenig beengt und unbequem. Du hast so was noch nie erlebt, deshalb verstehst du das nicht richtig.

Kein Kind weiß im Voraus, wann die Wehen kommen. In meinem Fall hat die Plazenta versucht, mich zu warnen, aber ich dachte, das wäre bloß Paranoia. Dann, eines Tages, begannen die Wehen. Stell dir vor, das Innere deines Zuhauses zieht sich plötzlich um dich zusammen; erst langsam, dann mit zunehmender Kraft und Häufigkeit. Deine zuvor behagliche Heimstatt wird regelrecht erstickend. Eine Zweizimmerwohnung verwandelt sich in ein Mini-Apartment mit Klappbett an der Wand. Es ist surreal.

Nun stelle dir dazu die Geräusche gedämpften Aufruhrs von draußen vor. Deine Gastgeberin singt dir nicht mehr mit sanfter Stimme beruhigende Lieder vor; nein, sie redet wirres Zeug. Flucht. Schreit. Sie bedroht buchstäblich Leben und Wohlergehen aller Menschen in Hörweite. Und ich rede von realer Körperverletzung. Außerdem wird sie konkret, für-

Jugendliche-unter-achtzehn-Jahren-nicht-geeignet-konkret. Das ist meine Mutter? Sie klingt, als würde sie die Schlacht ihres Lebens schlagen. Draußen tobt das Armageddon, und du weißt nicht, ob du gegen oder mit dem Strom schwimmen sollst.

Mit einem Mal bedrängen die zusammenrückenden Wände deinen kleinen nackten Körper nicht nur; sie drücken ihn nach unten und draußen. Offenbar wird es höchste Zeit auszuziehen, obwohl du noch nicht einmal einen Nachsendeauftrag ausgefüllt hast. Bist du je irgendwohin geflogen, ohne dich vorher um den Transfer vom Flughafen zu kümmern? Nein. Denn das wäre beunruhigend. Genauso ist es mit dem Einwegsinkflug bei den Wehen. Je näher du dem Ende des Tunnels kommst, desto lauter werden die Stimmen, die rufen: »Pressen!« Du weißt nicht, ob sie mit dir reden oder ob du vielleicht »Pressen« heißt; es ist alles sehr verwirrend. Am Ende rutscht man in eine eiskalte Welt aus Baumwollmischgeweben und künstlichem Licht.

Schön ist, dass die Leute sich offenbar freuen, dich zu sehen. Aber diese Leute. Du meine Güte. Zu behaupten, sie sähen mitgenommen aus, wäre eine grobe Untertreibung.

Plazenta ist weg. Ja, das Essen wird interessant, aber der Übergang von drinnen nach draußen ist schwierig, und viele Kleinkinder haben immer noch Anpassungsschwierigkeiten. Wenn du vermutest, dass dein Kind Akklimatisierungsprobleme haben könnte, verweise ich auf die nachstehende Liste.

Symptome dafür, dass dein Kind die Geburtserfahrung noch nicht überwunden hat

1. Dein Kleinkind versucht, in die Gebärmutter zurückzukriechen. Dies ist ein relativ deutlicher Indikator. Vielleicht begreift es, dass der Tunnel eine Einbahnstraße ist, doch das wird ein entschlossenes Kind nicht von dem Versuch abhalten, gegen den Verkehr zu krabbeln, wenn es vom Leben überfordert ist.

2. Dein Kleinkind ruft im Schlaf nach seiner Plazenta. Vielleicht wäre es hilfreich, ein Kissen in Form eines Mutterkuchens anzuschaffen.

3. Dein Kleinkind baut eine Deckenburg, füllt sie mit Wasser und bringt sie vorsätzlich zum Einsturz. Gebärmutterwiedererschaffung ist normal.

Mit der Zeit wird dein Kind sein neues Leben akzeptieren. Sei geduldig, und kaufe vielleicht ein Bett, das an einen Uterus erinnert. Nur so eine Idee.

Adoption

»Ich habe mein Kind nicht zur Welt gebracht, es ist adoptiert. Heißt das, es wird mir die Vertreibung aus der Gebärmutter nicht anlasten?« Auch in diesem Fall wird dich dein Kind nicht mit Dankbarkeit überschütten. Bitte warte nicht mit angehaltenem Atem auf eine Danksagungskarte oder kleine Präsente. Du bist eine Mutter wie jede andere und verdienst keine Sonderbehandlung. Das gilt genauso für Väter.

Aber du hast eine kluge Wahl getroffen. Jedes Kleinkind verdient eine Familie für immer. Lass dich von Eltern, die ihr Kind schon seit der Empfängnis kennen, nicht einschüchtern, denn guck dir doch an, wie sie ihren Job erledigen. Ich meine, guck es dir wirklich mal an. Perfekte Eltern folgen ihren Instinkten. Wenn dein Instinkt dich zum ersten Mal anlügt und irgendwas von grünem Blattgemüse erzählt, wechsele sofort die Frequenz in deinem Kopf.

Du bist jetzt Mama oder Papa, und die Versuchung, sich mit Dingen wie Erziehung zu beschäftigen, mag bisweilen überwältigend scheinen. Die Philosophie nennt es »das Böse«. Du solltest jetzt alles geben, um diesem Drang zu widerstehen, und auch keine Internetrecherchen machen. In der ersten Phase der Beziehungsbildung ist Qualitätszeit mit deinem Kind das Allerwichtigste. Investiere in weiche Kuscheldecken. Fülle dein Haus mit Luftballons. Knusprige Leckereien solltest du ebenfalls vorrätig haben. Melde dich bei einem Kakaolieferservice in deiner Umgebung an.

Während dieser ersten Zeit ist ein angemessenes Unterstützungssystem von entscheidender Bedeutung, also besorge dir eine Hängematte, in der du dich mit deinem kleinen Kind nach einem langen Tag auf dem Spielplatz entspannen kannst.

Kleinkinder müssen darauf vertrauen können, dass du für sie da bist. Die meisten Mathematiker sind sich einig, dass »da sein« bedeutet, sich nicht weiter als zehn Zentimeter zu entfernen. Wenn du unsicher bist, nimm ein Lineal.

FAQ von Adoptiveltern

Mein Kleinkind sieht mir nicht ähnlich, und die Leute machen ein großes Aufheben darum. Was sollte ich tun?

Antwort: Viele Kleinkinder sehen nicht aus wie ihre Eltern; sie gelten unter uns als die Glücklichen. Wer möchte schon aussehen wie ein Pausenclown? Ich finde meine beiden Eltern auf ihre besondere Weise schön, bin jedoch sehr froh, dass ich ein eigenes Gesicht habe.

Soll ich meinem kleinen Kind erzählen, dass es adoptiert ist?

Antwort: Wenn du möchtest. Das Einzige, was Kleinkinder wissen wollen, ist, dass die Menschen, die ihnen am meisten bedeuten, immer da sein werden, um sie zu unterstützen und zu lieben. Sobald du dafür gesorgt hast, dass sie sich Omas und Opas Zuneigung gewiss sind, wird alles gut.

Sollte ich den Namen meines kleinen Kindes ändern?

Antwort: Ich schlage vor, du lässt es seinen Namen selbst auswählen. Hätte ich entscheiden dürfen, würde ich *Danger* heißen, *Gefahr*, das gefällt mir! Das Copyright ist beantragt, der Name gehört also mir allein.

Lieber Mini-Chef,

vor unserer letzten Flugreise hat mein kleines Kind den Sicherheitsbeamten erzählt, ich hätte eine Pistole. Das stimmte nicht. Trotzdem durften wir nicht ins Flugzeug, und ich wurde einer gründlichen Durchsuchung unterzogen. Wie kann ich verhindern, dass so etwas noch einmal passiert?

Wehrlos in Wichita, Kansas

Liebe Wehrlos,

hahaha!

Alles Liebe, MC

16. Gute Zeiten: Urlaub mit deinem kleinen Kind

Hat dir jemand erzählt, dass man im Urlaub entspannen kann? Sehr komisch. Der Urlaub ist vielmehr deine Chance, deine Fertigkeiten als Mutter oder Vater außerhalb der Komfortzone zu testen. Wenn du dich in neuer Umgebung ohne die heimischen Ressourcen um ein Kleinkind kümmern kannst, bist du ein Profi. Wenn du den Urlaub als Herausforderung und nicht als Geschenk an dich selbst betrachtest, werden deine Einstellung und daraus resultierend die Erfahrung insgesamt sich dramatisch verbessern.

Packen

Keine falsche Bescheidenheit! Egal, ob zwei oder fünfzehn Übernachtungen geplant sind, die Faustregel beim Packen mit Kleinkind lautet: Nimm alles mit. Wickeltasche? Brauchst du nicht. Wirf den Inhalt aus Schubladen und Kleiderschrank in Müllbeutel, und zwar nicht in die kleinen Beutel für Küchenabfalleimer, sondern in die großen, in denen Gärtner welkes Laub abtransportieren. Packe alle Spielsachen in Kartons, und sende sie aus Bequemlichkeitsgründen voraus. Gehe vor der Abreise ein letztes Mal durch dein Haus. Wenn du noch irgendwas siehst, nimm es mit.

Transport

Die zweite Frage, die vor jeder Urlaubsreise zu beantworten ist, lautet: Wie willst du dein kleines Kind und seinen persönlichen Besitz transportieren? Mit dem Auto? Einem Flugzeug? Per Schiff? Auf einem großen Vogel?

Flugzeuge

Wenn du über unbegrenzte Mittel verfügst, schlage ich vor, dass du das Flugzeug nimmst und erster Klasse fliegst. Es kostet nur zehnmal so viel wie ein Bus und bietet größere Sitze für deine/n Kleine/n. Reiche Leute lieben nichts mehr, als zusammen mit deinem süßen Schatz in den ersten sechs Reihen eines Flugzeugs zu sitzen. Kostenlose Unterhaltung ist dabei garantiert! Es ist gründlich dokumentiert, dass Fremde Kinder wegen ihrer Unschuld und erstaunlichen Talenten gerne beobachten. Wenn dein Kind im Flugzeug eine lautstarke Reaktion zeigt, werden sich die Leute um dich scharen und dir helfen, dein kleines Kind zu trösten, indem sie es Schokobonbons regnen lassen.

Irgendwie bringt der Aufenthalt in großen Höhen die Großzügigkeit der Menschen zum Vorschein. Vielleicht möchtest du mit deinem Kleinkind einen kleinen Spaziergang an den Sitzreihen entlang machen. Nicht nur an St. Martin oder Halloween geben die Menschen deinem kleinen Kind mit Freude alles, was sie haben: Goldmünzen, wertvolle Briefmarken, Kautabletten gegen Sodbrennen … In Flugzeugen sind Kleinkinder wie Prominente. Nicht die verhasste Sorte, die die Leute im wirklichen Leben gern scheitern sehen, sondern die netten wie Richard Gere oder Meryl Streep. Sei also nicht überrascht, wenn jemand um ein Autogramm bittet.

Zwar gibt es in Flugzeugen Toiletten, plane jedoch nicht, sie zu benutzen. Sie sind gerade geräumig genug für einen aufrecht stehenden Menschen. Wenn du die Windeln wechseln musst und meinen Rat befolgt hast, erster Klasse zu fliegen, hast du Glück. Sitze in diesem Bereich bieten genug Beinfreiheit, um die Windel auf dem Boden zu wechseln. Die verschmutzte Windel kannst du in einer Kotztüte entsorgen. Deine Flugbegleiterin wird sie sicher gerne aus dem Flugzeugfenster in die Ozonschicht werfen.

Snacks

Man kann sich nicht darauf verlassen, dass Flugzeuge passende Nahrung für dein kleines Kind an Bord haben. Meine persönlichen Recherchen haben ergeben, dass die meisten Crackersorten auch große Höhen problemlos überleben. Trotzdem weigern Fluglinien sich hartnäckig, sie vorrätig zu halten. Ich habe sogar American Airlines angerufen, um weitere Informationen zu erhalten. Im Folgenden findest du die komplette Abschrift des Interviews:

Mini-Chef: Eine gute Mahlzeit muss sich nicht unbedingt aus allen vier Lebensmittelgruppen zusammensetzen. Einfach nur Cracker zum Beispiel gehen auch.

American Airlines: Wer ist da?

Mini-Chef: Ich würde gern den Namen des Kochs erfahren, der das Rindfleisch-Pilz-Gericht für Sie zubereitet hat. Es hat geschmeckt wie eine Kolik.

American Airlines: Wir dürfen Ihnen die Namen unserer Angestellten nicht nennen.

Mini-Chef: Und wer hat Ihnen erzählt, dass die Leute überbackene Chips mögen? Die riechen wie die Müllabfuhr. Besorgen Sie normale Chips.
American Airlines: Ich muss jetzt leider auflegen.
Mini-Chef: Haben Sie schon mal überlegt, den Fluggästen bei Betreten der Maschine einen wiederverschließbaren Beutel mit Frühstücksflocken auszuhändigen?

Die Verbindung wurde immer schlechter, bis das Gespräch plötzlich abbrach.

Ich bin in meinem Leben schon zweimal geflogen. Beim letzten Mal habe ich so etwas gebrüllt wie »Wir werden alle sterben«, so dass ich möglicherweise eine der jüngsten Personen auf der Anti-Terror-Liste bin. Das ist jedoch nur vorübergehend. Wenn ich sechzehn werde, wird mein Fall einer Revision unterzogen.

Guten Flug!

Hotels

Hast du je davon geträumt, mit deiner Familie in einem Ein-Zimmer-Apartment zu wohnen? Alle schlafen, baden und essen auf einer Fläche von weniger als fünfzig Quadratmetern? So gemütlich zusammen? Das ist das Leben im Hotel. Jedes Hotelzimmer hat einen Fernseher, eine Fernbedienung, ein Badezimmer, einen Teppich zum Spielen, flüssige Seife, diverse Spiegel, einen Block mit Papier und mindestens ein Bett. Liebe Eltern, wenn es nur ein Bett gibt und ihr beim Empfang nach einem aufklappbaren Kinderbett fragt, hoffe ich, dass ihr vorhabt, selbst darin zu schlafen, denn euer kleines Kind wird es bestimmt nicht tun.

Schlafen im Hotel ist wie Schlafen zu Hause, nur weniger. Vergiss alles, was du über Zubettgehzeiten weißt, weil Kinder in Hotels nicht einschlafen. Sie fallen gegen Mitternacht in Ohnmacht und wachen um fünf Uhr morgens wieder auf. Das Leben im Hotel wird dir gefallen. Es ist wie in einer altmodischen Holzhütte, nur ohne deren Schönheit.

Winterurlaub

Schnee gibt es wirklich, und er kommt in vielen Teilen der Welt vor. Nimm dein kleines Kind mit auf eine Reise, um Schnee zu sehen, aber sei dir bewusst, dass du keine der vorhandenen Skipisten befahren wirst. Außer vielleicht, du kannst dich klonen. Die meiste Zeit im Winterwunderland wirst du damit verbringen, deinem Kleinkind in und aus Schneehosen, Jacken, Handschuhen, Stiefeln, Mütze und Schal zu helfen. Vergiss den Schal.

Wenn dein Kind wartet, bis es vollständig angekleidet ist, bevor es dich über Aa in seiner Windel informiert, mach bitte keine große Sache daraus. Eins solltest du jedoch über Schnee wissen: Er ist unnatürlich kalt. Außerdem wird dein Kind die eine oder andere Handvoll davon essen. Lass es bitte.

Strandurlaub

Strandurlaube sind die besten. Wasser, Sonne, Sand und Tränen. Du wirst noch lange an diese Reise denken. Bereite dich auf einen Tag voller Spaß vor, indem du die folgenden Dinge einpackst:

1. Ein Fünf-Mann-Zelt mit mehreren Kammern oder einen Pkw-großen Sonnenschirm. Schütze dich vor der schönen, bösen Sonne. Wenn du ihr eine Chance gibst, macht sie dich fertig.
2. Sonnenschutzmittel. Das ist nur zur Tarnung. Die Sonne hat keine Angst vor Joghurt. Wenn du unsicher und von der Meinung Fremder abhängig bist, halte eine Flasche zum Herumzeigen bereit.
3. Hunderte von Sandspielzeugen.
4. Snacks für achtzehn Tage.
5. Genug Wasser und Saft, um damit einen Wal viermal zu füllen.

Womöglich bist du neugierig auf die Strand-Etikette. Die gute Nachricht lautet: Es gibt keine. Unterbrich das Spiel deines Kindes nicht für Toilettenbesuche. Ins Wasser zu pinkeln ist einer der Vorteile von Aufenthalten in der Natur. Aa lässt sich problemlos im Sand vergraben. Achte nur darauf, dass dich niemand beobachtet.

Alle lieben Sand. Und Sand liebt alle. Deswegen folgt er einem auch wie ein niedliches Hündchen nach Hause. Noch lange nach deinem Strandurlaub wirst du Sandkörner in deinem Essen, an intimen Körperstellen und in deinem Haar finden. Lächle ein wenig. Sie sind wie winzige Souvenirs.

Camping

Kleinkinder brauchen keine Hilfe, um das wilde Tier in sich zu entdecken, doch Camping bietet ihnen die Möglichkeit, es frei auszuleben. Das Tier in mir ist ein Waschbär, wegen seiner Zerstörungslust und unserer gemeinsamen Vorliebe für Müll.

Camping ist wie Obdachlosigkeit, nur mit Absicht. Es mag dir verrückt vorkommen, in der Natur zu schlafen, nur durch einen Reißverschluss von der Wildnis getrennt, aber keine Sorge – du wirst eh nicht schlafen. Auf dem Boden liegt es sich unbequem, also muss dein kleines Kind auf dir schlafen. Du bist eine Luftmatratze, nur aus Fleisch und Blut statt aus Luft.

In der Natur gibt es keine Kochherde, also werden zum Glück nur Marshmallows gegrillt. Betrachte es als eine Pause von der Gewohnheit, deinem Kind das Leben unnötig schwerzumachen. Marshmallows, Kekse und Schokolade sind voller gesunder Vitamine und Mineralien, also zerbrich dir nicht deinen großen Kopf. Du wirst dich prächtig amüsieren.

Hausaufgabe: Der Urlaub ist die perfekte Gelegenheit, familiäre Bindungen zu vertiefen und gemeinsam zu weinen. Da du wahrscheinlich nur einmal fährst, solltest du das Ganze auf jeder Menge Fotos festhalten.

Lieber Papa,

bevor du in dein Zimmer gehst, um dein Handy zu suchen, wollte ich dir nur sagen, dass ich dich sehr liebhabe. Ich wollte dich außerdem daran erinnern, dass ich ein kleines Kind bin und noch lernen muss, das Leben und seine Grenzen einzuschätzen. Man könnte sagen, ich kenne meine eigene Kraft nicht.

Beiläufige Frage: Hast du dich damals eigentlich für diese Handyversicherung entschieden?

Wir sind beste Freunde, ja? Manchmal machen beste Freunde Fehler. Ich möchte, dass du ein neues Wort lernst, bevor du dieses Zimmer verlässt. Es heißt »Vergebung«. Menschen, die vergeben, rennen nicht herum und erzählen Oma oder dem Weihnachtsmann alles, was bei uns zu Hause passiert. Außerdem hegen sie keinen Groll oder halten den Nachtisch zurück.

Neulich habe ich einen Satz gehört, der lange in mir nachgehallt hat: »Du kannst es nicht mitnehmen.« Du kannst dein Handy buchstäblich nicht mehr mitnehmen. Es sei denn, du hast einen Plastikbeutel für die Einzelteile.

Ich hab dich lieb, MC

17. Eltern und ihre gefährlichen Laster: Selbstbeherrschung lernen

Eltern außer Haus

Weißt du noch, wie dein Leben vor den Kindern war? Wahrscheinlich nicht. Du hast diese Erinnerungen verdrängt, weil sie zu schmerzlich sind. Hier eine Gedächtnisauffrischung.

Du hast die Morgendämmerung komplett verpasst und bist erst um zehn Uhr morgens aufgewacht, weil kein kleines Kind im Haus war. Ohne jemanden, der deine Duschzeiten begrenzt, hast du eine Dreiviertelstunde unter dem warmen Wasser gestanden und die Umwelt zerstört. Glückwunsch! Jetzt kann Mutter Natur dich nicht mehr ausstehen. Deine Haut war trocken und brauchte Lotion. Du hattest eine volle Flasche, weil niemand damit gespielt hat.

Überfluss führt zu Gier, und du warst geldgierig. Ein Jahr später hast du schon regelrecht exzessiv gelebt und dein Gehalt für Designerklamotten und Sushi aus dem Fenster geworfen.

Ein Kind zu bekommen hat dir das Leben gerettet. Deshalb ist es nur logisch, dass auch du ein Opfer bringst. Das nennt man »etwas zurückgeben«. Auch wenn manche Eltern wissen, dass die Versorgung ihrer Kinder ein Sieben-Tage-die-Woche-rund-um-die-Uhr-Job ohne Pausen ist, haben einige Erwachsene – allesamt schwarze Schafe – Niederlassungen des organisierten Verbrechens gegründet, die eigentlich fürsorgliche Erziehungsberechtigte von ihrem Posten weglocken sollen. Sie verteilen Flugblätter, auf denen in fetter Helvetica-Schrift für »Mamas freien Abend« oder »einen Ausflug für Papa« geworben wird. Fall nicht darauf rein.

Was ist ein freier Abend für Eltern?

An einem freien Abend verlassen Eltern kurzzeitig ihre Schutzbefohlenen, was von diesen nicht unbemerkt bleiben wird. Nimm dir einen freien Abend, wenn du alles, was du bisher emotional in die Eltern-Kind-Beziehung investiert hast, abschreiben willst. Und kein Mensch garantiert dir, dass dein kleines Kind noch da ist, wenn du irgendwann endlich nach Hause zurückkehrst. Das solltest du bedenken, bevor du diese Entscheidung triffst.

Diese Ausflüge beginnen meist, lange bevor der Erwachsene das Haus tatsächlich verlässt. Der Adrenalinschub, der mit dem Vorwissen des geplanten Verbrechens einhergeht, wird dir schon Tage vor dem Ereignis einen gefährlichen Kick versetzen. Zu den Symptomen zählen unter anderem Pfeifen und Lachen. Am Tag der verabredeten Vernachlässigung wirst du versuchen, mit Qualitätszeit zu kompensieren, dass du das Herz deines Kindes brechen wirst. Das ist, als würdest du ein Konto bei einer Bank eröffnen und dann noch am selben Tag die Filiale ausrauben. Lächerlich.

»Aber ich gehe doch erst, wenn mein Kind schon schläft!« Na und? Denkst du, das macht es besser? Die Bedürfnisse deines Kleinkinds hören nicht auf, bloß weil der Mond aufgegangen ist. Und damit meine ich nicht nur Durstattacken, erforderliche Bettdeckenassistenz und potentielles Schlafanzugwechseln. Der ruhige Schlaf an sich ist von der Gewissheit abhängig, dass du in jedem Moment nur einen schrillen Schrei entfernt bist.

Außerdem würden dir diese freien Abende mit anderen ohnehin nicht gefallen. Meistens versammeln sich Gruppen straffälliger Eltern zu Abendspaziergängen, auf denen sie sich über Versicherungen für Eigenheimbesitzer unterhalten. Das klingt sehr viel aufregender, als es tatsächlich ist. Zwar werden kleine Häppchen gereicht, doch die bestehen in der Regel nur aus gehackter Petersilie.

Der erste freie Abend für Eltern fand 1974 statt, und die beteiligten Familien leiden bis heute unter den Nachwirkungen. Die erwachsenen Kinder fürchten sich im Dunkeln und atmen alle durch den Mund.

Wenn ein/e Bekannte/r dich zu einem solchen Abend einlädt, gibt es viele Möglichkeiten abzulehnen.

Wie man Abendeinladungen ablehnt

Einladung: Hey! Möchtest du mir Gesellschaft leisten, wenn ich mein kleines Kind und meine Familie vernachlässige?
Antwort: Nein, aber ich wünsche dir viel Spaß bei dem Versuch, die Brücken des Vertrauens und der Verbundenheit wieder aufzubauen, die du damit zerstörst.

Einladung: Ein paar Freunde von mir und ich wissen nichts über die Liebe. Möchtest du am nächsten Donnerstagabend mit uns abhängen?
Antwort: Nein danke! Ich glaube, dass Kinder unsere Zukunft sind. Man muss ständig in ihrer Nähe bleiben und sich ihrer Führung anvertrauen.

Einladung: Ich fürchte, unsere kleinen Kinder könnten später in der Therapie nicht genug zu erzählen haben. Hast du

Lust, am nächsten Freitag mit mir dafür zu sorgen, dass ihre Sitzungen interessanter werden?

Antwort: Klingt verlockend, aber in meinem bescheidenen Heim ist jeder Abend ein Familienabend.

Dem Druck der modernen Gesellschaft zu widerstehen ist nicht leicht, aber *wenn* du widerstehst, wird dich dein kleines Kind dafür belohnen. Nicht ausdrücklich oder mit liebevollen Worten, aber durch die allgemeine Kenntnisnahme deiner Anwesenheit.

Tipp: Eine der einfachsten Methoden, die Versuchung zu reduzieren, ist, sich gar nicht erst mit anderen Leuten anzufreunden.

Ein ernstes Wort über Babysitter

Ah, du musst also trotzdem einen Abend außer Haus verbringen oder an einem wichtigen »Arbeits«-Meeting teilnehmen und hast entschieden, dein kleines Kind der Obhut einer/eines praktisch Fremden zu überlassen. Du hast eine Annonce aufgegeben und die erstbeste Person engagiert, die sich beworben hat, ohne ihren Hintergrund zu durchleuchten oder auch nur ein Bewerbungsgespräch zu führen. Wenn dein Kleinkind voller Angst auf die Aussicht reagiert, mit jemandem allein gelassen zu werden, den es noch nie zuvor gesehen hat, schreibst du das normaler Nervosität zu. Mangelhaft!

Ich finde es erstaunlich, dass Eltern, die ihren Wagen niemals unabgeschlossen in einem Parkhaus stehen lassen würden, überhaupt Babysitter engagieren. Sind dir ein paar Tonnen Stahl wichtiger als die zwölfeinhalb Kilo Freude in deinem Leben? Wenn du einen Babysitter verpflichtest, gehst du ein Wagnis ein. Der gesunde Menschenverstand sollte dir sagen, dass niemand, der halbwegs bei Sinnen ist, freiwillig Zeit mit deinem kleinen Kind verbringen will. Ich meine, mal ehrlich. Guckt diese Person so gerne *Findet Nemo* in Endlosschleife? Ich glaube nicht. Was ist ihr Motiv? Ich sag es dir klipp und klar: Freundschaft.

Babysitter sind unglaublich einsame Menschen, doch es ist nicht die Aufgabe deines Kindes, jemanden zu bemitleiden, der neunmal so alt ist wie es selbst. Eigentlich ist es peinlich. Wenn Erwachsene sich ohne ihr Rudel wiederfinden, benutzen sie Babysitten häufig als emotionale Krücke. Kleinkinder sind vielbeschäftigte Leute. Die Vorstellung, für jemanden den Therapeuten zu spielen, der vor allem mehr Selbsthilfebücher lesen sollte, ist ermüdend.

Also, liebe Babysitter, reißt euch mal zusammen. Die meisten Kleinkinder sind durchaus freundliche Zeitgenossen, doch wir wollen niemanden als beste/n Freund/Freundin, dessen Girokonto ständig in den Miesen ist. Ihr habt mich verstanden. Habt ihr es schon mal mit Volkstanz versucht? Ein bisschen Cardio-Training mit anderen Erwachsenen hebt vielleicht die Laune, und man kann andere Menschen kennenlernen. Kleinkinder sind für diese Art Beziehung noch nicht bereit. Es liegt nicht an uns, es liegt an euch. Auf jeden Fall. Tut mir leid.

 **Hausaufgabe:** Entlasse den Babysitter deines kleinen Kindes. Statt eines Trinkgelds gib ihm einen Zettel, auf dem steht: »Du bist ein besonderer Mensch.«

Fernsehen

Es ist wichtig, dass du erkennst, wie deine popkulturellen Abhängigkeiten deine Fähigkeiten als Mutter oder Vater beeinflussen. Wir werden mit dem Fernsehen beginnen. Unter Kleinkindern ist es allgemein bekannt, dass überschlagene Seiten bei Gutenachtgeschichten oder das versäumte abendliche Bad etwas mit dem Fernsehen zu tun haben. Interessiert es dich, wie deine Lieblingsserie deine Eltern-Kind-Beziehung verändert? Betrachten wir die Sache wissenschaftlich.

Stromberg

Ich habe nicht viel von dieser Serie gesehen, aber was ich gesehen habe, war verstörend. Die Tatsache, dass Erwachsene den ganzen Tag im Büro verbringen, nur um sich dann beim Fernsehen für Menschen in einem anderen Büro zu begeistern, sagt eine Menge. Der Großteil der Folgen besteht aus an die Kamera gerichteten Monologen. Die Serie transportiert zweifelsohne unterschwellige Botschaften. In *Stromberg* gibt es keine Kinder, und das Fehlen jeglicher Kleinkinderdarstellung spricht Bände. Guckst du *Stromberg*? Dann ist es sehr wahrscheinlich, dass du ein Workaholic bist, der sich seine abendliche Dosis abholt. Sag mir, was ist so schlecht daran, zu Hause zu sein? Wenn du dich zu dieser Serie hingezogen fühlst, musst du deinen Job kündigen. Du bist süchtig.

Breaking Bad

Am Ende läuft alles, was Erwachsene machen, aufs Geld hinaus, und das ist bei dieser Serie nicht anders. Im Grunde geht es um den Kampf eines Mannes, sein Studiendarlehen zurückzuzahlen. Einer der Gründe, warum ich gegen Kindergärten bin, ist die Tatsache, dass sie zu höherer Bildung führen. Zwei von zwei Menschen haben Schulden, und viele geraten deswegen auf die schiefe Bahn. Diese Serie ist eine Warnung vor dem Kindergartensystem. Wenn du *Breaking Bad* guckst, bist du tief im Innern auch dieser Meinung.

Homeland

»Wir müssen uns unbedingt treffen!« »Ich wollte dich auch anrufen!« »Ich esse nur eins!« Jeder weiß, wie gern Erwachsene lügen. Hast du dich je gefragt, wie du so gut darin geworden bist? Durch Vorbilder. In *Homeland* geht es nur um Täuschung. Hunderte von Menschen verfolgen diese Serie täglich, um ihre Fertigkeit im Lügen zu verbessern, wie beispielsweise nicht zu blinzeln oder mit ruhiger fester Stimme zu sprechen. Wenn du diese Serie guckst, dein kleines Kind jedoch wegen einer gelegentlichen, harmlosen Flunkerei bestrafst, findest du deinen Erziehungsstil unter der Rubrik »heuchlerisch«. Gib es zu: Du magst Lügen. Vertiefe die Beziehung zu deinem kleinen Kind mit Hilfe dieses gemeinsamen Interesses, anstatt zu versuchen, jemand zu sein, der du nicht bist.

Game of Thrones

Die Nummer eins zu sein bedeutet alles, und *Game of Thrones* handelt ausschließlich von dieser Wahrheit. In der Serie kämpfen Menschen um ihren rechtmäßigen Status. Da ich viele Freunde habe, die unter der Säuglingsgeschwisterkrankheit leiden, ist mir dieser Kampf nur allzu vertraut. Es ist traurig zu sehen, wie ein Freund von der Spitze vertrieben wird, bis er irgendwann mit dem Namen seines Bruders oder seiner Schwester angesprochen wird, weil seine Eltern ihre Kinder nicht mehr auseinanderhalten können. Wenn du ein Erwachsener bist, der *Game of Thrones* liebt, versucht dein Unterbewusstsein, dir etwas zu sagen, nämlich: »Bekommt nicht noch mehr Kinder. Eins reicht.«

Grey's Anatomy

Medizinische Pflege ist eine der größten Berufungen im Leben. Ärzten und Krankenschwestern dabei zuzusehen, wie sie Leben retten, ist phantastisch. Es ist sogar inspirierend. Frage: Bezweifelt ein Vertreter der medizinischen Zunft aus *Grey's Anatomy* jemals das Bedürfnis eines Patienten, ein Pflaster zu bekommen? Sagt er je etwas wie »Lauf gegen die Schmerzen an, dann gehen sie weg« oder »Hör auf zu weinen, dir fehlt nichts«? Nein. Echte Ärzte wissen, dass manche Auas unsichtbar und emotionalen Ursprungs sind. *Grey's Anatomy* soll unsensiblen Eltern dabei helfen, spontan besser zu reagieren, wenn ihr kleines Kind unmittelbarer medizinischer Aufmerksamkeit bedarf. Du magst diese Serie, weil du weißt, dass du in diesem Bereich Hilfe brauchst.

Let's Dance

Ich liebe das Konzept von *Let's Dance*. Viele Eltern vermissen es, sich schick anzuziehen und auszugehen. Wenn man ein kleines Kind hat, sind diese Zeiten vorbei. Nein, ganz im Ernst, sie sind vorüber. »Ich kann doch einfach einen Babysitter engagieren.« Und ich kann mich doch einfach adoptieren lassen. Versuche nicht, deine Pflichten outzusourcen, sondern zeige Präsenz in deinem neuen Leben. In *Let's Dance* demonstrieren Erwachsene der Welt, dass man schicke Kleider anziehen und tanzen kann, soviel man will, ohne einen vertrauten geschlossenen Bereich zu verlassen. In der Show tanzen sie in einem Studio, doch die Botschaft lautet, dass man es zu Hause nachmachen kann. In der Welt draußen gibt es keinen Spaß, den du nicht auch zu Hause haben kannst, während dein kleines Kind dich aufmerksam beobachtet. Und noch eine gute Neuigkeit: Kleinkinder lieben es zu tanzen!

Mad Men

Ich hatte noch keine Gelegenheit, diese Serie zu gucken, doch ihr Titel sagt alles, was ich wissen muss. Wütende Väter sind dieser Tage die reinste Seuche. Wenn man ein Handy mal kurz badet, tun sie, als ob die ganze Welt untergehen würde. Wenn jemand den Duschvorhang aufzieht (wer hat überhaupt gesagt, dass du allein duschen darfst?), um deinen vollen Körperhaarteppich zu betrachten, ist das kein Grund zu schreien. Den Vorhang herunterzureißen und auf den Boden der Dusche zu sinken, ist ziemlich melodramatisch. Väter ohne Geduld für normales Kleinkindverhalten wie etwa das Zerbrechen von DVDs müssen neu darüber nachdenken, was ihnen im Leben wirklich wichtig ist. Tipp: Nicht ein intaktes iPad-Display, sondern Kinder. Kinder sind wichtig. Vielleicht hilft es, die Personalpronomen zu wechseln, mit denen du diese wertlosen Modeartikel bezeichnest. Mehr »unser«, weniger »mein«.

Schlechtes Essen

Kleinkinder werden häufig wegen ihrer Essgewohnheiten kritisiert, aber wenn man sich anguckt, was Eltern regelmäßig zu sich nehmen, kommen einem kleine Kinder nicht mehr so verrückt vor. Was die aktuelle Esskultur gerade für cool hält, hat Auswirkungen auf das, was auf dem Teller eines kleinen Kindes landet, deshalb ist eine Analyse der Trends der erste

Schritt zu einer erfolgreichen Krisenprophylaxe. Das Abendessen ist auch ohne eine nicht abreißende Flut bizarrer Moden schon schmerzhaft genug.

Je besser ich die kulinarische Welt der Erwachsenen kennenlerne, desto öfter muss ich weinen. Und es sind keine Tränen der Trauer, sondern der Enttäuschung und Wut. In dieser Welt ist es offenbar immer weniger von Bedeutung, dass ein Gericht seine schlichte Köstlichkeit bewahrt. Stattdessen zählt nur, dass es imposant, teuer, kompliziert oder selten ist. Die folgenden Speisen sind für den kleinkindlichen Verzehr ungeeignet. Bitte zeige ein wenig Respekt, und stelle ihren Konsum ein.

Alte und langwierig zubereitete Nahrungsmittel

Alt, auf kleiner Flamme gegart oder geschmort. Hast du dir gerade vor Aufregung in die Hose gemacht? Nichts lässt das Herz eines Erwachsenen schneller schlagen als das Wissen, dass eine Speise monatelang gekocht wurde. Ich glaube, dabei handelt es sich um einen Egotrip: »Für mich bereitet sich das Essen seit Anbeginn der Zeit von selbst zu. Ich muss von königlichem Geblüt sein.« Entspann dich, du bist ein gemeines und gewöhnliches Rattengesicht wie wir anderen auch. Fleisch, das in einer Speisekammer abgehangen oder sechs Jahre am Spieß rotiert hat, ist nichts Besonderes. Der Beweis? Wiener Würstchen kann man in weniger als einer Minute zubereiten, und sie sind die begehrteste Speise weltweit.

Je älter ein Käse ist, desto bereitwilliger nehmen Erwachsene für seine Anschaffung einen Kleinkredit auf. Sie rennen sich auf der Suche nach dem am meisten verfaulten Stück förmlich über den Haufen. Das ergibt keinen Sinn, vor allem wenn man an die Gesichter denkt, die viele Mütter und Väter ziehen, wenn sie nur teilweise verzehrte Speisen finden, die im Haus vor sich hin reifen. Oh, der Joghurt hinter der Couch sollte bloß zur Delikatesse schimmeln! Merkst du, wie verrückt sich das anhört?

No Baby, No Cry ... es sei denn, du besitzt einen Dampfgarer. Die Popularität dieser Geräte ist explosionsartig gestiegen, auf Hunderten von Webseiten findet man Dampfgarerrezepte für die ganze Familie. Gehören kleine Kinder auch zur Familie? Das langsame Zerkochen einzelner Zutaten über einen Zeitraum von acht Stunden ist nicht im Mindesten reizvoll. Wenn du einen Dampfgarer besitzt, gib ihn zum Sperrmüll, oder benutze ihn ausschließlich zum Schmelzen von Schokolade.

Ich habe die Hoffnung, dass der Trend zum ausgedehnten Kochen bei entsprechender Aufklärung langsam verebben wird. Denke daran, dein kleines Kind ist nicht beeindruckt von der Zeit, die in die Zubereitung einer Mahlzeit fließt, sondern von dem süßen Toast, der dabei herauskommt.

Bio-Lebensmittel

Aa ist biologisch, aber würdest du es essen? (Mehr als einmal?) Wir müssen aufhören, Lebensmittel danach zu beurteilen, ob sie natürlich sind, und anfangen, ihre realen Verdienste zu sehen. Wenn du dir Sorgen wegen Chemikalien im Essen machst, habe ich die großartige Neuigkeit für dich, dass du das fortan nicht mehr zu tun brauchst. Vor ein paar Tagen habe ich einer im Haus lebenden Wissenschaftlerin eine wichtige Frage gestellt: Was ist eine Chemikalie? Ihre Antwort wird dich schockieren: »Eine Chemikalie ist ein natürlicher Geschmacksverstärker.«

Die Furcht vor künstlichen Zutaten ist auf ein einfaches Missverständnis zurückzuführen. Wenn ein Nahrungsmittel nicht genug eigenen Geschmack hat, muss es ihn sich von anderen Nahrungsmitteln leihen. Manche Menschen nennen das künstlich; ich nenne es teilen. Wenn ein Nahrungsmittel keinen Spender findet, stellt manchmal ein Labor kostenlos eine Prothese her. Diese Wohltätigkeit sollte man nicht fürchten, sondern bewundern.

Nachdem das geklärt ist, kommen wir zu den sogenannten künstlichen Farben. Jeder mag ein rotes Getränk, aber Eltern, vor allem Mütter, glauben, dass Rot eine gefährliche Farbe sei. Ob ein Saft rot, blau, orange, violett oder gelb ist, sollte Eltern nicht kümmern, weil man all diese Farben auch in der Natur antrifft. Blicke nach einem Regenschauer in den Himmel, und du wirst verschiedene Farbtöne in Halbkreisen übereinandergestapelt sehen, die von Mutter Natur selbst erschaffen wurden. Deswegen sind rote Getränke für dein kleines Kind genauso gut wie Weintrauben.

Der Mut eines Kleinkindes sinkt jedes Mal ein wenig, wenn es seine Eltern im Supermarkt Nahrungsmitteletiketten lesen sieht. In einer Minute denkt man, man wird diese Schoko-Keks-Frühstücksflocken-Kugeln bekommen, in der nächsten wird die Köstlichkeit ins Regal zurückgestellt. Liebe Eltern, verbringt weniger Zeit damit, die Wörter und Zahlen auf den Etiketten zu lesen, und nehmt euch stattdessen ein bis zwei Minuten, das Bild auf der Vorderseite zu betrachten. Du wirst sehen, dass es eine wundervolle Geschichte erzählt. Lass die gemalten Bilder zu deinem inneren Kind sprechen. Dann leg die Packung in deinen Einkaufswagen, bezahle sie, und nimm sie mit nach Hause. Das hast du super gemacht.

Chips lassen Mütter ängstlich zurückschrecken. Wenn du dir Chips als sehr kleine, intensive Toaststücke vorstellst, wird es dir leichter fallen, sie deinem kleinen Kind als Alltagsmahlzeit zu servieren. Das Malmen kann bisweilen einschüchternd wirken, aber wenn dein kleines Kind es aushält, kannst du es auch. Ein weiterer Vorteil von täglichem Chipskonsum besteht darin, dass die Chips mit ihren rauen Kanten die Zähne deines Kindes reinigen und seine Kiefermuskulatur stärken. Egal, ob in dreieckiger oder runder Form, dieses Nahrungsmittel ist äußerst gesund. Wenn du das nächste Mal Chips siehst, entschuldige dich für deine Vorurteile.

Blogs im Internet erzählen dir alle möglichen Verrücktheiten darüber, was natürlich ist und was nicht. Unterm Strich weiß keiner der Verfasser, wovon er oder sie spricht. Niemand überprüft die Identität einer Person, bevor sie eine Webseite startet und anfängt, Ideen über kindgerechte Nahrungsmittel zu verbreiten.

Bruschetta

Bruschetta sieht aus, als ob jemand am Telefon nach einem Pizzarezept gefragt und nur jedes fünfte Wort verstanden hätte. Ein Minitoast mit Tomatensalat. Was soll das? Das Originalrezept für Toast ist tadellos. Es gibt nur wenige Gewürzstoffe, die sich mit Brot vertragen. Das sind:

* Butter
* hin und wieder Marmelade
* Rahmkäse auf Anfrage
* Nutella, großzügig portioniert

Keine dieser Zutaten kann man durch kleingeschnittenes Gemüse ersetzen. Gib zu, dass du Bruschetta nur machst, wenn du versuchst, Leute zu beeindrucken, die du fürchtest und hasst.

Krautsalat

Es war einmal ein kühner Narr, der sagte sich: »Salat allein ist noch nicht schrecklich genug. Ich will seine Oberfläche verzehnfachen.« Falls jemand, den du liebst, dir jemals mit einem Eiskugelformer einen tropfenden Klumpen dieser klebrigen Chose neben dein Würstchen auf den Teller geklatscht hat, hast du bereits zu viel durchgemacht. Vor Erfindung des Krautsalats waren Picknicks für Kleinkinder glückliche, sorgenfreie Veranstaltungen; eine Gelegenheit, in Badeanzügen durch Sprinkler zu rennen, ohne sich vor Beilagen fürchten zu müssen.

Gemüse hat noch nie irgendwem das Leben gerettet, trotzdem glauben Erwachsene weiter stur an seine Heilkraft. Meine Frage an dich lautet: Wenn Gemüse groß und stark macht, warum ist es dann selbst so schwach? Man darf auch einmal eine Wahrheit anzweifeln, die man sein Leben lang vorgebetet bekommen hat.

Seltsames Brot

Normales Brot besteht aus Mehl und Wasser. Lass dich von dem Verkäufer im Supermarkt nicht dazu überreden, etwas Exotisches zu probieren.

Woran man erkennt, dass ein Brot normal ist

1. Gleichmäßig weiße Farbe. Prüfe eine Scheibe aus der Mitte. Sie sollte aussehen wie eine von einem Erzengel gesegnete Wolke.
2. Keine Flecken, Pünktchen, Knubbel oder andere mysteriöse Abnormalitäten. Fahre mit der Zunge über eine Scheibe des Brotes. Es sollte sich anfühlen, als ob du eine Bettdecke ableckst. Wenn du nie eine Bettdecke oder einen anderen

Überwurf abgeleckt hast, was hast du dann dein Leben lang gemacht? Gehe los, und mache ein paar Erfahrungen.

3. Untersuche das Brot auf Bomben: Nüsse, Rosinen und Körner. Sie heißen Bomben, weil es sich anfühlt, als wäre dein Leben zu Ende, wenn man versehentlich darauf beißt.

4. Frage einen Mitarbeiter des Ladens, ob das Brot in letzter Zeit in irgendwelchen Blogs erwähnt wurde. Wenn ja, ist das ein deutliches Warnzeichen. Lass das Brot liegen und geh weiter.

5. Lass das Brot auf den Boden fallen. Du solltest den Aufprall nicht hören. Wenn ein lautes Rumpeln ertönt oder eine Delle im Linoleum zurückbleibt, hast du wahrscheinlich ein Brot gekauft, das aus einem angesagten Mehl wie Reis oder Hafer gemacht wurde.

Lügen

Eltern predigen ständig, dass man die Wahrheit sagen soll, doch eine neue Studie hat gerade herausgefunden, dass hundert Prozent von ihnen lügen. Sie belügen ihre Chefs, ihre Freunde, sich selbst, aber – am schlimmsten von allem – Eltern belügen ihre kleinen Kinder. Du hast ja keine Ahnung, wie verrückt und verzweifelt du wirkst, wenn du eine Geschichte über Waldgeister erfindest, die dir erzählt haben, dass Blumenkohl lecker ist.

»Von Gemüse wirst du groß und stark.«
Diese Lüge löst sich, noch während sie geäußert wird, an den Nähten auf. Es ist lächerlich. Erst wenn ich eine Erbse sehe, die irgendetwas stemmt, oder eine gelbe Paprika, die

einen Zementblock spaltet, werde ich glauben, dass Gemüse kräftig macht. Es ist ja selbst nicht mal kräftig genug, um gut zu schmecken. Es hat in der Welt der Köstlichkeiten keinen Einfluss und wird selbst von seinen engen Verwandten (Obst) gehasst. Wenn jemand nicht mal mit den Leuten aus seinem innersten Kreis klarkommt, sollte dir das zu denken geben.

Ich bin kein Arzt, doch mir ist aufgefallen, dass Kleinkinder sich nach dem Verzehr von Donuts am kräftigsten fühlen. Außerdem können die meisten kleinen Kinder nach dem Genuss von roten Getränken fliegen. Ich meine, sie können nicht fliegen, aber sie können auf jeden Fall gleiten. Na ja, vielleicht nicht gleiten, aber sie können bestimmt einen ordentlichen Luftzug erzeugen, wenn sie von einer Treppe springen. Gemüse sind stark genug, um Kinder zum Weinen zu bringen; doch niemand sollte einen Rabauken loben. Kurzum, liebe Eltern: Wenn ihr bei euch zu Hause respektiert werden wollt, begrabt diese Lüge zusammen mit allem Gemüse im gleichnamigen Fach. Ganz tief.

»Ich gehe auch gleich schlafen.«

Du weißt, dass du es gesagt hast. Dein Schätzchen findet es schwer zu akzeptieren, dass es ins Bett muss. »Warum sollte ich schlafen gehen, wenn die Party noch in vollem Gange ist?«, fragt sich dein kleines Kind. Und dann sagst du: »Ich gehe auch gleich schlafen.« Hör auf. Hör einfach auf. Glaubst du, dein Kind hört und riecht das Popcorn nicht, das du für den Fernsehabend vorbereitet hast? Soll es glauben, das wäre als Nascherei für den nächsten Tag gedacht? Und das Knistern von Schokoriegeln, die ausgepackt werden? Hm? Fernsehsendungen, die aus dem Wohnzimmer dröhnen – Studiogelächter, Verfolgungsjagden, Schüsse –, ja, wir hören das alles.

Wir Kleinkinder wissen genau: Sobald unser Kopf auf das Kissen sinkt, lasst ihr Luftballons steigen und packt einen Kuchen aus. Es ist uns absolut bewusst, dass ihr, während wir in den falschen Pyjamas in unsere Zimmer gesperrt sind, ein zweites schmackhafteres Essen zu euch nehmt. Warum drängt ihr uns sonst so einzuschlafen? Warum lest ihr so widerwillig vor und streicht das Baden zugunsten einer flüchtigen Katzenwäsche? Wir haben euch durchschaut. Liebe Eltern, ihr seht jeden Morgen furchtbar erschöpft aus, was daran liegt, dass ihr bis zwei Uhr nachts aufbleibt, euch im Internet Dauerwellenfrisuren anguckt und Schokomandeln esst. »Ich gehe auch gleich schlafen.« Ja, klar.

»Limo ist scharf und bitter.«

Dank meines neuen Lieblingsonkels hatte ich unlängst Gelegenheit, Fanta zu probieren. Ich weiß nicht, aus was für Orangen dieses Wundergetränk gemacht wird – Mandarinen in dickem Sirup, nehme ich an –, aber es war, als würde man inmitten von Delphinen auf einer Megafruchtzuckerwelle mit Kohlensäure surfen! Nachdem mein Verstand aufgehört hatte zu schreien und ich wieder normal gucken konnte, schlug meine Begeisterung in Zorn um, denn mir wurde klar, wie oft ich auf einen Schluck Limonade verzichtet habe, weil mir erklärt wurde: »Oh, nein, nein, es ist scharf und bitter.« Das verstehst du also unter teilen, was? Ich hoffe, du fühlst dich schrecklich.

»Ich esse nichts.«

Jedes Kleinkind auf diesem Planeten hat schon mindestens einmal erlebt, wie ein Elternteil mit einer Schokoladenfahne um die Ecke kommt. Auf die Frage, was er oder sie gegessen hat, antwortet die Mutter oder der Vater einfach »nichts« und versucht, das Thema zu wechseln. Für Schokolade kannst du wahlweise auch Tütensuppe einsetzen, darum geht es nicht. Du versteckst Nahrungsmittel und lügst darüber. Es ist keineswegs okay, wenn du einen geheimen Vorrat Naschkram hast. Und du machst alles noch schlimmer, wenn du diese Köstlichkeiten vor der Nase deines kleinen Kindes konsumierst und dann mit der dürftigsten Ausrede deines Lebens kommst. Mit dir stimmt offensichtlich irgendetwas überhaupt nicht.

»Auf dem Kühlschrank ist gar nichts.«

Ja klar. Wie kommt es dann, dass du jedes Mal, wenn dein kleines Kind sich unerwartet umdreht, irgendwas dort verstaust? Was ist es? Seifenblasen? Kaugummi? Heute ist der Tag, an dem du eine Leiter an den Kühlschrank stellst und dein kleines Kind selber nachsehen lässt. Es muss sein. Hör auf zu lügen, und zeige deinem kleinen Kind ausnahmsweise einmal ein wenig grundsätzlichen Respekt.

»Mal sehen.«/»Vielleicht morgen.«

Die Phrasen »mal sehen« und »vielleicht morgen« bedeuten »nein« und »niemals«. Liebe Eltern, ich glaube, es geht gar nicht darum, dass ihr Angst davor habt, eure Meinung zu sagen. Ich glaube, ihr wisst, dass es falsch ist, und wollt euch vor einer legitimen Auseinandersetzung drücken. Worum bittet euer kleines Kind euch? Eine mit Diamanten besetzte Armbanduhr oder ein Glas Apfelbrei? Ich weiß, die Aussicht, zum Supermarkt zu fahren, um dort 4,50 Euro für eine Köstlichkeit auf Fruchtbasis auszugeben, ist erschreckend, aber anstatt zu sagen »vielleicht morgen«, könntest du dich einen kleinen Schritt aus deiner Komfortzone bewegen und das Leben deines Kindes schon heute versüßen.

»Ich gebe dir noch eine Chance.«

Das ist einer meiner persönlichen Favoriten. Stell dir vor, ich sitze barfuß an der Haustür, und mein Papa gibt sich redlich Mühe, mich aus der Tür zu bugsieren. Ich bin bereits aufgefordert worden, meine Schuhe anzuziehen. »Ich gebe dir noch eine Chance.« Bist du sicher? Nur noch eine? Oder vielleicht doch zwei? Oder vielleicht zehn, bis du schließlich rüberkommst und mir die Schuhe anziehst. Hahaha! Ihr seid so komisch, wenn ihr wollt.

»Ich halte sofort an.«

Tohuwabohu auf der Rückbank. Kleinkinder sind bekannt dafür, dass sie in fahrenden Fahrzeugen verrückt werden. Schuhe, Socken und (irgendwie) auch Hemden ausziehen, mit Lebensmitteln werfen, um sich schlagen und treten – all das gehört zu unserem Lebensstil. Nimm es nicht persönlich, obwohl du das manchmal schon tun solltest. In solchen Situationen sagt man in seiner Überforderung leicht Sachen wie »Ich halte sofort an«. Wir wissen alle, dass du nicht von der Autobahn abfährst, um in irgendeinem Industriegebiet zu parken. Und selbst wenn, was dann? Würdest du ein ernstes Wort mit deinem kleinen Kind reden? Wahrscheinlich kann es dich bei seinem inneren Wirbelsturm gar nicht hören. Fahr einfach weiter. Reiche ein paar Gummibärchen nach hinten, wenn du welche hast, aber fahr weiter.

»Der Weihnachtsmann kann dich sehen.«

Das ist heikel. Die meisten Kleinkinder haben eine sehr fragile Beziehung zum Weihnachtsmann und sind sich seiner Überwachungstechniken nicht bewusst. Was Eltern nicht wissen, ist, dass der Nordpol und der Kleinkinderrat Ewigen und Fortwährenden Ruhmes 1983 einen Vertrag unterzeichnet haben, der eine tägliche Nicht-Beobachtungsphase zwischen 15 und 19 Uhr verabredet hat. Die Beliebtheit des Weihnachtsmanns waren aufgrund enttäuschter Kleinkinder in den frühen achtziger Jahren auf ein Rekordtief gefallen, weshalb diese Vereinbarung wesentlich für die Wiederherstellung der Festtagslaune war und die Motivation zu artigem Benehmen spürbar gesteigert hat, indem es die Wunschliste wieder erreichbarer machte. Wenn du deinem kleinen Kind also das nächste Mal erklärst »Der Weihnachtsmann kann dich sehen«, guck vorher auf die Uhr. Bist du sicher?

 **Hausaufgabe:** Übe, die Wahrheit zu sagen. Vielleicht brennt sie die ersten paarmal im Mund, aber mit regelmäßigem Training wird es besser.

Lieber Mini-Chef,

wenn ich aus dem Supermarkt zurückkomme, kriege ich manchmal die Tür nicht schnell genug aufgeschlossen und habe kleine Unfälle. Bin ich wirklich trocken? Und wenn nicht, kann ich dann ernsthaft von meinem Kind erwarten, sauber zu werden?

Haltlos in Maryland

Liebe Haltlos,

nein und nein.

Alles Liebe, MC

18. Töpfchentraining leicht gemacht/ abgeschafft

Wenn du – was ich bezweifle – darüber nachdenkst, solltest du erkennen, dass es unfair ist, von deinem Kind zu verlangen, einen Lebensstil zu verändern, an den es sich gewöhnt hat. Dein Sohn ist nur ein kleiner Junge, deine Tochter nur ein kleines Mädchen. Ich will gleich zum Punkt kommen: Zu lernen, die Toilette zu benutzen, ist für dein kleines Kind sehr schwer. Vergiss alles, was du deiner Meinung nach über das Thema weißt, und nimm die nachfolgenden Weisheiten in dich auf.

Gängige Ansichten über Sauberkeitserziehung in Frage gestellt

1. Wenn man einem kleinen Kind Unterwäsche für große Kinder anzieht, ist es die Sauerei irgendwann so leid, dass es sich selbst erzieht. **Falsch.** Kleinkinder sind von jungem Rucola mehr angewidert als von ihrem eigenen festen Abfall.

2. Alle Präsidenten der Vereinigten Staaten waren trocken. **Falsch.** Grover Cleveland und Abraham Lincoln waren beide US-Präsidenten und nicht sauber.

3. Ohne Sauberkeitserziehung bekommt dein kleines Kind nie einen Vollzeitjob. **Falsch.** In den meisten Bürotoiletten gibt es Wickeltische, die in der Regel ein Gewicht von bis zu neunzig Kilo tragen können.

4. Sauberkeitserziehung ist schwierig und kann die gesamte Familie traumatisieren. **Wahr.**

5. Kleine Unfälle lassen sich aus Unterhosen leicht rauswaschen. **Falsch.** Man kann Aa rauswaschen, aber nicht die
Hoffnungslosigkeit. Rate mal, was von beiden man länger
riecht.

Im Leben aller Eltern kommt ein Punkt, an dem sie es für
richtig halten, mit der Sauberkeitserziehung ihres Kleinkinds
zu beginnen. Komisch daran ist vor allem die Unmöglichkeit
dieses Unterfangens. Pipi ist wie Augenlicht; man kann nicht
kontrollieren, wie oder wann es herauskommt. Erwachsene
werden ziemlich gut darin, »groß« oder »klein« vorherzusagen,
aber niemand ist »sauber«, sozusagen. Es ist ein moderner
Mythos, dass Kinder die Fähigkeit haben, die komplexen
Berechnungen anzustellen, die notwendig sind, um die eigenen Emissionen vorherzusagen. Die Gabe der Vorhersage ist
selten. Mach deinem kleinen Kind kein schlechtes Gewissen,
wenn es nicht darüber verfügt.

»Aber ich kenne Kinder, die trocken sind.« Nein, kennst du
nicht. Entweder man hat dich angelogen oder du hast gehört,
was du hören wolltest. In manchen Kreisen ist es nicht un-
gewöhnlich, dass Kleinkinder für Smarties vortäuschen, sauber
zu sein. Diese Kinder enden wie der Pawlow'sche Hund und
werden in Zukunft wahrscheinlich auch Banken ausrauben,
wenn ihnen jemand Gummibärchen verspricht. Traurig.

»Ich bin als kleines Kind auch sauber geworden.« Absolut un-
wahr. Erinnerst du dich an deine Sauberkeitserziehung? Welche Bluse hattest du damals an? Das dachte ich mir. Finde die
Person/en, die dich angelogen hat/haben, und frage warum.

»Ich habe ein Buch gelesen, in dem stand, dass man Klein-kinder zur Sauberkeit erziehen kann. Eins behauptet sogar, dass Kinder in drei Tagen trocken werden können.« Drei Tage. In drei Tagen kann man nicht mal Käse machen. Bücher zur Sauberkeitserziehung sind sehr nützlich: als provisorisches Kaugummi oder Türstopper. Die Möglichkeiten sind endlos!

Sauberkeitserziehungstabellen

Daten bedeuten Kleinkindern nicht viel, und die meisten wissen nicht, was ein Säulendiagramm ist. Wenn du eine Tafel gekauft hast und versuchst, dein kleines Kind mit Aufklebern oder Häkchen zu motivieren, hast du bereits verloren. Klein-kinder werden Präsente zweifellos annehmen und spielen dein Spiel vielleicht mit, wenn sie Applaus ernten können, doch erwarte keine längerfristigen Verpflichtungen.

Ich warne dich: Flippe nicht gleich aus, wenn dein kleines Kind ein paar Tage lang deinem Aa-und-Pipi-Plan folgt. Aber halte die Windeln griffbereit, denn dein Kind macht sich bloß einen Spaß mit dir. Wenn du aktuell nicht selbst Kleinkind bist, ist das absolute Entzücken über den Anblick eines Elternteils, das sich über ein gezielt platziertes Häufchen oder eine gelbe Pfütze vor Begeisterung überschlägt, schwer zu begreifen. Du solltest nicht deine Mitspieler hassen, sondern das Spiel.

Sticker

Es ist unfair, bei deinen Töpfchenmanipulationen Sticker einzusetzen, weil kleine Kinder ihnen nicht widerstehen können. Sie empfinden für Sticker, was manche Erwachsene für McRibs empfinden: Sie sind schwer greifbar, selten und magisch. Durch die Liebe deines Kindes für Pflaster weißt du, dass selbstklebende Objekte im Herzen von unter Dreijährigen einen besonderen Platz haben. Dieses Laster auszunutzen ist gefährlich und kann zu anhaltenden Verhaltensregressionen führen. Es ist riskant, sich zwischen ein kleines Kind und seine Aufkleber zu stellen. Ich habe dich gewarnt.

Unterhosen für große Kinder

Erstens, haha. Zweitens, wozu? Worin besteht der Reiz, von superbequemen Windeln zu Unterhosen für große Kinder zu wechseln? Das gesamte Konzept von einlagigen Baumwollbedeckungen erschließt sich Kleinkindern schlichtweg nicht. Du willst mir erzählen, Erwachsene würden nicht lieber einen extrem saugfähigen, selbstreinigenden Lendenschurz über ihrer Gefahrenzone tragen, der zum maximalen Komfort mehrmals täglich gewechselt wird? Wenn ich das richtig verstehe, werden Baumwollunterhosen nur einmal alle vierundzwanzig Stunden gewechselt. Dann werden sie gewaschen und getrocknet und der Kreislauf beginnt von vorn. Klingt reizend.

Windeln gibt es in einer Vielzahl von Schnitten, und ihr Design kann sehr gefällig sein! Unterhosen sind meistens beigefarben und hochnotpeinlich fleckig. Stecke dein kleines Kind in eine Unterhose aus Naturfasern, wenn du aus Freunden Feinde machen willst. Im Falle eines Missgeschicks werfen diese Taschentücher für unten herum ein Schlammkügelchen ab. Ich hoffe ehrlich, du befindest dich nicht in einem vollen Restaurant, wenn einer dieser Golfbälle aus dem Hosenbein deines Kindes fällt. Falls du es zulässt, wird Unterwäsche dir diesen üblen Streich immer wieder spielen. Windeln kosten praktisch nichts, sind landesweit im Handel erhältlich, schützen deinen Ruf und wissen, was Loyalität bedeutet. Triff die richtige Wahl.

Gummilaken

Die Vorstellung, dass ein kleines Kind, das noch relativ neu auf der Erde ist, tagsüber seine Ausscheidungen kontrollieren kann, ist schon komisch. Die Idee, dass es sie nachts bei eigener Bewusstlosigkeit kontrollieren kann, ist geradezu verrückt. Ich nehme an, du glaubst auch, dein kleines Kind könne in den REM-Phasen seines Nachtschlafs eine Fremdsprache lernen. Nur um mich klar auszudrücken: Du ziehst ein menschliches Wesen groß, keinen magischen Kobold mit übernatürlichen Kräften. Aber wenn es Eltern an einem nie mangelt, dann sind es wahnwitzige Pläne.

Irgendwann einmal hatte ein impulsiver Erwachsener einen Einfall: »Ich würde gern zehn Cent pro Nacht für die Windeln sparen.« Aus diesem geldgierigen Gedanken wurde ein Produkt: mit Gummi beschichtete Laken, die man anstelle von Einwegwindeln benutzen kann. Diese Betteinlagen aus Latex sollen Matratzen vor der Verschmutzung schützen und können im Vorgarten mit einem Schlauch abgespritzt werden. Ja, dein kleines Kind wird in einer kalten, zehn Zentimeter tiefen Lache aus Ammoniak aufwachen, aber du hast 2,80 Euro im Monat gespart! Wow. Was wirst du mit dem zusätzlichen Geld anfangen? Hotdogbrötchen kaufen? Traurig.

Wenn du glaubst, der Gehorsam von Menschen in deiner Obhut sei es wert, ihnen unbequeme und erniedrigende Lebensumstände zuzumuten, solltest du dich mit ein paar Kriegsverbrechern anfreunden, denn ihr habt vieles gemeinsam. Auf einer Gummimatte zu schlafen fühlt sich stark so an, als würde man auf einer Gummimatte schlafen. Ich kann mir vorstellen, dass Gefängnisinsassen es besser beschreiben könnten.

Trainingswindeln

Diese Angeber glauben, sie könnten bei der Sauberkeitserziehung das eine tun, ohne das andere zu lassen, sind aber letztendlich nur eine Einstiegsdroge für normale Unterwäsche. Halte sie von deinem kleinen Kind fern, wenn du nicht gern von Hand Klärschlamm aus Stoff wäschst. Denn das wirst du müssen.

Gefährliche Vergleiche

Der Hauptgrund, dass Eltern in Sachen Sauberkeitserziehung durchdrehen, ist gesellschaftlicher Druck. Ich habe es einmal gesagt, ich habe es hundertmal gesagt: Deine Freundinnen sind eine Belastung, wenn es darum geht, ein glückliches Kleinkind großzuziehen. Wen interessiert es, wozu sie ihre Kinder genötigt haben? Sechzig Prozent dessen, was aus dem Mund deiner Freundinnen kommt, ist gelogen; die anderen vierzig Prozent sind purer Blödsinn. Lass dich bei deinen Erziehungsentscheidungen nicht von Leuten beeinflussen, die dich insgeheim wahrscheinlich gar nicht mögen.

Wenn deine Freundinnen sich nach dem Stand der Sauberkeitserziehung deines kleinen Kindes erkundigen, darfst du gerne eine der untenstehenden Antworten verwenden, um ihnen den Mund zu stopfen und sie auf ihren Platz zu verweisen.

Freindin: Meine sechs Monate alte Kleine hat gerade angefangen, Bescheid zu sagen, wenn sie Pipi muss. Wie macht sich deine Nora?

Du: Dein blödes Baby klingt wie ein Idiot.

Freindin: Ich bin so stolz auf meine elf Monate alte Kleine! Noch nicht einmal ein Jahr alt und schon vollkommen sauber. Was ist mit Hendrik? Ich kann dir ein paar Tipps geben.

Du: Das Einzige, was ich von dir brauche, ist genug Abstand, damit ich dir nicht an die Gurgel gehe.

Freindin: Was hältst du von dem neusten Buch über Sauberkeitserziehung?

Du: Ich denke gar nicht darüber nach. Das nennt man Liebe. Solltest du auch mal versuchen.

Du fragst dich: Wann ist denn die richtige Zeit, mit der Sauberkeitserziehung zu beginnen? Nie. Du musstest deinem Kind ja auch nicht beibringen, wie man läuft. Es hat einfach damit angefangen. Niemand hat es gelehrt zu stehlen. Es ist von ganz allein daraufgekommen. Wenn dein kleines Kind irgendwann anfangen möchte, die Toilette zu benutzen, wird es das tun. Ich weiß, ich wiederhole mich, aber das geht dich nichts an.

 **Hausaufgabe:** Halte Abstand zu Menschen, die dich wegen der Sauberkeitserziehung deines kleinen Kindes beschämen wollen. Stocke deinen Windelvorrat auf.

Fazit: Du bist weit gekommen

Als du dieses Buch aufgeschlagen hast, wusstest du praktisch nichts über Kleinkinder. Jetzt ist das Einzige, was dich noch davon abhält, ein/e wunderbare/r Mama, Papa, Oma, Opa, Freund oder Freundin eines kleinen Menschen zu sein, du selber. Wir verlangen nicht viel, bloß alles. Wenn du erst einmal loslässt, wird das Leben dich mit weiteren Gelegenheiten belohnen, noch mehr loszulassen. Das wird es alles wert sein, wenn dein kleines Kind die Arme um deinen Hals legt und zärtlich flüstert: »Ich hatte einen Unfall.«

Ich bin stolz auf dich.

Hinweis für Kleinkinder

Bleibt, wie ihr seid.

Nachwort

Nur äußerst widerwillig überlasse ich jetzt meiner Mutter das Wort, damit sie sich direkt an andere Eltern wenden kann. Viele ihrer »Ideen« waren nichts als Versuche, mich zum Schweigen zu bringen, aber sie hat mir Süßigkeiten versprochen, nur damit ihr es wisst.

Liebe Leserin, lieber Leser,

zunächst vielen Dank für den Kauf dieses Buches. Sie haben mich meinem Traum, ein Au-pair zu engagieren, einen Schritt näher gebracht. Das war nur Spaß. Nicht wirklich.

Mutter oder Vater zu sein ist unglaublich. Am liebsten mag ich die dreißig Sekunden während einer Mahlzeit, wenn alle zufrieden essen, morgendliches Kuscheln und den Mittagsschlaf – wie Sie wahrscheinlich auch.

MC war immer ein sehr süßes Baby, doch mit dem Eintritt ins Kleinkindalter gab es eine Verwandlung, die mich unvorbereitet traf. MC war nicht mein erstes Kind, aber das erste, dass Cornflakespackungen in die Toilette leerte und alle fünfzig Tampons aus einer Schachtel auspackte. Ich verwende gern das Wort »beseelt«.

Jeder, der längere Zeit mit kleinen Kindern verbringt, weiß, dass sie einen vom Himmel in die Hölle und zurück befördern können. Ihre Gesichter sind ein Abbild engelsgleicher Schönheit, doch ihre Mätzchen treiben viele von uns dazu, Wein zur bequemeren Lagerung in Tetrapaks zu kaufen. Ich bin jeden einzelnen Tag aufs Neue verblüfft von dem krassen Gegensatz zwischen einem Kichern, das klingt wie sprudelnde, mit Juwelen besetzte Tropfen flüssigen Goldes auf einem See, und einem Schrei, der die Milch in der Brust jeder laktierenden Frau in der Umgebung gerinnen lässt. Ich liebe mein kleines Kind. Manchmal betrachte ich sein wunderschönes junges Gesicht und frage: »Woher bist du gekommen, böser Geist?« Aber die Liebe ist da.

Mutter eines kleinen Kindes zu sein ist für mich wie eine Reise in die eigene Psyche. Es fühlt sich an wie eine unmoralische Therapieform. Sie legt die eigenen Schwächen bloß und lässt die Stärken erstrahlen, doch man bleibt leicht verkrüppelt und nur bedingt funktionsfähig zurück. Als Vater oder Mutter entwickelt man eine Menge Strategien, um bis zur Schlafenszeit durchzuhalten, darunter zwanghaftes Essen, vor sich hin summen oder Nägel kauen.

Das Unfassbare ist, ich würde nichts ändern (bis auf die Verpflichtung des erwähnten Au-pairs). MC ist verrückt, aber weil ich inzwischen unter derselben Art Verrücktheit leide, ist alles gut. Wenn ich mich nicht irre, funktioniert so eine Impfung.

Jetzt muss ich los und Süßigkeiten kaufen. Ich hoffe, Sie haben einen reibungslosen Tag ohne lautstarke Reaktionen. Denken Sie dran, sie werden nicht immer Kleinkinder sein. Und Sie werden es vermissen.

Bunmi Laditan

Danksagung

An meine Familie für all eure Liebe, Unterstützung und den scheinbar unerschöpflichen Vorrat an Pixie-Büchern.

An meine brillante und immer geduldige Agentin Rachel Sussman von Chalberg & Sussman, die immer an mich geglaubt hat. Sie ist der Inbegriff mitfühlender Professionalität.

An Kate Mills bei Orion Books, deren frühe Begeisterung für dieses Buch ich nie vergessen werde. Vielen Dank. Und wenn das Angebot, in Gummibärchen bezahlt zu werden, noch steht, bin ich vielleicht interessiert.

An Kara Watson bei Scribner, der unermüdlichen und engagierten Wortschmiedin. Danke für ihre Hilfe dabei, meiner eigenen Stimme treu zu bleiben, und ihre Flexibilität mit den Überschriften.

An Kate Cassaday bei Harper Collins, Kanada. Ich wusste nach unserem ersten Telefonat, dass wir zusammenarbeiten müssen. Du hast es noch vor mir verstanden.

Danke.

Der Übersetzer bedankt sich bei Mia (schon 2!) und ihrer Mutter Jenny für wichtige Verständnishilfen.

Greg Pembroke

99 Gründe, warum mein Kind weint

Aus dem Amerikanischen von
Corinna Rodewald.
Vierfarbig, laminierter Pappband.
www.ullstein-extra.de

Einfach zum Heulen – diese weinenden Babys sind der Brüller.

Wer jemals mit kleinen Kindern zu tun hatte, weiß: Sie weinen. Bei jeder Gelegenheit. Warum? Tja, die Gründe sind vielfältig. Weil Papi den Käse in zwei Hälften gebrochen hat. Weil Oma den kleinen Liebling an die Hand nehmen wollte. Weil der Onkel den Goldschatz daran gehindert hat, sich in den Teich zu stürzen. Weil Mami das Schokoladenei aus der Verpackung gepellt hat. *99 Gründe, warum mein Kind weint* versammelt herzzerreißend lustige Bilder von Babys und Kleinkindern, die aus allen möglichen und unmöglichen Gründen weinen. Das ist süß, witzig – und sehr, sehr tröstlich. Endlich wissen wir: Alle anderen Eltern sind auch nicht besser dran.

Anna & Daniel Wiedemann

Fuck you, Kita!

Eine unglaublich wahre
Geschichte

Taschenbuch.
Auch als E-Book erhältlich.
www.ullstein-buchverlage.de

Der ganz normale Kita-Wahnsinn

Klar, es läuft nicht so optimal mit der Betreuung von
Kleinkindern in Deutschland. Davon hatten Daniel und
Anna Wiedemann schon mal gehört. Doch das wahre
Leben ist krasser als jede Horrorgeschichte. Als sie
endlich einen der heißbegehrten Plätze ergattern,
beginnt der Kita-Spaß erst richtig: Eltern fordern vega-
ne Ernährung und Tai Chi. Ausgebrannte Erzieher pfle-
gen preußische Erziehungsmethoden. Scharlach und
Läuse legen Familien über Wochen lahm. Und wer kann
schon bei endlosen Diskussionen auf Kinderstühlen
Haltung wahren? Der alltägliche Kita-Wahnsinn –
authentisch und ganz schön lustig.

Dunja Hayali

Is' was, Dog?
Mein Leben mit
Hund und Haaren

Taschenbuch.
Auch als E-Book erhältlich.
www.ullstein-buchverlage.de

Auf den Hund gekommen – und Frauchen geworden.

Seit Jahren bildet Dunja Hayali mit Emma ein un-
zertrennliches Team. Warmherzig und mit einem
Happen Ironie schildert sie in ihrem Buch die kuri-
ose Welt der Vierbeiner und Hundehalter und ihre
Erlebnisse mit ihrer eigensinnigen Retrieverhündin.
Eine so witzige wie ehrliche Liebeserklärung an den
besten Freund des Menschen.

»Dieses Buch ist ein großer Spaß – auch für Nicht-Hunde-
besitzer. Empathisch, verrückt und sehr, sehr komisch.«
Hape Kerkeling

ullstein